基于智慧支付的 MaaS 出行服务研究与创新

谢振东　方秋水　吴金成　温晓丽　常振廷　编著

人民交通出版社股份有限公司

北　京

内 容 提 要

本书紧抓“传统交通客运”向“现代交通出行”转型机遇,引入 MaaS 理念,以用户需求为导向,以智慧支付为抓手,研究构建基于智慧支付的 MaaS 服务体系。本书共分为 8 章。包括交通出行服务发展概述、交通出行服务新范式——MaaS 服务、国内外 MaaS 服务的实践及经验启示、基于智慧支付的 MaaS 服务体系顶层设计、基于智慧支付的 MaaS 服务平台构建、基于智慧支付的 MaaS 服务体系构建、基于智慧支付的 MaaS 服务生态和运营模式、粤港澳大湾区 MaaS 出行服务探索与实践。

本书可以供交通运输工程相关专业的学生阅读,也可作为科研结构、企事业单位中从事相关工作的各类人员的参考读本。

图书在版编目(CIP)数据

基于智慧支付的 MaaS 出行服务研究与创新 / 谢振东等编著.—北京:人民交通出版社股份有限公司,2021.3

ISBN 978-7-114-17313-4

Ⅰ.①基… Ⅱ.①谢… Ⅲ.①交通规划—研究 Ⅳ.①U491.1

中国版本图书馆 CIP 数据核字(2021)第 083680 号

Jiyu Zhihui Zhifu de MaaS Chuxing Fuwu Yanjiu yu Chuangxin

书　　名:基于智慧支付的 MaaS 出行服务研究与创新
著 作 者:谢振东　方秋水　吴金成　温晓丽　常振廷
责任编辑:郭晓旭
责任校对:席少楠
责任印制:张　凯
出版发行:人民交通出版社股份有限公司
地　　址:(100011)北京市朝阳区安定门外外馆斜街 3 号
网　　址:http://www.ccpcl.com.cn
销售电话:(010)59757973
总 经 销:人民交通出版社股份有限公司发行部
经　　销:各地新华书店
印　　刷:北京鑫正大印刷有限公司
开　　本:720×960　1/16
印　　张:16.75
字　　数:308 千
版　　次:2021 年 3 月　第 1 版
印　　次:2021 年 3 月　第 1 次印刷
书　　号:ISBN 978-7-114-17313-4
定　　价:52.00 元

编　委　会

序

出行即服务(Mobility as a Service,MaaS)作为现代出行服务的“代名词”和智慧交通的“新业态”,是人类出行需求发展到一定阶段的产物。MaaS这一新的出行理念,自2014年在芬兰赫尔辛基欧盟智能交通大会首次提出以来,便呈现出迅速兴起的趋势,成为历届世界智能交通大会的热点议题之一,并在芬兰、丹麦、法国、德国等欧洲国家得到广泛应用。出行即服务以“数智”“品质”“定制化”为基本特征,通过整合公交、地铁、巡游出租汽车、共享单车、网约车、无人驾驶汽车以及停车场、充电桩等市内全交通链出行资源,汇聚公路、铁路、民航、水运等城际出行、跨境出行交通方式,建立以运营协同、需求匹配、票务互联、支付互通、数据共享、信息互换、安检互认、监管联动为主要内容的服务体系,基于同一平台、同一账号,按需提供覆盖“一个账户”“一次支付”“一票到家”“一站式出行”的智慧出行服务。

“出行即服务”为我国交通行业转型升级、交通出行效率和服务水平提升以及满足人民对美好出行生活的需要,提供了新思路、新方向。2019年7月,交通运输部发布的《数字交通发展规划纲要》指出:“倡导‘出行即服务’(MaaS)理念,以数据衔接出行需求和服务资源,使出行成为一种按需获取的即时服务,让出行更简单”;2019年9月,中共中央、国务院印发的《交通强国建设纲要》提出:“大力发展共享交通,打造基于移动智慧终端技术的服务系统,实现出行即服务”;2019年12月,交通运输部发布的《推进综合交通运输大数据发展行动纲要(2020—2025年)》指出:“鼓励各类市场主体培育‘出行即服务(MaaS)’新模式,以数据衔接出行需求与服务资源”。

随着国家政策的出台及相关指导思路的明确,“出行即服务”理念必然深入人心,使出行观念、出行需求、出行组织、出行管理发生根本性的变革。这种变革主要体现在:第一,由“拥有交通工具”转变为“将出行作为一种服务来消费”;第二,由“走得了”转变为“走得快”“走得稳”“走得好”,基于多模式交通服务协同化的消费需求特征日益明显;第三,由出行供需缺乏互动、被动服务的刚性运输组织模式转向出行供需实时互动、数据驱动的和柔性运输组织模式;第四,由“微观、局部、传统出行服务管理”转变为“统筹微观和宏观、协调社会与经济效益、数智管控交通出行”。随着“智能网联”“车路协同”“交通大脑”“无人驾驶”等新型智慧交通技术的发展和创新应用,交通基础设施将更加互联互通,各种交通方式将实现更大范围、更深层次的无缝融合,交通出行服务需求将朝更高质量、更高阶段的方向发展。在可以预见的未来,“出行即服务”或将我们带入智慧交通出行服务新时代。

中国工程院院士

2020 年 11 月于广州

前　言

“跨界融合催生新业态，技术驱动创造新服务，理念升级重塑新生态”。移动互联网、物联网、大数据、云计算、人工智能、区块链等互联网新兴技术与交通出行行业深度融合，推动交通出行行业变革，诞生了乘车码、交通大数据、交通诱导、共享出行等现代交通出行新产品、新业态、新模式。虽然现代交通出行在一定程度上缓解了传统交通出行普遍存在的交通拥堵、环境污染、灵活性不足等问题，但仍面临着以交通出行资源错配、各交通方式运营衔接低效、出行信息数据相互封闭、出行“最前、最后一公里”便捷性不足、中转换乘不便等为主要特征的现代交通出行服务发展不平衡不充分问题。随着交通基础设施日渐完善和居民出行消费能力逐步提升，交通出行服务已由“乘客被动接受服务”向“主动响应用户需求”转变，由单一出行方式向多种出行方式组合联程出行和按需服务的个性化、定制化出行服务模式升级。近年来，现代交通出行服务诞生了“出行即服务（MaaS）”理念，它是以用户体验为核心，以提升出行效率、改善出行质量为目标，整合多元化交通出行方式及全出行链服务资源，以需求为导向，提供基于一个平台、一个账户、一次性支付的“联程出行、无缝换乘、一票到家”的订单式出行服务，为未来交通出行服务发展提供了新思路。

“智慧支付让交通更便捷、更智能”，以“城市交通一卡通、二维码支付、近距离无线通信（Near Field Communication，NFC）支付、生物识别支付、无感支付”等为代表的智慧支付方式广泛布局于交通出行、交通运营和交通监管场景，面向C端用户提供多元化交通出行支付产品，增强出行支付方式的可选择性和出行的便捷性，面向B端、G端用户提供基于智慧支付大数据的交通出行经营管理与监管决策服务。智慧支付在交通场景的应用不仅有力地推进了交通出行服务能力和效率提升，改善了出行服务体验，而且有效地促进了交通行业智慧化发展和转型升级。本书紧抓“传统交通客运”向“现代交通出行”转型的机遇，引入MaaS理念，以用户需求为导向，以智慧支付为抓手，研究构建基于智慧支付的MaaS服务体系，探索以“交通电子支付”为入口的城市级、区域级MaaS服务，希望为智慧支付与MaaS服务融合发展提供借鉴。

本书共分为8章。第1章简述了交通出行服务理论和交通出行服务体系，研究分析了交通出行服务发展现状、存在问题与发展需求，并对未来交通出行服务发展趋势做出预测；第 2 章介绍交通出行服务新范式——MaaS 服务及其发展阶段、关键技术，从不同服务内容方面对比 MaaS 服务与传统交通出行服务之间差异；第 3 章在研究分析国内外 MaaS 服务应用与实践的基础上，总结 MaaS 服务发展经验，提出了我国发展 MaaS 服务存在的挑战和实施路径；第 4 章重点阐述基于智慧支付的 MaaS 服务体系顶层设计依据与原则、建设目标与内容；第 5 章在第 4 章的指引下，分别搭建了基于智慧支付的 MaaS 服务平台的系统架构、技术体系、应用体系；第 6 章建立了以协同化运营调度、一票式票务清分、多样化支付融合、标准化数据资源、一站式出行信息、联动式安全监管为主要内容的“六位一体”MaaS 服务体系；第 7 章介绍了基于智慧支付的 MaaS 服务生态和运营模式，包括生态体系、运营模式和运营评估指标等内容；第 8 章以粤港澳大湾区为例，介绍了粤港澳大湾区 MaaS 服务探索和规划，最后以广州市为例探讨了基于城市公共交通电子支付的城市级 MaaS 服务创新实践，为基于智慧支付的 MaaS 服务的发展提供了一些思路。

本书作为“城市智能交通设计与实践技术丛书”之一，与其他分册共同构成有机统一的整体，是对其他分册的有益补充。

在本书编著过程中，李之明、王振、冷梦甜、耿薇、曾烨、王宁、徐锋、杨晓丽、刘强、何建兵、吴嘉茵、艾璐、周永才、陈绍其、邓琴、江敏玲等提供了宝贵的意见和技术指导。在此对他们表示衷心的感谢，同时也感谢广州羊城通有限公司等岭南通产业联盟成员单位的大力支持和帮助。

由于编写时间紧、任务重，加之作者在基于智慧支付的 MaaS 服务理论研究与创新实践方面的研究还不够深入，书中选材、论述、引用等可能存在不当之处，还望广大读者理解并联系作者修正，以期在后续出版中完善。

2020 年 11 月于广州

目　　录

第1章　交通出行服务发展概述

1.1　交通出行服务理论概述

1.1.1　交通出行服务及发展阶段

狭义上的交通出行服务,又称交通运输服务,是指出行者从一地到另一地的空间移动的客运行为,只是单纯的运力服务。一个出行者交通出行行为通常从出行时间、出行起讫点、出行距离、出行时长、出行频次等多个维度来刻画。广义上的交通出行服务是指交通出行提供商通过交通运输工具、交通出行服务系统等硬软件基础设施为居民交通出行提供单一或组合出行方式、多元化出行模式以及交通出行场景化配套服务的活动,可以说"交通出行服务"是在"交通运输服务"基础上的升级,具有"以用户为中心、按需提供服务"等特征。交通出行服务具有无形性、空间性、时间性、数量性和物质属性、综合性和专业性、过程性、网络性、公共性和完整性以及替代性与互补性等特征,这些均是区别于非交通出行产品服务的主要特征。从交通出行参与的角度来讲,交通出行服务构成包括交通出行服务主体、交通出行服务客体和交通出行环境三个基本要素。交通出行服务主体是为出行者提供交通运输、出行规划、出行信息、票务支付等出行服务产品服务以及相关基础设施环境的交通出行服务提供商;交通出行服务客体是指出行者或旅客,他们既是交通服务的受益者,也是交通数据的提供者与共享者,各出行者的交通出行需求因个人出行习惯偏好、收入水平等社会经济属性不同而存在较大差异,影响着交通出行服务体系设计;交通出行环境是指交通出行服务活动得以完成所依赖的外界客观环境,是保证交通出行服务健康运转的重要保障。

交通出行是人类社会与生俱来的活动。从人类社会历史发展进程来看,交通出行服务已经历传统交通出行时期,正处于智能交通出行时期,并逐步向智慧交通出行时期过渡。

1.传统交通出行时期——"走得了"

传统交通出行时期重点解决"走得了"的问题,即通过提供各式各样的运力来解决出行者的空间移动问题。该时期诞生了大量的交通运输工具,常见的交通出行方式有单车、出租车、城市公共交通、长途巴士、铁路、空运、水运等,但此时出行者对于交通出行服务的速度、效率、品质、多样性等方面要求相对较低。

传统交通出行时期对信息化技术需求较少,服务内容、服务质量和服务效率等主要受气候、地理环境、城市土地规划、基础设施建设及社会经济发展水平的影响,人们对于出行方式的选择、出行空间范围的拓展、出行时长的把握面临制约和挑战。例如,我国交通地理具有"南船北马"特点,这是因为我国南北方气候条件存在差异,形成了不同的地理环境:北方降水稀少,河流湖泊分布较少,多以陆路交通为主;而南方雨水充沛,水路纵横交错,多以水路为主。再如,交通基础设施是否建设、建设的完善程度是影响一个区域居民出行意愿和出行能力的重要方面,反映着该区域对外联系的紧密程度。若交通出行方式单一、出行模式多元化不足,居民出行活动半径被压缩,活动范围集中,更易诱发交通问题。在传统交通出行时期,从交通规划到建设再到管理与运行维护,很大程度上都是被动的从属关系,对城市的土地规划具有很强的依附性,导致传统交通模式下城市的交通发展总是落后于土地利用,进而导致交通需求的增长。在交通工程中,有一个著名的"布雷斯悖论",即在一个交通网络上增加一条路段反而使网络上的旅行时间增加,降低了整个交通网络的服务水准。换句话说,越是新修路,城市反而可能越拥堵。此外,在传统交通出行时期,各交通出行方式具有单一出行方式的注册账户,一张票对应一种出行服务方式,各种出行方式分开进行身份认证,单独路径规划,单一支付模式,服务评价缺乏账户化管理,不能及时对各种运输方式作出服务评价以及分段记录对应的出行轨迹。传统公共交通支付方式主要以现金和实体卡支付为主。实体卡支付称为一卡通形态1.0(图1-1),其主要特征是以实体IC卡为载体实现电子支付过程。该支付过程是在离线状态下完成的,也是传统一卡通最基础的支付方式,也是一卡通系统启动以来使用最为广泛的技术方式。

2.智能交通出行时期——"走得快"

智能交通系统(Intelligent Transportation System,ITS)是在传统交通出行基础上发展起来的新型交通系统,是现代交通系统的发展方向,它是将先进的计算机处理技术、信息技术、数据通信传输技术、电子传感技术、电子控制技术等有效地集成运用于整个地面交通管理系统而建立的一种在大范围内、全方位发挥作用的,实时、准确、高效的综合交通管理系统。从智能交通系统的概念可以看出,智能交通是将信息、传感、通信和控制技术综合运用于传统交通出行服务的产物,其目的是解决不断增加的交通出行需求和有限的交通出行服务资源之间的矛盾,提高交通出行服务的安全性,改善交通出行环境的畅通性、环保性和舒适性,提升交通出行生产效率和经营效益。

在我国,智能交通以科技创新为先导,历经近20年,取得了积极的成效。智能交通系统在我国的发展主要经历了以下几个阶段:

(1)1996—2000 年,起步阶段。主要是通过参加和组织国际智能交通领域的国际会议,学习了解智能交通系统的国际发展情况。

(2)2001—2005 年,培育阶段。在全国 12 个城市进行了智能交通系统示范工程建设,同时立项了国家科技攻关计划,推动了全国城市智能交通系统的建设,全社会对大力发展智能交通系统形成共识。

(3)2006—2010 年,基础阶段。我国智能交通系统的标准化体系日益完善,在北京奥运会、上海世博会、广州亚运会等重大国际活动的交通保障中,大规模集成应用了智能交通技术,京津冀、长三角等区域实现联网不停车电子收费;智能交通系统的基础研究和示范应用取得多项创新成果。交通运输的智能化运营管理方面成效明显,智能交通产业初具规模。

(4)2011—2015 年,提升阶段。智能交通系统建设在全国普遍展开,交通运输部、公安部部署实施了一系列智能化管理和智能化服务的项目工程,带动了智能交通系统建设应用规模的提升和产业的创新发展。

(5)2016 年至今,创新阶段。新一代信息技术推动智能交通系统的理念、技术内涵和应用发生变革,互联网+交通,综合运输协同服务,大数据、人工智能的应用,车联网、自动驾驶技术发展,车路协同系统的建设,新一代智能交通系统正在形成并逐步向智慧交通出行时期过渡。

图 1-1　广州公共交通一卡通——羊城通

智能交通时期的交通出行服务模式结合了信息管理,其应用范围涉及综合运输管理、交通管理和规划、车辆安全辅助驾驶与自动驾驶、运营管理、电子收费、出行信息服务等多个方面。其中,与出行者密切相关的出行信息服务就包括了出行前信息、途中公交服务信息、个性化信息和路径规划及诱导等内容。随着基于网络平台的地理信息系统的发展,出现了一批第三方地图软件公司。它们基于各自原有的地图服务,提供给普通出行者大量交通信息,如实时路况、路径规划和出行时间预测等,这些信息使得出行选择从以往的凭经验判断转为根据实时交通态势(包括出发时间、交通方式及出行路径等)进行选择。另外,在该时期电子支付技术和互联网技术迅速发展并相互融合,催生"在线支付",以"NFC虚拟卡""交通二维码"为代表的在线支付被称为一卡通形态2.0(图1-2),将原来实体卡的交易由线下推向线上,提供在线充值、在线支付、信息在线查询等服务。

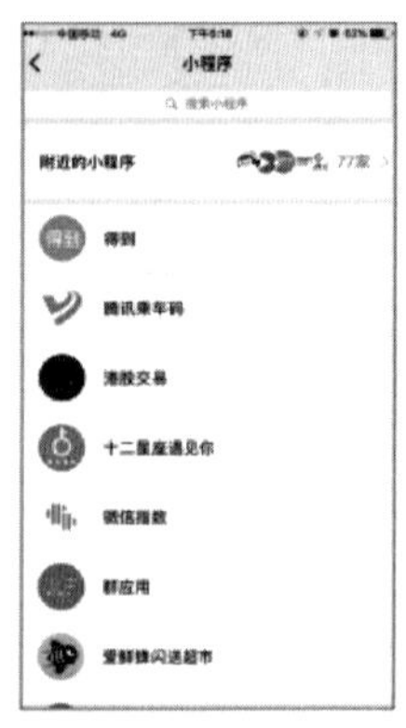

图1-2　羊城通乘车二维码小程序

3.智慧交通出行时期——"走得好"

智慧交通于2009年由IBM(国际商业机器公司)提出,是指在智能交通的基础上,充分利用物联网、空间感知、云计算、移动互联网、区块链等新一代信息技术,综合运用交通科学、系统方法、人工智能、知识挖掘等理论与工具,以全面感知、深度融合、主动服务、科学决策为目标,通过建设实时的动态信息服务体系,深度挖掘交通运输相关数据,形成问题分析模型,实现行业资源配置优化能力、公共决策能力、行业管理能力、公众服务能力的提升,推动交通运输更安全、更高效、更便捷、更经济、更环保、更舒适地运行和发展。智慧交通出行具有以下几项特征:

(1)泛互联。交通基础设施、交通运输载体、人和货物以及其他交通要素在5G通信、新型传感设备、物联网、车联网和自动控制技术环境下互联互通,形成万物互联、多元化、全方位的感知体系。

(2)个性化服务。大数据、云计算、人工智能等技术广泛应用于交通出行,分析挖掘人的出行需求和出行规律,关注人的出行体验,通过交通产品服务和模式的创新提供面向个性化的出行服务。

(3)一站式服务。智慧交通服务系统就是一个综合运输服务提供商,用户无须了解交通运输系统内部的构造与运作方式，只需要提供运输需求，系统自然会提供“电子票证”“一票制”等整套服务方案(图 1-3)。

(4)主动治理。智慧交通强大的传感体系为大数据技术在交通领域的应用提供数据支撑，通过智慧交通大数据的沉淀、挖掘和呈现为交通管控部门监测交通运营和制定交通治理措施提供有力支持。

(5)注重运营。交通出行基础设施由“建设”转向“运营维护”，交通出行服务由“粗放式管理”转向“精细化运营”。

伴随着智慧交通出行服务深入发展，出行需求从过去的“走得了，走得快”，逐步转变为“时间可靠、环境舒适、换乘无缝、服务易得”的品质需求。由此可以预见未来交通出行的几种发展趋势：

图 1-3 羊城通“乘车客厅”打造支付+出行+生活消费生态圈

第一，MaaS 是未来交通出行服务的重要形态。MaaS 实质上是交通领域新型供需关系组织者，其本质是以数字信息为核心生产要素，及时对各类交通方式进行一体化供需即时组织优化，从而实现交通供需的动态均衡和精准匹配。MaaS 不仅会带来交通供需模式的重构，也是未来交通问题的一种重要解决方案。随着自动驾驶、智能网联等技术的迅速发展，需求响应式定制出行、无人驾驶公交昭示着未来交通一站式出行服务的新趋势，将极大满足公众出行的个性化服务需求，也蕴含着未来交通出行产业颠覆性的变化与发展。

第二，智能化交通运营和管控技术发展方兴未艾。交通运行态势精确感知与智能化调控、人车路协同控制、综合交通智能化与协同服务、交通系统全局最优化与协同联动控制、智能运输与便捷高效物流系统、交通安全保障与交通应急联动等将是重要的发展方向。车辆电子标识、高清视频、智能控制终端、移动电子支付、新型公交等，都在迅速发展，产业前景广阔。新一代通信技术应用，探索能源管理与智能交通、协同式智能交通系统、新型城市交通系统等，推动交通系统朝安全、便捷、舒适、环保的方向发展，成为智能交通系统发展的重要目标。

第三，车路协同系统是未来交通出行服务系统的重要特征。从美国最新的智能交通系统项目五年规划中可以清晰看出，车路协同是规划的重点之一。另外，欧盟专门制定了交通系统协同发展路径图，围绕智能出行、生态出行、安全出行布局了一系列内容。日本也在积极推进新一代交通管理系统,大力发展基于车路协同的辅助安全驾驶系统——直接序列扩频通信(Direct Sequence Spread Spectrum,DSSS),基于数据挖掘的交通管控系统性能提升,在专用短程通信技术(Dedicated Short Range Communications,DSRC)、智能公路、无人驾驶系统等方面也在积极开展工作。

第四,智慧支付在未来交通出行服务中扮演"基础性支撑"角色。随着移动互联网、云计算、大数据等新兴互联网技术的发展,支付形态由网络支付向移动支付、虚拟支付、聚合支付的方向发展,在各个方面提升交通出行服务的便捷性和管理的智慧化水平,出现了信用支付、空中发卡、二维码、NFC 支付、生物识别支付、无感支付等智慧支付服务以及基于在线账户所衍生出来的各种增值服务。智慧支付凭借"刚需、高频次、全场景、天然流量入口"等优势特点,在构建统一高效、互联互通、数据共享的智慧交通服务平台方面发挥基础性保障作用:

①智慧支付作为智慧交通出行服务的支付方式和支付基础设施,为出行提供便捷、智慧的支付服务;

②智慧支付工具及其配套终端可触达交通出行各个环节乃至全出行链、全出行场景,充当交通运输各细分领域、各部门、各场景协调、沟通、连接的纽带和桥梁,为智慧交通、智慧生活、智慧城市建设和服务提供平台入口支撑。

可以说,智慧支付正在成为智慧交通乃至智慧城市基础性底层服务设施。

1.1.2 交通出行服务方式

按照交通工具的不同,城市交通出行服务方式包括公共交通(地铁、公交车等)、出租汽车、共享单车等,其优、缺点见表 1-1;城际交通出行服务方式包括长途道路客运、铁路客运、民航客运;跨境交通出行服务方式包括穿梭巴士、跨境铁路、跨境水运、国际航空等。

常见公共交通出行方式优、缺点　　表 1-1

出行方式	优　点	缺　点
地铁	运行在特定的网络中,出行时间固定、准时快捷、经济环保	若地铁网络覆盖程度较小,需要配合其他交通方式才能到达目的地,出行连续性受到制约;高峰时期,出行舒适度不佳,换乘区域的堵塞也使得出行时间延长
公交车	公交专用道的推行,使得公交车的出行时间不受路网拥堵的影响,出行准时性得到保证;公交票价低廉,经济环保,换乘方便,网络覆盖范围广,容易实现直达出行	高峰时期,出行舒适度不佳;出行时间容易受到道路交通条件的影响,具有一定的不确定性

续上表

出行方式	优　点	缺　点
共享单车	灵活便捷、健康零污染；短距离范围内能够实现直达出行，可作为长距离出行中换乘前的代步工具	出行速度慢、安全性低、载重少、舒适性不佳、易受到天气条件的影响
轮渡	定期班次，或是等客满才起行的，称为水上巴士。针对特定地域，可节省时间	班次时间间隔长，衔接性不强，易受到天气条件的影响
出租汽车	便捷性高，可以个性化出行，耗时短。具有安全、舒适、方便和快捷等特点	按照里程收费，较其他出行方式而言花费较大，尾气排放具有一定的污染性

1.城市交通出行服务方式

(1)公共交通

公共交通又称“大众运输”，泛指所有向大众开放并提供运输服务的交通方式，通常作为一种商业服务付费使用，但也有少数免费的例外状况。城市公交指城市范围内定线运营的公共汽电车及轨道交通、轮渡、索道等交通方式。大多数公共交通系统沿着固定路线运行，设置乘客上下站并有运营时间表。满足低需求地区以及特定人群门到门服务、交通枢纽及小区间的摆渡客运等其他类型辅助客运也属于公共交通，如社区用车服务、班车服务、辅助运输服务、团组出行计划以及微公交、微转运等。

(2)出租汽车

出租汽车特指与公共交通工具不同，供单个乘客或小群体使用的运输服务，其搭载地点和下客地点由乘客决定。在我国，出租汽车专指巡游出租汽车，即使用计价收费、车辆有顶灯和专用涂装，可以大街揽客也可使用App(应用程序)揽客的汽车。

(3)共享单车

共享单车按照有无车桩可分为有桩共享单车和无桩共享单车。有桩共享单车也称共享自行车，共享自行车出租点一般无人值守，用户可以将自行车退还至任意出租点。永安行等企业在各个城市提供此类车辆服务。无桩共享单车也称互联网租赁自行车，用户可以在预定区域的任何位置租用和退还车辆，如哈啰出行、美团出行、滴滴出行等提供的共享单车服务。

2.城际交通出行服务方式

(1)长途道路客运

这里的长途道路客运主要是指市际、省际班车客运，不包括公交化道路客运和市内短途客运，具有固定线路、固定班次、固定客运站点和停靠站点，主要用于城市之间或地区之间载运乘客及其行李物品。因运距较长，故舒适性好。车内仅设坐席，没有专供乘客站立的位置，但可在通道内设置活动座椅或载运短途站立的乘客，以增加载客量。其优势体现在：机动灵活、直达运输，客运优势大；适应性强、服务面广、时间随意性大；交通设施限制少、可伸展至任意地区；投资少、资金周转快、社会效益显著；为其他交通方式提供客流集散。

(2)铁路客运

铁路客运是指以市郊铁路、城际铁路、高速铁路等铁路列车为运载工具，根据需要事先编组好并按固定时刻表运行的，旅客根据自己旅行的需要选择乘车日期、车次、到站、座别的客运方式。铁路客运具有以下特点：运输能力大，运行速度快，运输成本低，运输经常性好，能耗低，通用性好，机动性差，受自然环境影响小，连续性好。我国现行铁路列车运行图将旅客列车分为动车组列车、特快旅客列车(含直达特快旅客列车)、快速旅客列车和普通旅客列车(含普通旅客快车和普通旅客慢车)。

(3)民航客运

航空客运(Air Passenger Transport)是使用飞机、直升机及其他航空器运送人员的一种运输方式，具有快速、机动的特点，是现代旅客运输，尤其是远程旅客运输的重要方式。民航客运具有运输速度快、运输成本高、运输安全、国际性、在一定程度上受气候条件限制的特点。按照飞行区间，可以将航空客运业务分为国际航线客运、国内航线客运和港澳航线客运三种。

3.跨境交通出行服务方式

(1)港珠澳大桥跨境穿梭巴士

港珠澳大桥跨境穿梭巴士(图1-4)的发车点是港珠澳大桥香港口岸、澳门口岸和珠海口岸离境禁区内，它只负责将客人从口岸离境区送到另一个口岸的入境区，也就是口岸对口岸(上下车都在口岸禁区内)。

图1-4　港珠澳大桥跨境穿梭巴士

(2)港珠澳大桥跨境直通巴士

港珠澳大桥跨境直通巴士(图1-5)一般是指永东、港中旅等公司的跨境大巴,它连接香港市区和澳门/珠海市区,乘车起点站在市区内,下车的终点站也在市区内,即市区对市区(上下车都在市区,中途有可能需要换车)。

图1-5 港珠澳大桥跨境直通巴士

(3)其他跨境出行服务方式

其他跨境出行服务方式包括跨境铁路(图1-6)、跨境民航、跨境水运等。

图1-6 跨境铁路

1.1.3 交通出行服务模式

1.传统交通出行服务模式

传统交通出行服务模式是指以传统交通方式为基础,提供常规交通出行服务的模式,通常具有“四固定”特点,即按照固定的线路、时间、站点、班次运行的一种出行服务模式。按照一次出行所采用的交通方式种类的不同,传统交通出行模式可以分为单一交通方式出行模式和多元交通方式组合出行模式;按照交通出行区域不同,交通出行服务可以分为城市交通出行服务模式、城乡客运一体化服务模式、城际交通出行服务模式、跨境交通出行服务模式。

1)单一交通方式出行模式和多元交通方式组合出行模式

单一交通方式出行模式是指出行者一次出行中只使用一种交通方式完成出行;多元交通方式组合出行模式,又称联程联运模式,是指出行者一次出行中使用两种及以上交通方式完成出行。其中,单一交通方式出行模式包括同种交通方式间的换乘出行,如选择公共交通出行时,出行者可以在中途换乘站处换乘同种交通方式。

由于“联程联运”与后续提到的“MaaS”(出行即服务)在一定程度上具有相似性,本书在这里重点介绍“联程联运”模式。旅客联程运输是通过对旅客不同运输方式的行程进行统筹规划和一体化运输组织,实现旅客便捷高效出行的运输组织模式。“一票式”联程是联程客运运输模式的重要组成部分,是连接乘客用户与客运资源的关键环节。所谓“一票式”联程是指利用互联网技术,通过同一售票平台将多种交通方式的票务打通,实现“一站购票”“一票出行”服务,乘客自始至终使用同一票证即可完成多种交通方式之间的换乘服务并能享受相关联程优惠,有别于目前不同出行方式需多次购票的传统模式,是对现行客运组织的一次新的变革。目前常见的“联程联运”模式有公交地铁联运、空铁联运、空巴联运、空海联运、公铁联运和第三方联运。

(1)公交地铁联运

公交地铁联运是指在城市公共交通出行中,出行者可持交通一卡通等票卡实现公交、地铁之间“一卡通行”、自由换乘。目前常见的公共交通换乘公共交通的出行模式有公交车换乘地铁出行模式、地铁换乘公交车出行模式,如图1-7所示。

(2)空铁联运

空铁联运是指将高速铁路与民航运输有效衔接,形成空铁一体化的运输链条,为旅客提供高效便捷的联运服务。其组织形式有两种:第一种是基于虚拟航班的空铁联运服务。航空公司根据旅客需求,将铁路班次通过虚拟航班形式录入民航售票系统,旅客一次性购买飞机票和火车票,在下飞机后凭身份证去火车站指定窗口领取火车票,完成铁路端出行。第二种是基于“捆绑销售”的空铁联运服务。将铁路车票作为民航机票的附赠,旅客通过航空公司或在线旅行平台购买空铁联运服务产品,即可自动获赠联程铁路客票,如图1-8所示。

图 1-7 公交站点/地铁站点换乘枢纽图

图 1-8 空铁联运服务

(3)空巴联运

空巴联运是指通过营运客车(机场大巴或公交车)连接机场与出行起讫点,实现公路与航空两种运输方式联运的服务模式,是民航机场一种重要的基础性集疏运手段,提升了机场对周边城市的辐射能力,如图 1-9 所示。

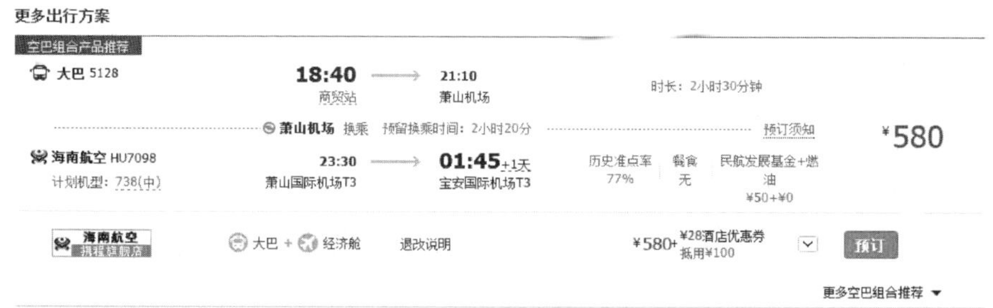

图 1-9 携程“空巴通”服务

(4)空海联运

空海联运是指民航运输与客船或邮轮运输相结合,为旅客提供跨民航与水运两种运输方式的联运服务,参与方包括民航机场、港口集团、船公司等,如图1-10所示。

图1-10　空海联运服务

(5)公铁联运

公铁联运是指将公路运输与铁路运输相结合,为旅客提供跨方式的联运服务,参与方包括铁路运输企业、火车站、公路客运企业等。公铁联运主要有两种形式:一种是通过高铁无轨站或在火车站附近设立接驳点等方式实现公路与铁路的旅客联运;另一种是针对相距较远的高铁站和汽车站,通过加强站间衔接、强化协调联动,为旅客提供公铁联运服务。

(6)第三方联运

第三方联运服务是指由第三方在线出行服务平台整合不同运输方式的票务信息资源,为旅客提供客票信息查询、跨方式出行规划、联程客票销售、行李寄送等一站式出行服务的联程客运服务模式。

2)城市、城乡、城际、跨境出行服务模式

随着城市化进程的推进、出行半径的扩展及交通基础设施的完善,出行服务模式已经不再局限为市内公共交通。按照交通出行区域不同,交通出行服务模式可分为城市交通出行服务模式、城乡客运一体化服务模式、城际交通出行服务模式、跨境交通出行服务模式。

(1)城市交通出行服务模式

城市交通出行服务模式是指为满足城市居民通勤、上学以及其他市内出行的需求,以城市公共交通为主体,包括大客车、小汽车、自行车和步行交通在内的综合系统,提供多元化市内出行服务的模式。

(2)城乡客运一体化服务模式

城乡客运一体化服务模式指打破城乡客运“二元化”管理体制和运行机制,以市县汽车站为中心、以乡镇客运站为依托,城乡交通资源共享,乡村、乡镇客运进城,城市客运下乡并按照公交化运作,实现城市与乡村客运一体公交化运作,从而最大限度地满足群众的出行需要,适应新时期经济社会城乡均等化发展的新型道路客运模式。

(3)城际交通出行服务模式

城际交通出行服务模式以城际客运为主,主要提供城市与城市之间的运输服务,满足旅客点到点的运输需求。旅客结构以商务、旅游、求学和务工为主,一次性出行居多。城际客运就运输形式而言,其方便性和灵活性高于铁路运输,旅客乘车手续简单,在客运站整体服务持续提升的今天,其优势日益凸显。城际客运公交化模式作为城际交通出行服务模式的一种,是指城际客运班线实行统一调度管理、统一营运车型、统一运输价格、统一服务标准、密集发班、多点停靠,以公交化运行的城际客运班线。

(4)跨境交通出行服务模式

在我国,跨境交通出行服务模式是指经内地政府主管部门批准,依照规定在海关备案登记的从事来往香港、澳门跨境旅客运输营运业务的车辆、船只、铁路,包括产权地为香港或澳门的交通工具,以及产权地为内地的交通工具。

2.智能交通时代下的出行服务模式

智能交通与智慧交通都是信息与通信技术、传感技术等多种技术在交通领域应用的产物,二者在建设内容、关键技术和应用方向等方面拥有诸多共同点。但是,智能交通主要侧重于各交通应用的信息化,基于静态交通信息数据、动态交通信息数据提供各类交通出行的交通信息服务,如交通运营监控、车辆调度管理、出行信息,实质上是一种基于现代信息技术的交通出行综合管理系统。智能交通所提供的作用主要体现在四个方面:一是提供出行安全与管理服务,如交通监控、交通信号控制、智能公共交通等;二是提供交通出行信息发布推送、出行诱导服务,如交通信息采集、智能公交信息和停车诱导等;三是提供交通一卡通、乘车码、生物识别支付、电子不停车收费系统(Electronic Toll Collection,ETC)等智能支付服务;四是提供交通大数据共享服务,如交通出行数据跨系统互联互通。

(1)实时公交服务

实时公交是指即时的公交到站信息的概念。实时公交一般具有四项功能:一是实时查询。通过手机查询公交车离乘车站还有几站的实时数据(图1-11),让旅客随时随地获知车辆到站时间,不再因为等车而心烦。二是公交换乘。除了线路查询、周边站点等便捷的公交查询功能外,更能轻松搜索任意两地间的出行建议方案。三是站点定位。通过卫星定位系统精准定位,能够判定应用使用者的具体位置,显示周边的站点及经过该站名的所有公交线路列表,更进一步轻松获取经过该站点线路的实时状况。四是地图模式。显示所在位置周边站点位置信息,以地图形式更直观地显示距离自己所在位置周边乘车站距离,让旅客少走冤枉路。

图 1-11 公共交通电子信息服务

(2)智能交通大数据服务

在建立交通出行大数据共享标准及安全管理机制、大数据政企开放共享模式和机制的基础上,搭建跨层级、跨地域、跨系统、跨部门、跨业务的数据共享、协同管理和一体化服务,基于智能交通大数据平台分析出行用户的交通需求,优化交通基础设施建设和运营管理,挖掘智能交通大数据的潜在价值,建立健全智能交通大数据辅助出行决策机制,提升交通出行服务安全管理、运力资源科学调度管理、信息数据共享管理的智能化水平,如图 1-12 所示。

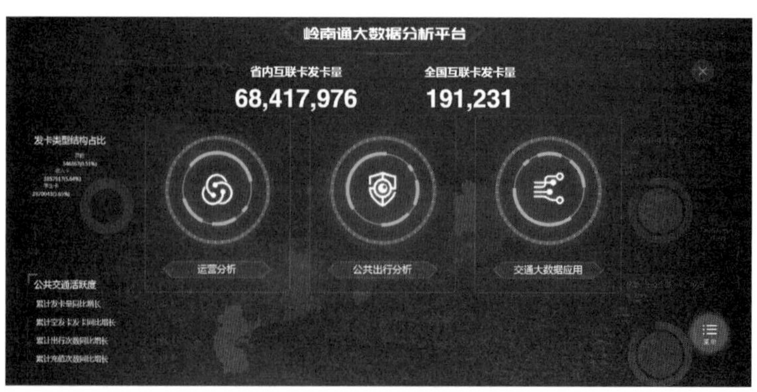

图 1-12 交通一卡通大数据服务

(3)智能化客运服务

以智能公共交通,智能公路,智能铁路,智能水运,智能民航及站场、码头等为载体,提供智能化出行、智能化决策和智能化管控等一体化客运服务。智能化出行服务是指通过人、车、路互联互通,实现出行信息实时发布、动态路径导航和个性化出行,如智能客票、智能客站、智能交通诱导等;智能化决策是指通过建立主动预测、自动处置、快速响应、服务高效、安全可控的智能系统,提高决策水平,如采用多层域数据融合与交通工具运行态势预测技术,实现智能调度指挥;智能化管控是指在车路协同的基础上,实现人、车、路的一体化运行监测,车路协同、区域路网协同管理,提高路网通行能力,如图1-13所示。

图1-13　交通指挥中心

(4)交通一卡通互联互通服务

交通一卡通是指主要在交通运输领域用于支付或清算的实体或虚拟交通卡、二维码以及其他特定信息载体或介质。交通一卡通产品包括实体卡片、移动载体或介质、虚拟介质(图1-14),以及用于支付受理的机具终端、商用密码设备和各类信息处理系统。在统一规划和统一管理的基础上,通过建立统一的业务管理系统、信息接口、安全技术、读写终端、卡片产品标准以及设备认证检测等技术标准和业务标准规范,建立统一的密钥管理体系、分级管理清分结算体系,实现交通一卡通跨区(市)域、跨交通方式的互联互通。

3.智慧交通时代下的出行服务模式

智慧交通则是融入物联网、大数据、云计算、人工智能等现代化通信信息技术,整合汇聚交通出行信息数据,应用大数据处理、分析、挖掘和预测技术,提供系统性、实时性、交互性以及服务应用的广泛性,在数据交通、智能交通基础上发展起来的更高阶段的交通出行服务模式。智慧交通时代下的出行模式改变了各传统公共交通方式独立运营、独立为出行用户提供出行服务的模式,将传统交通出行定点定线、静态线路、供给为导向的业务模式特点转变为实时动态、以需求为导向、多种交通方式组合的智慧出行新模式,如需求响应式交通出行与定制式公交、绿色交通出行、智能网联出行和出行即服务(MaaS)等。

图 1-14　岭南通全国互联互通 NFC 虚拟卡

(1)需求响应式交通出行、定制公交

需求响应式交通出行(Demand Response Transit,DRT)是指出行用户利用智能手机、智能平板电脑等移动智能终端实时预定出行时间、出行地点、出行线路但非固定线路系统的智慧交通出行服务模式,即“车找人”模式。这与传统的“人找车”出行模式有显著不同,具体体现在以下方面:在运营空间范围上,DRT 在既定的区域内运营;在出行时空范围内,出行用户在出行时间和空间方面具有一定的规律性;在出行时间窗方面,出行时间窗需求尽可能宽松,有利于弥补常规交通出行存在的不足,为出行用户提供零换乘、少步行的便捷出行服务。以城市公交为例,智慧交通时代下的公交出行一定是“人找车”和“车找人”相结合、“高频率干线+低频保障线+需求响应式公交”、适应不同出行场景需求的高品质出行服务,如图 1-15 所示。从当前来看,受运输能力和运输成本等多种因素影响,DRT 只是作为常规出行的一项补充。

定制公交是网约公交车的新模式,出行用户根据自身出行需求预约相应公交车,达到一定人数后即可成行。定制公交是由公司自建互联网平台,打通召车、调度、运营、咨询等线上和线下服务,乘客既能享受手机约车的便利,也不用担心乘坐因把关不严出现的“黑包车”。如图 1-16、图 1-17 所示,广州公交集团以信息化手段改造传统交通,通过“如约”App 信息进行聚合,为广州市民提供公交出行的需求征集、线路开通、票务预订、服务监管等交通出行服务,实现公交出行的“按需定制”,为市民提供高端的服务。

图 1-15　北京市“合乘式定制公交”

图 1-16　广州市“如约”定制公交

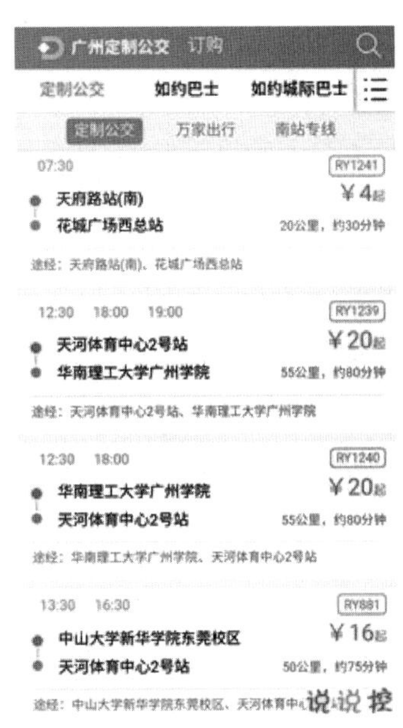

图 1-17　广州定制公交 App

除定制公交外，网约车也是需求响应式交通出行模式的主要代表，具有“出行提前预约班次、座位”等与定制公交类似的特点，以“巡游+网约”“公车公营”模式运营，除巡游、扬招、站点候客模式外，还可通过 App 预约乘坐，缩短乘客等候时间，服务能力大幅提高。网约车作为共享经济时代的先行者，有效缓解了城市人们打车难的窘境，为居民的出行带来了新的便利，市场规模蓬勃发展。根据前瞻产业研究院 2020 年公布的数据：2019 年中国网约车用户规模达 4 亿人次，使用率为47.3%；市场规模达 3044.1 亿元，较 2018 年的 2943.3 亿元同比增长 3.42%；在《网络预约出租汽车经营服务管理暂行办法》和网约车市场规范发展的驱动下，截至2020年4月底，已发放网约车车辆运输证95万余张、驾驶员证208万余张，目前已有140多家网约车平台公司取得经营许可。

(2)绿色交通出行

绿色交通出行，广义上是指采用低污染、适合都市环境的出行服务模式来完成社会经济活动的一种交通概念；狭义上是指为节省建设维护费用而建立起来的低污染、有利于城市环境多元化的协和交通出行服务系统。从交通方式来看，绿色交通出行方式包括步行交通、自行车交通、常规公共交通和轨道交通；从交通工具上看，绿色交通工具包括各种低污染车辆，如混合动力汽车、天然气汽车、电动汽车、氢燃料电池汽车、太阳能汽车等，还包括各种电气化交通工具，如无轨电车、有轨电车、轻轨、地铁等；从出行模式来看，在移动互联网、大数据、云计算等现代通信信息技术迅速发展并与传统交通方式融合创新的背景下，诞生了共享单车、共享汽车、共享巴士等交通出行服务新业态、新产品和新服务，随着各交通方式之间硬软件设施互联互通、体制机制壁垒的逐步消除，综合交通出行服务和定制化出行将成为现代交通出行服务发展的新趋势。例如，以MaaS为代表的新型交通出行服务，通过汇集整合交通方式、共享互通信息数据，按出行者具体需求提供定制化、一站式出行方案。

共享出行是绿色出行服务的重要构成，是指共同使用机动车辆、自行车或其他低速模式的车辆完成出行。共享出行以获得交通工具的使用权而非所有权为特征，目标是提高交通工具及相关城市交通设施等资源的利用效率。共享出行的具体形式多样，包括公共交通、出租汽车、班车、共享单车以及其他按需乘坐和送货服务。借助互联网技术，共享出行能够实现高效率的时空匹配，满足出行人多样化需求的出行活动。典型的共享出行模式主要有合乘、分时租赁、互联网租赁自行车、私人汽车共享、网约车等，如图1-18所示。

图1-18　滴滴共享汽车

(3)智能网联出行

智能网联出行,也称自动驾驶,是一种更智能、更安全、更环保的出行方式,具有协同驾驶、自动编队、视野共享、行人预警、交通标识识别、障碍物识别和安全避让、远程操控、智能泊车等功能。根据美国国家公路交通安全管理局(NHTSA)推出的分类标准,自动驾驶分为5个等级:没有自动化功能(L0)、特定功能自动化(L1)、综合功能的自动化(L2)、有条件的自动化(L3)、完全自主驾驶(L4)。L0表示没有自动化功能:驾驶员自己须完全控制车辆,包括制动车、转向和加速;L1表示特定功能自动化:个别的车辆控制自动化,如装备了电子稳定系统或自动制动系统的车辆;L2表示综合功能的自动化:此阶段至少包含有两项自动控制的功能,从而能够解放驾驶者的部分劳动,如具备了带有道路保持功能的自适应巡航;L3表示有条件的自动化:驾驶员可以在特定条件下完全停止控制所有与安全有关的重要功能,当汽车侦测到需要驾驶员控制的情形时,会让驾驶员接管其控制,并为驾驶员提供足够宽裕的转换时间;L4表示完全自主驾驶:车辆能在行驶期间随时监控道路情况,执行所有与安全有关的重要功能,且驾驶员只需提供目的地信息,除此之外驾驶员任何时刻都不会控制到车辆。此类车辆可以控制从启动到停止的所有功能,包括停车功能,也包括没有人在车上时的情形。此外,美国汽车工程师协会(SAE)推出了“自动驾驶”六级标准,见表1-2。

美国汽车工程师协会(SAE)推出的“无人驾驶”分级标准　　表1-2

等级序号	等级名称	转向和升降速控制体	周边环境观察体	激烈或突发情况应对体	应对程度
L0	人工驾驶	驾驶员	驾驶员	驾驶员	—
L1	辅助驾驶	驾驶员+系统	驾驶员	驾驶员	部分
L2	半自动驾驶	系统	驾驶员	驾驶员	部分
L3	高度自动驾驶	系统	系统	驾驶员	部分
L4	超高度自动驾驶	系统	系统	系统	部分
L5	全自动驾驶	系统	系统	系统	部分

自动驾驶在“共享出行”应用方面,能够解决车辆空载率高、闲置率高、运营成本高、交通环境恶化等问题。随着5G技术、人工智能技术与交通出行深度融合,“人—车—路—云”协同的智慧交通让智能网联出行应用逐渐成为现实,自动驾驶出租车、自动驾驶公交将成为未来共享出行场景下的核心应用。以自动驾驶出租车为例,根据通用汽车最新研究报告(图1-19),预计到2025年,自动驾驶出租车可将3美元/mile(注:1mile=1.609km)的共享出行成本(主要指人工成本)降至1美元/mile,规模化运营之后摊薄成本;预计2030年及以后,无人驾驶出租车出行

里程在汽车总体出行里程中占比将达 75%。目前限制智能网联出行发展和应用的因素主要有测试数据、政策法规和相关基础设施。

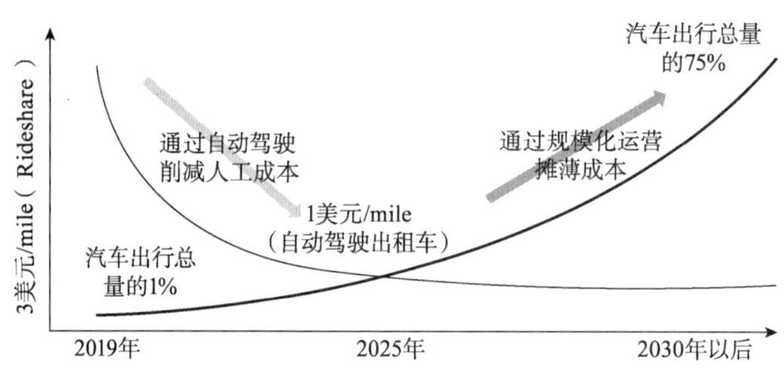

图 1-19　自动驾驶出租车普及路线图

（资料来源：通用汽车研究报告）

（4）出行即服务模式

出行即服务（MaaS）模式为一种全新的交通管理与服务理念，是人们对未来交通服务模式的新概念，转变了个体选择交通方式的模式，通过电子车票可连接车、站、人与服务，实现了乘客换乘零等待、支付零转换、服务零距离的便捷出行，是一种将各种交通出行方式的出行服务汇集、整合于同一平台，基于同一账户和一次支付，按需提供定制化、无缝换乘、一站式、门到门出行服务的新型智慧化出行模式。MaaS 不是一个新的概念，而是在通信信息技术、出行服务需求发展到一定阶段后的产物。MaaS 包含三项核心要点：一是围绕用户切实交通出行需求提供主动响应、智能调度、出行方案定制和精准推送等服务；二是基于现有出行服务供给资源和出行需求订单提供一站式、组合式出行服务方案而不仅仅是单个交通工具；三是提供出行规划、票务预订、信息查询、多元化支付、票务核销等囊括出行前、出行中、出行后各场景交通出行产品服务的整合，建立一体化的出行服务体系。MaaS 出行服务模式与传统出行服务模式特征比较见表 1-3。

MaaS 出行服务模式与传统出行服务模式特征比较　　表 1-3

比较项目	MaaS 出行服务模式	传统出行服务模式
服务理念	以用户为中心，按需服务、主动响应	固定线路、固定站点、固定时刻表等，调整余地较小
交通出行方式整合	整合全出行方式和全出行场景服务提供商；可以获取全出行链数据	各出行服务提供商仅局限于自己的出行服务方式；只能获取自有出行方式的出行数据

续上表

比较项目	MaaS 出行服务模式	传统出行服务模式
一个平台、一个账号、一次支付	一个平台、一个账号登录和使用全部出行方式、各出行模式,服务覆盖出行前、出行中、出行后的全出行过程	各出行服务模式各自拥有独立运行的平台和账号,出行者在使用多种出行服务时需要多次注册、多次登录、多次预定、多次支付
利益相关者	涉及范围广、领域多,包括政府及其交通运输主管部门、基础设施提供者、各出行服务提供商、技术公司、MaaS 供应商、相关组织(保险、旅游等)出行者等	涉及范围窄、领域有限,各运营主体独立运行
技术需求	中台、大数据、区块链、人工智能等现代信息技术支撑出行规划、出行信息、联程票务等	在现有技术条件下即可满足运行需求
个性化服务	根据用户的不同偏好,提供跨不同交通方式的个性化定制服务	受制于可选的出行服务方式,个性化定制服务不足

注:根据人民交通出版社股份有限公司出版的《出行即服务(MaaS)概论》整理。

另外,MaaS 最基础也是最核心的特征在于"资源整合",参照研究报告《移动即服务的拓扑方案》(*A Topological Approach to Mobility as a Service*),按照资源整合级别的不同,本书将 MaaS 分为五个等级,如图 1-20 所示。

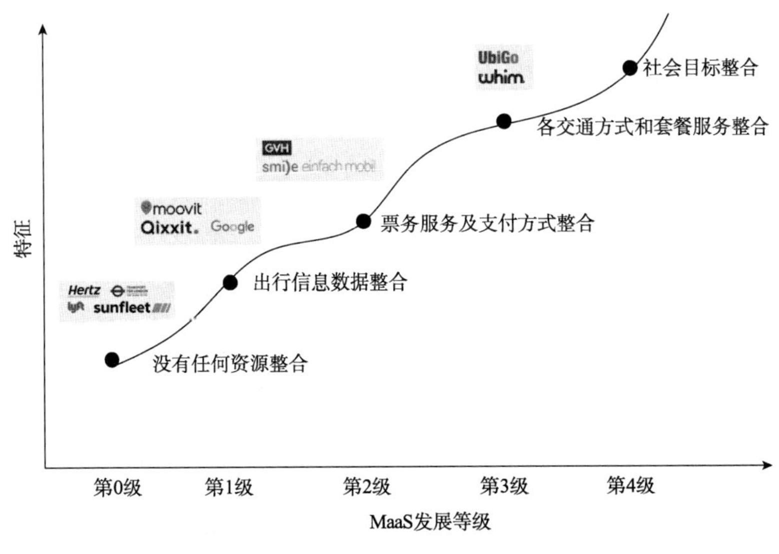

图 1-20 MaaS——一个出行服务资源整合者

第0级，没有任何资源整合，即交通方式保持相互独立状态，单独提供出行服务、完成出行任务订单。例如，美国的租车服务 Hertz 和共享乘车服务 Lyft，中国的神州租车、滴滴出行等。

第1级，出行信息数据整合，即整合票务支付、交通一卡通清分结算、出行订单、交通工具运营班次、站点线路（含线网）以及交通状况等信息数据，向用户提供信息查询服务、信息引导决策、地图导航、出行线路方案推荐等信息化服务。例如，美国的 Google Maps、新加坡的 Moovit、德国的 Qixxit。

第2级，票务服务及支付方式整合，它是第1级的延伸。在提供单次出行服务方案的基础上，增加了票务预订和票务支付，基于同一平台、同一账户的提供一体化票务和聚合支付服务，如交通一卡通、乘车码等。德国的 GVH、奥地利的 Smile-einfach mobile、中国的高德地图和百度地图就属于这一级别。

第3级，各交通方式和套餐服务整合。这里的交通方式不仅仅指公共交通方式，还包括私有交通方式、公私组合交通方式，出行用户在该等级出行模式下面临多种出行服务模式选择和可联程出行的票卡支付产品服务，实现一票式联程、一卡通服务和套票产品。例如，全球出行市场第一个提供一站式出行服务平台方案的 MaaS——芬兰 Whim，整合了城市公共交通（地铁、公交、轮渡、市郊铁路等）、出租汽车、共享单车等公私交通资源，并能提供出行路线计划、车票预定和支付等服务，针对不同出行频次需求提供个性化出行票卡产品服务。

第4级，社会目标整合。从长远利益来看，MaaS 不局限于满足交通出行服务需求，而是追求更具社会效益、生态效益，通过政策引导、公共交通优惠政策，鼓励出行用户使用城市公共交通工具，减少私家汽车出行，缓解交通拥堵、道路环境污染问题，让出行服务环境更绿色，使城市更宜居。

MaaS 理念下的出行服务将提供“门到门”出行全过程无缝衔接的解决方案，从而使未来交通出行服务体系不再是多个独立系统的简单拼合，而是由共同的 MaaS 平台运营商将交通工具、基础设施与交通信息数据整合在同一平台，用户基于一个平台、一次支付就可以体验从起始地到目的地“门到门”的全过程出行服务。在基于 MaaS 的出行服务系统中，出行平台运营商可根据用户需求灵活制定票价，在其运营范围内采用一次支付和多通路结算系统，即用户使用一张车票（或电子车票）可享受全部交通系统的服务，整个过程只需一次支付行为，而支付资金将自动分配至各交通运输服务供应商。同时，根据用户职业和家庭特征，出行平台可提供定制化的票价系统，如家庭套票、公司通勤票等，也可根据用户个人偏好提供单次出行支付、按总里程包月和按出行次数包月等服务（图1-21）。这种支付和结算体系，将真正实现交通系统的无缝衔接，最终使用户仅关注“点到点”的出行时间和出行费用，而无须关注出行过程中的其他细节。

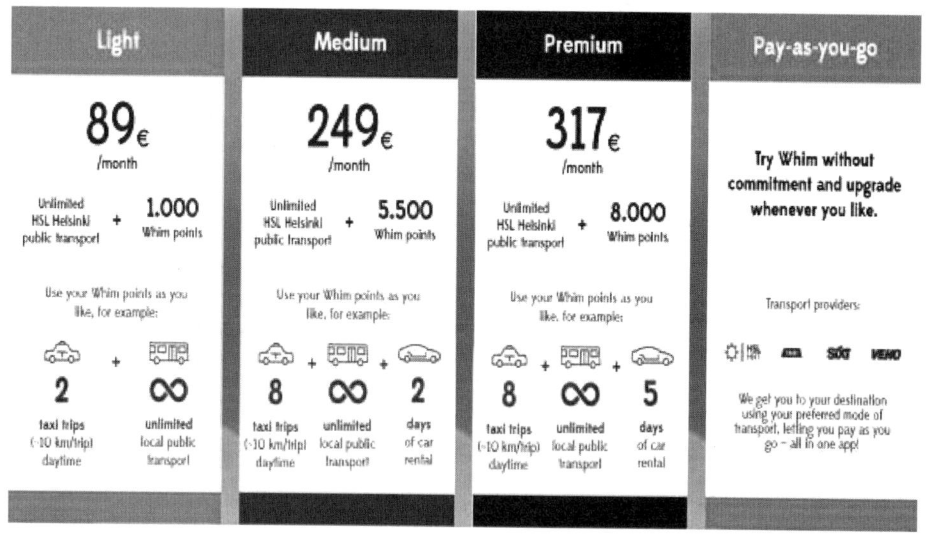

图 1-21　MaaS 平台 Whim 月票

由于出行平台运营商提供的是所有交通系统的服务，可以预计将有更多的用户会根据个人及家庭特征购买套餐服务，从而享受更优惠的出行价格；对于整个交通体系来说，也大大降低了运营的综合成本，产生的商业收益可由公交系统的各环节分享，帮助改善交通系统内部的服务和外部的衔接，最终减少整个社会的出行损耗。从整个交通系统看，因为出行平台统一规划行程并调配多模式的交通资源，所以可以最大限度地实现不同交通工具间的换乘衔接，减少中转过程的时间损耗，使整个出行过程更高效。

1.2　交通出行服务体系概览

1.2.1　交通出行服务体系——乘客运输

乘客运输，简称“客运”，是指以乘客为运输对象，以汽车、火车、飞机为主要运输工具实施的有目的的乘客空间位移的运输活动。

以道路客运为例，道路客运包括班车客运、包车客运、旅游客运和出租客运四种类型。

(1)班车客运

班车客运是指城市之间、城镇之间、乡镇之间定期开行的客运方式。其具有固定线路、固定班次(时间)、固定客运站点和停靠站点的特点。班车客运按运行区域可以分为以下五类：①县内班车客运，即运行区域在县级行政区内的班车客运；

②县际班车客运,即运行区域在设区的市所管辖的县之间的班车客运;③市际班车客运,即运行区域在省级行政区内设区的市之间的班车客运;④省际班车客运,即运行区域在我国省与省之间的班车客运;⑤出入境班车客运,即国与国之间的班车客运。

(2)包车客运

包车客运是指按行驶里程或包车时间计费的一种运输方式。包车客运与其他客运方式相比,具有以下特点:一是由于包车客运的需求不确定,业务发生的随机性强;二是与班车客运相比,包车客运在接洽方式、开行线路、开车停车地点、开车停车时间、乘车对象、运费结算方式方面有所不同,包车客运不定时间、不定线路;三是与出租汽车客运相比,包车客运在使用车型、要车方式、使用时间、行驶距离等方面有所不同。

(3)旅游客运

旅游客运是指以运送旅游者游览观光为目的的旅客运输方式。道路旅游客运和班车客运、包车客运相比,具有以下特点:一是运送的乘客是旅游者;二是开行线路的起讫地一方必须是旅游区;三是以观光为主,中途停靠点和时间服从旅游计划的安排;四是大多数情况为往返包车;五是车辆舒适性能较高,适宜旅游休闲。

(4)出租汽车客运

出租汽车客运是指以小型客车为主要运输工具,按乘客意愿呼叫、停歇、上下、等待,按里程或时间计费的一种区域性旅客运输。其特点为:一是不受定线、定班、定时的限制,经营上机动灵活;二是营运时间长,同时又方便乘客要车,方便乘客的出行需要;三是载客人数较少;四是营运成本高,因此运输价格也比较高。

1.2.2 交通出行服务体系——出行规划

出行(图1-22)规划是指根据用户的出行需求和出行偏好,为用户提供出行线路、出行方式、出行模式等出行设计方案,并且可以在出行过程中根据用户的临时性改变或是规划路线中某种交通方式因为天气或者偶然性因素的改变,而提醒客户及时改变规划的服务活动。出行规划服务突出时间概念,在要求的时间范围内结合实时路况、预测客流、天气状况等因素,合理地推荐出行方式及路线,最大限度地节约用户的时间并尽可能保证用户按照指定的时间到达目的地,让用户的时间行程得到最大优化。系统可以根据获取的实时的交通信息,推荐给用户最合理的出发时间、行驶速度等,减少用户的等待时间,提高了用户人性化的体验。出行规划对于指引出行用户合理安排个人出行时间、优化个人的出行路线及出行方式和在出行过程中减少等待的时间具有参考价值。

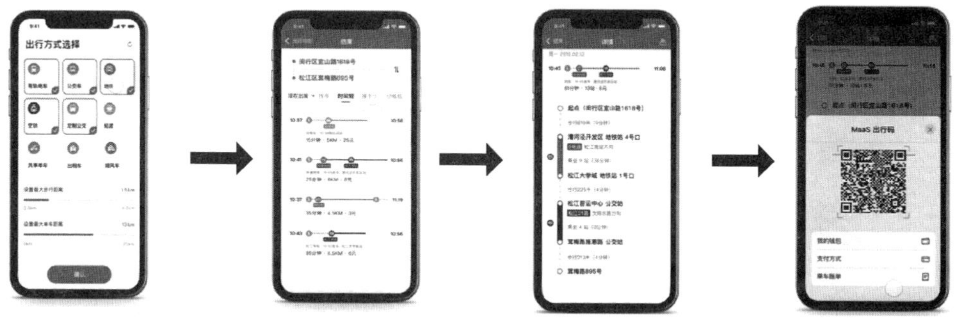

图 1-22 某 App 出行规划功能展示

出行规划主要包含出行线路规划、出行方式规划和出行模式规划三方面内容。出行线路规划是指在不考虑是选择单一出行方式还是组合出行模式的情况下，出行用户提供出发地、目的地等基本信息和优选持续时间、预算和模式等高级信息后，出行服务体系应用大数据技术和算法，根据用户提供的旅行信息将行程进行分解，每一个阶段的行程都提供可用的出行服务供用户选择，并对路线选项进行相应的排序，向用户推荐一个或多个匹配用户出行需求的路线方案。出行方式规划是指根据选择单一出行方式的用户所提供的目标时间和目标地点推荐符合要求的该种交通方式及其出行时长、出行费用。例如，当用户选择公共交通、长途大巴、铁路、民航、水运等中的一种出行方式时，推荐符合要求的班次，同时提供票务预定服务；假如用户选择汽车、地铁、火车、轮船、飞机等公共出行交通方式，推荐符合要求的班次，根据需要提供票务预订；再如，用户选择自驾出行方式，提供具体的行车路线及实时交通状况，并推荐合理的行车速度等。出行模式规划是指在用户选择组合出行模式的情况下，根据用户提供的目标时间和目标地点，从汽车、地铁、火车、轮船、飞机、自驾、步行、出租车等多种出行方式中，选择两种或两种以上出行方式搭配的联程出行组合方案，如公铁联运、空铁联运、空巴联运等。

在智慧交通时代，可供选择的出行方式更加多样化，包括地面公交、无人驾驶车辆、出租车、网约车、轨道交通、共享单车、共享汽车、民航、铁路、长途客运等。

交通出行服务体系通过机器学习与深度学习技术分析用户的出行需求和惯性，通过诱导系统引导用户便捷出行，并依托数据分析，提供多维度的出行方案供用户选择。

1.2.3 交通出行服务体系——出行信息

交通出行信息服务旨在通过全方位的信息采集、可靠的信息传输、高效的信息处理、获取方便的信息发布，为出行者及潜在出行者提供及时、可靠、全面、实用的出行信息，满足各类出行需求，缓解交通压力，降低事故频率，使公众切身感受到交

图 1-23　香港出行易 App“交通资讯”

通信息服务的便利(图 1-23)。

在信息采集方面,实现数字壁垒消除、信息资源互通融合。交通出行涉及城市多个区域、多个城市甚至多个省市,公众所需的信息也必然会涉及不同行业部门、多个城市或省市。因此,实现跨部门、跨网络、跨平台、跨行业、跨区域的信息互联互通及交换共享是交通出行信息服务发展的趋势之一。同时,随着信息化的进一步发展及深度普及,智慧化应用和大数据的重要性日渐凸显,统一整合社会资源,打破条块分割,发展大交通格局,向民众提供更全面、更及时的出行信息服务是必然趋势。

在功能应用方面,实现智慧化、个性化。随着交通智慧化应用的大力发展和信息的互联互通,越来越多的核心交通数据产生和被存储,基于这些海量数据,进行数据挖掘、大数据分析,提炼相应结果,既能帮助交通主管部门进行行业管理和辅助决策、应急指挥,也能向公众提供更科学合理、适合个性需求的出行信息服务。

在信息发布和展现方面,实现多样化、全方位。在数据展现上,利用空间地理信息、可视化等技术手段,提供直观性、交互性更强的显示终端,有效提升用户体验效果。在信息服务发布方式上,全面整合多元化的信息发布手段,实现服务方式多样化。未来的出行信息服务一定能更好地满足人们出行前、出行中的交通信息需求和各个出行场景的使用需要,为公众提供全方位、多渠道、多层次的综合性动态交通信息服务。

1.2.4　交通出行服务体系——定位导航

出行地图、导航服务平台对接,以导航电子地图数据库、地理信息系统引擎、地图匹配、人机交互界面、无线通信模块和定位模块共同构成定位导航系统。一方面,平台根据用户输入的出行起讫点和选定路线进行实时定位,记录出行轨迹,以电子地图形式跟踪呈现用户出行所在位置,并提醒用户已出行时长、出行距离和换乘中转，播报预估到达目的地耗时、距离和即将到达站点；另一方面，平台根据用户出行行程变化自动调整线路导航，高效、快捷地协助用户到达预先设定的出行目的地。定位导航服务分为室内导航服务（图1-24）和户外导航服务。例如，交通枢纽室内导航是指面对大型交通枢纽，提供枢纽内部的设施查询与实时位置感知服务，同时可接入枢纽内各交通工具（如地铁、高铁、航班等）的班次信息、预计达到时间、正晚点时间等数据，为乘客提供更加便捷的交通出行服务；再如，停车场室内导航是指在停车场这一环境下，为车主提供远程的车位状态查询、车位预约、车行导航、反向寻车等功能，解决在大型停车场找不到车位、不知道车停在哪儿等问题，大大提高了车主的用车体验。

图1-24　室内导航服务

1.2.5　交通出行服务体系——智慧支付

所谓智慧支付（相对于现金、票卡等传统支付方式而言），是指在移动互联网、大数据、云计算、人工智能、区块链等新兴互联网技术与传统支付产品服务深度融合背景下产生的提供智能化、在线化、信用化和记名化等支付模式，提供多元化场景、多功能应用等新型服务。目前较为流行的NFC支付、扫码支付、生物识别支付、增强现实/虚拟现实(Augmented Reality/Virtual Reality,AR/VR)支付等新形态都属于智慧支付的范畴。“智慧支付让交通更便捷、更智能”,以城市交通一卡通、二维码支付、NFC 支付、生物识别支付(图 1-25)、无感支付等为代表的智慧支付方式广泛布局于交通出行、交通运营和交通监管场景,面向 C 端用户提供多元化交通出行支付产品,增强出行支付方式可选择性和出行便捷性;面向 B 端、G 端用户提供基于智慧支付大数据的交通出行经营管理与监管决策服务。智慧支付在交通场景应用不仅能有力地推进交通出行服务能力和效率提升,改善出行服务体验,而且能够有效促进交通行业智慧化发展和转型升级。

图 1-25　基于“掌静脉”的生物识别支付

根据交通运输部发布的《2018 年交通运输行业发展统计公报》显示,2018 年全国完成营业性客运量 179.38 亿人,其中道路营业性客运量 136.72 亿人,铁路客运量 33.75 亿人,水路客运量 2.80 亿人,航空客运量 6.12 亿人。庞大的客运量必然衍生更庞大的客运出行支付需求。随着乘客移动支付消费习惯的养成、智慧支付与交通出行服务深度融合,智慧支付在推动行业转型升级和服务效能提升方面发挥着重要作用:一方面,智慧支付作为一种支付方式,通过智能手机、智能手表、智能手环等支付载体,为乘客提供便捷、高效、智能的票务支付服务,使乘客摆脱对现金、金融 IC 卡的过度依赖,提升乘客支付便捷性、安全性,降低运营单位点币人工成本和提高清分结算效率;另一方面,以智慧支付作为平台入口,为乘客出行提供线路查询、票务信息查询与订购、支付渠道、出行资讯等票务服务以及餐饮、住宿、娱乐、购物等在内的出行配套服务,整合客运出行服务线上线下、车(机、船)上车下场景资源和出行消费数据,为乘客提供集“吃、住、行、游、购、娱”等服务于一体的一站式智慧出行服务,提升交通出行服务质量,改善乘客出行消费体验,增加客运出行服务收益。

智慧支付与客运出行融合发展为客运出行服务转型升级和模式创新带来机遇的同时，也为道路客运、铁路客运、水路客运、航空客运等多种出行场景链接和构建一票式联程出行服务提供有利条件；以智慧支付为基础整合各种客运出行场景资源，打造集多种出行方式为一体的智慧出行服务平台，为乘客提供“一键下单、无缝换乘、一票(码)通行”的综合出行服务将成为未来客运出行服务的发展方向。

1.2.6 交通出行服务体系——票务服务

票务服务是以票务代理服务平台为入口，提供城市公交、地铁、公路、高铁等单一交通方式票务和交通方式组合票务以及为出行用户提供统一的购票、支付、结算、票务核销及客服服务等功能服务(图 1-26)。票务服务按照先后流程，分为票务查询、票务预定、票务支付、票务清分结算、票务核销。票务查询是指按照出行时间和出行起讫点对交通出行方式票务信息进行查阅和筛选，涵盖了班次、票价、时刻表、余票等信息。票务预定是指用户确定出行规划和查询票务信息之后，支付相应票价，形成出行契约的过程。票务支付按照支付模式的不同，可以分为交通一卡通支付、NFC 支付、二维码支付和生物识别支付等。随着智慧支付技术的发展，票务支付模式呈现出如下趋势：由有形卡支付向虚拟卡支付转变，进而向“无卡化”支付升级；由离线支付向在线支付转变，进而向“移动支付”升级；由不记名向实名制转变，进而向“生物识别”升级；由单一支付交易向聚合支付服务发展，进而向“生态服务”升级等。票务清分结算是指各交通方式票务清分结算中心，对接各交通方式票务支付清分结算系统，在统一的服务费用收益分配规则下，统一处理各交通方式运营主体票务和支付交易业务数据，统一向各交通方式运营主体提供作为其清分结算依据的清分结算报表，完成清分对账和资金结算。票务核销是指各交通方式票务系统与电子发票平台对接，融合服务项目、交易量和交易金额、税

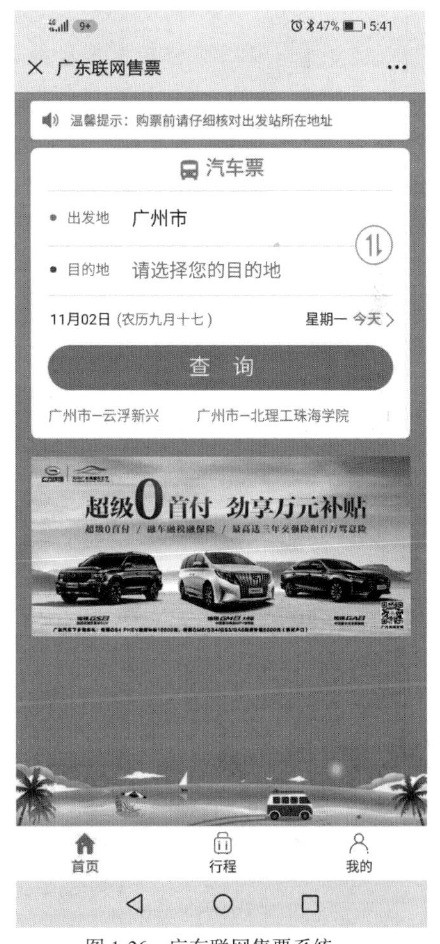

图 1-26 广东联网售票系统

目和税率等发票数据,生成标准化发票信息,向各交通方式服务提供商分发发票核销数据,向出行用户出具发票。票务产品按照票务形态的不同可以分为纸质票、IC卡、二维码、电子票证等;按照出行模式的不同可以分为单一交通方式票证和联程票证;按照票价计量方式的不同,可以分为计时票和计程票;按照票证有效期的不同,可以分为日票、月票、年票;按照票价是否变动,MaaS 服务票务产品可分为固定价格票和浮动价格票。固定价格票以"一票制"为主;浮动价格票主要有以交通工具行驶里程作为基本计费单位的"计程票"、以交通工具行驶时长作为基本计费单位的"计时票"、按交通工具是否跨区作为计费依据的"分区票制"以及其他票,如服务等级票。

1.2.7 交通出行服务体系——服务评价

1.交通出行服务的目标指标体系构建

多层次、一体化、集约高效、绿色和谐交通是交通出行服务体系的基本要求,而安全、舒适、方便快捷、和谐环保是交通出行服务体系的衡量指标。因此,交通服务体系构建的目标体系应围绕这些目标和要求进行研究,具体可分为交通公平类目标、交通系统集约高效类目标、交通可持续发展类目标。交通出行服务体系构建的目标及指标体系,见表 1-4。指标具体目标值的确定一般视出行环境的具体情况而定,评价过程中实际值的计算一般采用层次分析法、德尔菲法、经验值法及实际数据采集计算等方法确定。

交通出行服务目标指标体系构建　　表 1-4

<table>
<tr><th>一级目标</th><th colspan="2">二级目标</th><th>衡量指标</th></tr>
<tr><td rowspan="3">交通出行公平性</td><td colspan="2">横向交通出行公平性</td><td>城市公共交通出行比例
慢行交通出行比例</td></tr>
<tr><td colspan="2">纵向交通出行公平性</td><td>弱势群体出行满意度</td></tr>
<tr><td colspan="2">资源配置公平性</td><td>路权分配合理性
公交优先设施设置
慢性空间友好性</td></tr>
<tr><td rowspan="5">集约高效性</td><td rowspan="2">集约化程度</td><td>交通方式资源占有率</td><td>公共交通资源占有率
慢行交通资源占有率</td></tr>
<tr><td>单位能源运输能力</td><td>单位能源运能效率</td></tr>
<tr><td rowspan="3">系统高效程度</td><td>交通方式结构</td><td>交通方式结构匹配性</td></tr>
<tr><td>交通一体化程度</td><td>出行服务链合理性</td></tr>
<tr><td>换乘便利性</td><td>换乘时间</td></tr>
</table>

续上表

一 级 目 标	二 级 目 标		衡 量 指 标
集约高效性	系统高效程度	系统承载能力提高程度	承载能力提高比例
		设施配置结构	路网结构 动静态设施配置匹配性
		交通出行服务水平	机动车交通出行服务水平 非机动车交通出行服务水平
可持续发展	历史环境可持续发展		历史建筑与古迹破坏程度 空间
	生态环境可持续发展		污染物排放水平
	交通系统可持续发展		交通系统与社会经济发展匹配性

资源来源：过秀成.城市交通规划[M].2版.南京：东南大学出版社。

2.交通出行服务评价指标体系构建

交通出行服务评价是指各类交通出行方式、出行模式在满足乘客出行需求方面所达到的程度。交通出行服务评价主要有安全性、准时性、准确性、经济性、方便性和舒适性六个方面，如图1-27所示。

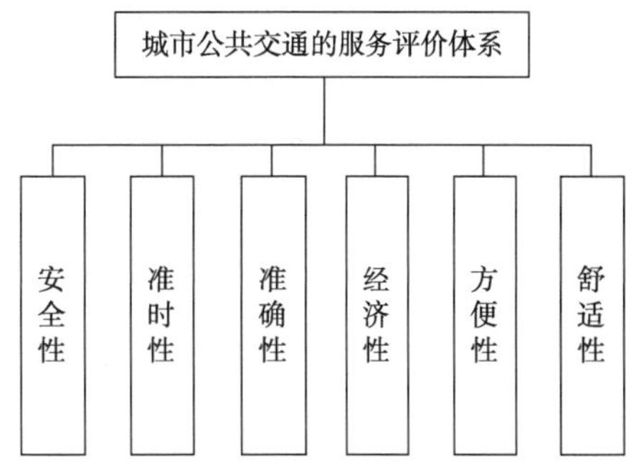

图1-27　城市公共交通服务评价体系指标

(1)安全性

安全性是指在提供交通出行服务过程中确保乘客的人身及财产安全，不发生人身伤害及财产损失。无论是城市公共交通运输，还是其他任何一种交通运输方式，安全运输永远是第一位的。任何一种交通运输方式，如果没有安全性作保证，是不会有乘客乘坐的。因此，对于城市公共交通运输而言，在对乘客完成空间位移的过程中必须要做到确保乘客的人身及财产安全。

(2)准时性

准时性是指交通出行服务提供商能够满足乘客对出行服务合理时速要求的能力，主要采用出行耗时、交通方式运营速度指标反映。出行耗时用车内耗时和车外耗时之和来衡量，车内耗时主要与交通方式运营速度有关，往往受到交通出行服务运营线路条件和出行环境影响；车外耗时包括到离站(场)时间、候车时间和换乘时间等，往往与线路安排、站点布置有关。

(3)准确性

准确性是指交通出行服务提供商能够满足乘客到达计划站点所期望的合理时间要求及位置要求的能力。一般情况下,交通出行服务的准确性主要与交通出行服务提供商的运力调度、运营组织、发班密度、运输条件、出行环境及客流状况等因素密切相关。对于定点定线的交通出行服务而言,要求在出行起点准时发班、到达沿线站点时间准确、到达各站点位置准确。这样做的目的是:确保各交通方式能够按照既定线路、在既定时间范围内“均匀”到达各个站点,防止连续到达造成的“堆积”现象和无车可乘的“断运”现象。

(4)经济性

经济性是指乘车交通出行所花费的时间成本和费用支出要低,合理、便宜甚至可享优惠的票价是吸引乘客采用某种出行方式、出行模式的重要影响因素之一。但是,交通出行服务的经济性要同时兼顾交通出行服务提供商经济效益、整体社会利益。经济性评价指标通常采用客运费率,客运费率是指统计期内乘客每百公里出行距离的出行费用和服务地区居民平均月收入之比。对于城市公共交通而言,它是城市重要的基础设施,具有鲜明的公益性属性。在当前条件下,城市公共交通政策性亏损是普遍存在的现象。因而,政府应通过适当财政补贴的方式保证公共交通运输企业有“利”可图;而对于公共交通运输企业来讲,其票价的制定不能以盈利为唯一目标,应以最大限度满足人民群众工作生活需要为首要原则,同时还需不断提高管理水平。

(5)方便性

方便性是指在交通出行过程中乘坐、换乘某种交通方式的便捷程度。具体体现在:无论何时、何地、何种出行目的均有车可乘,换乘次数少、少步行甚至“无缝换乘”。影响乘客交通出行方便性的主要因素有:站点、线路和线网布设的合理性,换乘系数大小,发班频次高低,交通出行客运容量等。衡量方便性指标主要有公共交通出行比例、换乘系数、换乘距离、换乘站距及发班频率等。通常采用换乘率和公共交通出行比重两种指标。换乘率是指统计期内换乘乘客人数与总乘客人数的比值。乘客换乘不仅是指不同线路的同类交通方式之间的换乘,而且指不同交通方式之间的换乘。

(6)舒适性

舒适性是指乘客在交通出行过程中所能感受到的上下交通工具、乘坐舒适度和行驶平稳性。与交通出行舒适性相关的影响因素主要有乘坐率、拥挤度、行驶平稳性以及温度、通风状况等。交通出行舒适性通常采用满载率来衡量。随着交通工具现代化水平的提升和居民物质文化生活的改善,乘客对交通出行的舒适性需求也相应提升,这就要求满载率不能超过一定标准。

1.3 交通出行服务发展现状

蓬勃发展的城市公共交通对城市的发展起到了推动作用,城市公共交通既保证了每天城市生产、生活的正常运转,对城市各行各业的发展、经济文化事业的繁荣以及城乡间的联系也起到了纽带和桥梁的作用。城市公共交通是城市供公众乘用的、经济方便的各种交通方式的总称。城市公共交通是城市的基础设施,是城市综合功能的组成部分,公共交通直接关系着城市的经济发展与居民生活,对城市经济具有全局性、先导性的影响,因此它是国家重点扶持和发展的城市公用设施。

随着各类交通工具的发展及出行目标的多元化,交通及出行服务由传统的单向关系逐渐演变成复杂网络,并且伴随着移动科技与大数据的结合,自动驾驶技术的进步和共享出行概念的普及,综合处理交通出行的智能化平台的产生成为可能。“出行即服务”(MaaS)最早是2014年由芬兰智能交通协会主席桑波·希塔宁提出的,他将其定义为能够整合不同交通方式,并向客户统一提供出行套餐的出行服务。MaaS作为能够将跨领域的各种出行方式进行全面集成的一种模式,实现了在同一平台连接城市内公共和私人交通服务提供商,乘客可以根据价格、时间和个人偏好,线上制定出行路线并预付车费,无须登录多个平台进行多次预定,便可高效便捷地完成出行目标。

1.3.1 国内交通出行服务发展现状

1.我国交通出行服务需求规模现状

(1)铁路和民航客运总量、周转量较2018年上升明显,公路、水路客运较2018年降幅较大,但公路客运仍是我国交通出行最主要的交通方式。

根据《2019年中国交通运输行业发展统计公报》,2019年全国共完成营业性客运量176.04亿人,比2018年下降1.9%;共完成旅客周转量35349.06亿人公里,增长3.3%。其中铁路全年旅客发送量36.6亿人,比2018年增长8.4%,完成旅客周转量14706.64亿人公里,增长4.0%;公路全年完成营业性客运量130.12亿人,比2018年下降4.8%,完成旅客周转量8857.08亿人公里,下降4.6%;水路全年完成客运量2.73亿人,比2018年下降2.6%,完成旅客周转量80.22亿人公里,增长0.8%;港口全年完成旅客吞吐量0.87亿人,比2018年下降6.7%,沿海港口全年完成客运量0.82亿人,下降6.5%,内河港口全年完成客运量0.05亿人,下降10.7%,邮轮全年完成客运量221.4万人,下降11.7%;民航全年完成旅客运输量6.6亿人,比2018年增长7.9%,完成旅客周转量11705.12亿人公里,增长9.3%,国内航线全年完成旅客运输量5.57亿人,增长7.0%,港澳台航线全年完成旅客运输量1107.6万人,下降 1.7%，国际航线全年完成旅客运输量 7425.1 万人，增长 16.6%；民航运输机场完成旅客吞吐量 13.52 亿人，比 2018 年增长 6.9%。

（2）公共汽电车运营线路和运营里程增长而客运规模下降，城市轨道交通运营线路、里程和客运规模皆增长，巡游出租汽车、轮渡客流规模皆下降。

2019 年末，全国拥有公共汽电车运营线路 65730 条，比 2018 年增加 5140 条，运营线路总长度 133.6 万 km，增加 13.7 万 km。其中，拥有公交专用车道 14951.7km，增加 2101.5km；BRT（快速公交系统）线路长度 6149.8km。拥有城市轨道交通运营线路 190 条，增加 19 条，拥有城市轨道交通运营里程 6172.2km，增加 877.1km；其中，拥有地铁线路 159 条、5480.6km，拥有轻轨线路 6 条、217.6km。拥有城市客运轮渡运营航线 88 条，减少 3 条，拥有运营航线总长度 397.9km，增加 21.3km。全年完成城市客运量 1279.17 亿人，比 2018 年增长 1.3%。其中，公共汽电车完成客运量 691.76 亿人，下降 0.8%，其中 BRT 完成客运量 17.47 亿人，完成公共汽电车运营里程 354.13 亿 km，增长 2.3%；城市轨道交通完成客运量 238.78 亿人，增长 12.2%，完成运营车公里 41.43 亿车公里，增长 17.5%；巡游出租汽车完成客运量 347.89 亿人，下降 1.1%；客运轮渡完成客运量 0.73 亿人，下降 9.0%，如图 1-28 所示。

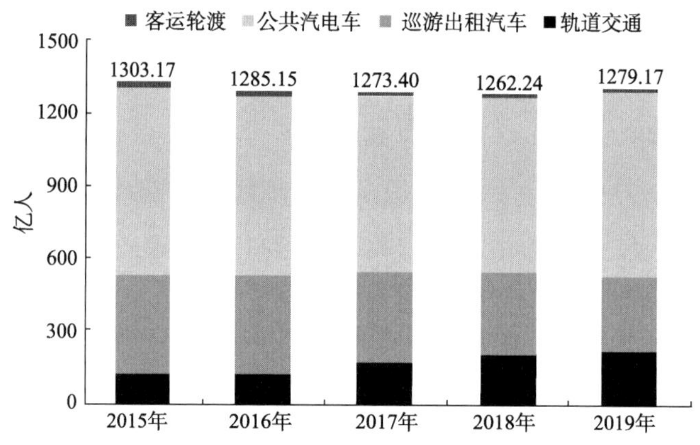

图 1-28　2015—2019 年我国全部城市交通出行客运量

（数据来源：《2019 年中国交通运输行业发展统计公报》）

（3）网约车、私家小客车合乘、汽车分时租赁以及共享单车市场规模不断提升。

共享出行是共享经济的重要组成部分。根据国家信息中心的统计，到 2018 年底，共享出行的交易额达到了 2478 亿元，相对 2017 年增长速度为 23.3%。在共享经济领域，共享出行的交易额仅次于生活服务共享和生产能力共享，成为共享经济领域非常具有代表性的经济业态。

①我国网络预约出租汽车用户规模有所增加。截至 2019 年 6 月，我国网约车

出租车用户规模达到 3.37 亿人,较 2018 年底增加 670 万人,如图 1-29 所示。网约车专车或快车用户规模达到 3.39 亿人,较 2018 年底增加 633 万人,如图 1-30 所示。由于网约车用户规模较大,网约车用户增长速度有所放缓。2019 年 6 月用户增长相对 2018 年底,网约出租车用户规模增速仅为 2%,网约专车或快车用户规模增速为 1.9%。

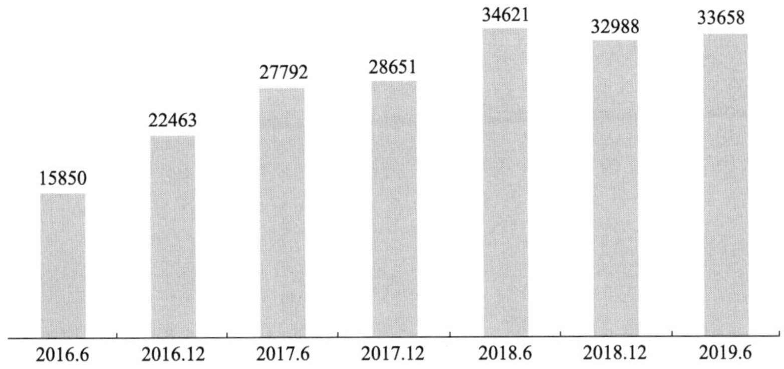

图 1-29　2016 年 6 月—2019 年 6 月我国网约车用户规模(单位:万人)

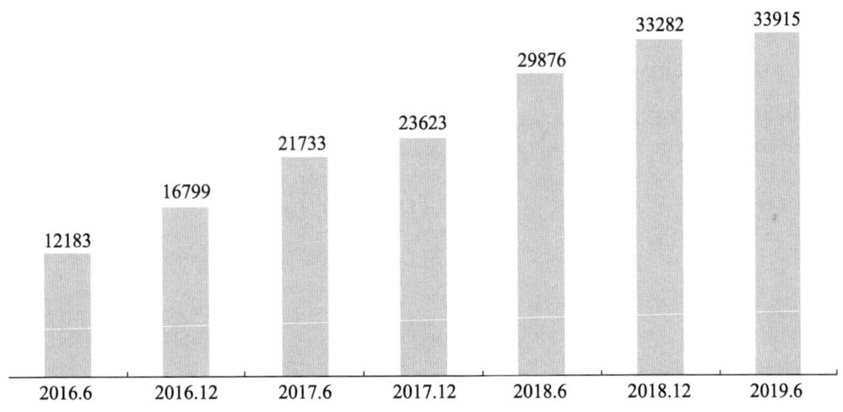

图 1-30　2016 年 6 月—2019 年 6 月我国网约专车或快车用户规模(单位:万人)
(数据来源:中国互联网络信息中心)

②私人小客车合乘发展进入新阶段。私人小客车合乘是我国共享出行的一个重大创新。2014 年,嘀嗒拼车进入合乘市场,此后滴滴出行、高德、哈啰出行和曹操出行等进入这一市场。2018 年 8 月,滴滴出行顺风车出现安全事故后,滴滴出行、高德暂时退出了这一市场。2019 年 9 月,嘀嗒出行平台公布其拥有用户达到 1.3 亿人,车主注册量达到 1500 万人,累计合乘出行里程达 230 亿 km;哈啰出行宣布其合乘车主注册量破 500 万人,平台发单乘客量累计超过 1800 万人。

③汽车分时租赁行业处于调整中探索创新时期。自2014年以来,分时租赁行业持续快速增长。截至2018年底,分时租赁车辆规模达23万辆,大部分分时租赁车辆采用的是新能源汽车。其中,EVCARD和GoFun出行累计投放量分别达5万辆和4万辆。2018年以来,涉足分时租赁的企业积极探索新的发展模式。例如,华夏出行全力构建“出行+增值服务”生态圈,同时发力分时租赁、城市物流、越野自驾服务及商旅服务等几大业务板块,希望串联并形成板块间的互相引流、转化及提升,探索“精细化运营战略”,并推出个人汽车托管业务、线上租车业务。同时,相关企业加快推进技术创新。例如,将面部、指纹等生物识别技术用于车辆解锁和用车人安全验证,希望借助自动泊车技术帮助驾驶员减少找车位、停车的时间;通过大数据分析和调度提升运营效率,开源节流。部分企业也在积极布局自动驾驶技术领域,希望通过自动驾驶技术能够连接用户与停车场的“最后一公里”,彻底解决困扰用户的找车和还车问题。

④共享单车进入理性发展时期。根据交通运输部公布的数据,截至2019年8月底,我国互联网租赁自行车共有1950万辆,覆盖全国360个城市,注册用户数超过3亿人次,日均订单数达4700万单。相对前两年的大起大落,2019年行业发展增速相对平稳,趋于理性,逐步进入哈啰、美团与青桔“三足鼎立”的发展格局。当前企业不再靠烧钱补贴来获得用户,而是将重心放在了精细化运营发展上。借助于大数据、人工智能技术,运营企业加强对车辆调度、车辆维修及车辆清洁等的高效运营,实现智能供需预测、智能规划、智能调度和智能派单等决策。从未来发展看,互联网租赁自行车能够很好地满足出行距离1~3km的需求,互联网租赁电动自行车适合满足3~10km的出行需求,两者将对其他交通出行方式形成非常好的补充,有望保持持续增长趋势。

2.我国交通出行服务供给发展水平现状

随着先进的信息技术与交通运输的加速融合,出行服务格局正受到深刻的影响。公众出行服务正在变革,自改革开放以来,随着国内综合交通运输体系的完善,出行服务能力取得了较大进步,较好地满足了人民群众多层次、多样化的出行需求。集中表现在以下四个方面。

(1)出行服务能力提升

2018年全社会的旅客运输量达到了179亿人次,其中公路客运量136.5亿人次,铁路客运量33.7亿人次,民航客运量6.1亿人次,应对春运和国庆等重大节假日大规模爆发式的服务保障能力显著增长。一票难求的状况得到了根本的改变,城市公路交通客运量超过900亿人次,早晚高峰挤不上车的情况基本消除。北京、上海、杭州、宁波等14个城市进入全国公交都市的行列,综合服务能力达到了世界先进水平。

(2)出行服务结构持续优化

近年来,伴随着互联网和智能出行相关技术的发展,城市居民出行的选择方式也越来越多元化。从单一的公共交通、私家车出行的主流出行方式演变为多种出行方式并行体系,城市交通正逐渐摆脱拥堵的困局。在城际出行领域,高铁和民航的发展引人注目,运力逐步从公路转向高铁和民航,相比 2013 年减少了 30%。在城市出行领域,以轨道交通、地面公交为主体,出租汽车、共享单车为补充的多层次出行体系形成,每天可提供 4 亿人次的出行服务。北京、上海、广州、深圳等一线城市地铁出行成为主要的出行方式。

(3)出行服务供给多元化

2015 年,“互联网+”行动计划发布后,在公交、出租、汽车租赁、停车、民航、铁路、长途客运等领域出现了互联网平台下各类新的交通服务模式,如图 1-31 所示。例如,网约车、共享单车、定制客运、分时租赁等新模式,广州、深圳、重庆等城市的网约车数量已经超过了传统的出租汽车,全国网约车日均订单达到了 2000 万单,共享单车每天使用量达到了 4000 万人次。定制客运已经在 20 个省市蓬勃发展,为人民群众提供了更加灵活、快捷的个性化出行服务。

图 1-31 “互联网+”便捷出行“新业态”

(4)出行服务品质明显提升

城市综合交通枢纽建设加快推进。旅客换乘更加便捷,车辆的装备不断升级,新能源汽车加快推广应用,在城市公交总量中的占比达到了 50.8%,人们出行更加绿色低碳。

3.交通出行服务互联网平台发展现状

目前,国内交通出行服务互联网平台分为两类:一类是综合性平台类出行,即通过一个系统平台(如 App)聚集系统应用产品,这类平台酒店、机票、火车票、旅游、门票、租车、美食、购物等服务一应俱全，覆盖吃、住、行、游、购、娱等多场景，如去哪儿网、携程、飞猪、同程等在线旅游服务平台；另一类是特定功能类或专业服务类，如网约车服务、线路规划、信息查询、票务办理、旅游攻略等，如滴滴出行、如约出行、如祺出行等网约车服务平台。目前，国内市场上主流的旅客出行服务第三方主体包括互联网及数据服务公司、旅行社、客票代售机构、物流快递公司、保险公司、金融结算机构等，其具有以下优势，适合直接面向乘客提供交通出行互联网服务：

①管理运行机制灵活，经营决策迅速，紧密贴合市场需求；

②掌握客运服务相关关键技术，包括移动互联网、大数据分析、货物行包分拣、快速转运投递、资金清分结算等，并依靠这些技术掌握线上、线下多种服务渠道；

③财力资本雄厚，能够较好地整合和优化客运资源并创新服务内容。

国内知名出行服务平台服务特征见表1-5。

国内知名出行服务平台服务特征 表1-5

平台品牌	特　点	类　别
携程	围绕旅游的核心业务展开出行、住宿、休闲等综合服务	旅游出行平台
高德地图	以精装自驾导航地图为基础，同时提供实时公交、地铁、骑行、步行等出行导航服务	地图导航平台
航旅纵横	基于航空出行服务，提供出行前、出行中、出行后的全行程信息	航空出行平台
智行火车	以火车票票务为核心，同时提供机票、汽车/船票、网约车以及酒店、旅游等服务	铁路出行平台
巴士管家	定制客运+互联网，汽车票与多种出行方式的票务协同预定	道路出行平台
好行网	针对特定城市与景区旅游而提供专车、直通车或特定时段公交卡服务	旅游包车平台
摩拜单车	单车企业在城市许可经营场所提供“押金”“免押金”自行车分时租赁服务	共享单车平台
滴滴网约车	用户即时用车与乘客出行服务平台	网约车平台
如约巴士	针对一部分特定人群的定制公交服务	定制公交平台
麦诗出行	主管部门统筹，交通运输服务提供商与平台服务提供商整合多种出行方式	综合出行服务平台

（1）以网约车服务为主导的专业出行服务平台

国内共享出行市场飞速增长，除传统网约车公司外，越来越多的车企纷纷布局出行服务，由传统汽车制造商纷纷转型为移动出行服务商，促进产业升级，已经成为一种必然趋势。覆盖低、中、高端各细分市场。国内已有滴滴出行、曹操出行、神州专车、如约出行、首汽约车、有鹏出行、如祺出行等十余家出行服务商，深度挖掘区域市场。

(2)以地图服务商为主导的交通大数据平台

国内从事“基于地理位置的出行服务”的知名地图服务商，主要有腾讯地图、高德地图、百度地图等。在交通及客运方面，它们纷纷与重点城市开展合作，推动建设城市“交通大脑”，打造交通大数据生态，即每个人、每个企业、每个交通管理部门都成为同一个大数据系统的提供者和受益者。这样的交通大数据生态系统发展到极致就会形成未来交通的终级形态——城市“交通大脑”。未来，所有的道路、车辆、乘客信息都将接入交通大数据系统，采集、调度、管理等行为都由“交通大脑”指挥完成，使得城市出行效率和安全程度大幅提高。

(3)以一站式票务为服务内容的出行服务平台

交通出行票务平台主要是传统交通运输企业和第三方出行服务经营主体建设运营，当前传统交通运输企业相互独立、自主运营本领域票务系统，开展综合交通出行票务服务较少；携程、飞猪等线上旅游服务商将出行与商务、旅游、住宿等服务相结合，在提供一站式综合交通票务的同时开展覆盖多交通领域、多出行环节的出行票务服务，如票务信息查询、票务预约及支付、出行订单提醒等。

(4)以交通出行信息服务为主要内容的出行服务平台

国内出行服务平台的合作方包括本地出行服务运营商、互联网公司和城市间客运公司等，其中本地出行服务运营商包括公交公司、长途客运公司、出租公司、汽车租赁公司等；互联网公司，如高德地图、百度地图、滴滴出行、嘀嗒出行等网约车公司，去哪儿网、携程等出行和旅游服务公司，拼多多、大众点评等电商。阿里和高德地图联合推出城市大脑·智慧交通系统，打通数据孤岛，形成全局出行规划，最大化道路资源，驱动交通出行服务。腾讯公司和东华智慧城市提出“MaaS智慧交通体系”，集成广东交通的思考、运算、决策系统，基于交通大数据分析，判断、决策和管理运营多模式MaaS交通出行。百度“交通大脑”利用互联网、人工智能、大数据分析优化交通管理体系，提升道路通行效率。其中，感知层实时分析道路变化、路口交通状况、车辆轨迹等信息，决策层通过大数据的索引计算出最优化的道路通行配时和出行规划建议，输出层对道路网络进行优化，更换配合百度“交通大脑”要求的智慧信号灯路侧感知设备。

4.智慧支付在交通出行服务中的应用现状

随着移动互联网的发展和智能终端的普及应用，支付产品服务形态发生了革命性变化，从现金、票卡支付等传统方式向虚拟卡、无卡化支付转变；由线下支付向线上支付、线下支付融合转变；由不记名支付向记名支付转变；由单一支付功能向多功能综合场景服务转变；由即付、预付向信用支付转变。支付智慧化俨然成为支付行业发展的潮流和趋势,智慧支付亦形成了以支付技术为基础的智慧支付体系。

按照支付技术的不同,智慧支付体系所包含的支付形态可以分为实体卡支付、NFC 虚拟卡支付、生物识别支付、无感支付、聚合支付等新兴支付方式(图 1-32)。智慧支付在交通出行中的布局包含三个重要场景:一是城市交通出行,二是城际(含跨境)交通出行,三是与出行相关的其他场景。智慧支付几乎覆盖了社会公众的所有出行方式和相关配套服务,如共享单车、公交地铁、客运(海陆空)、停车场、加油站及汽车后市场等。各交通出行场景融合城市交通一卡通支付、NFC 虚拟卡支付、二维码支付、ETC(电子不停车收费系统)支付、生物识别支付等多种智慧支付方式,旨在服务社会公众,提升交通出行体验;服务交通企业,优化运力配置和企业运营;服务行业主管部门科学、高效决策。

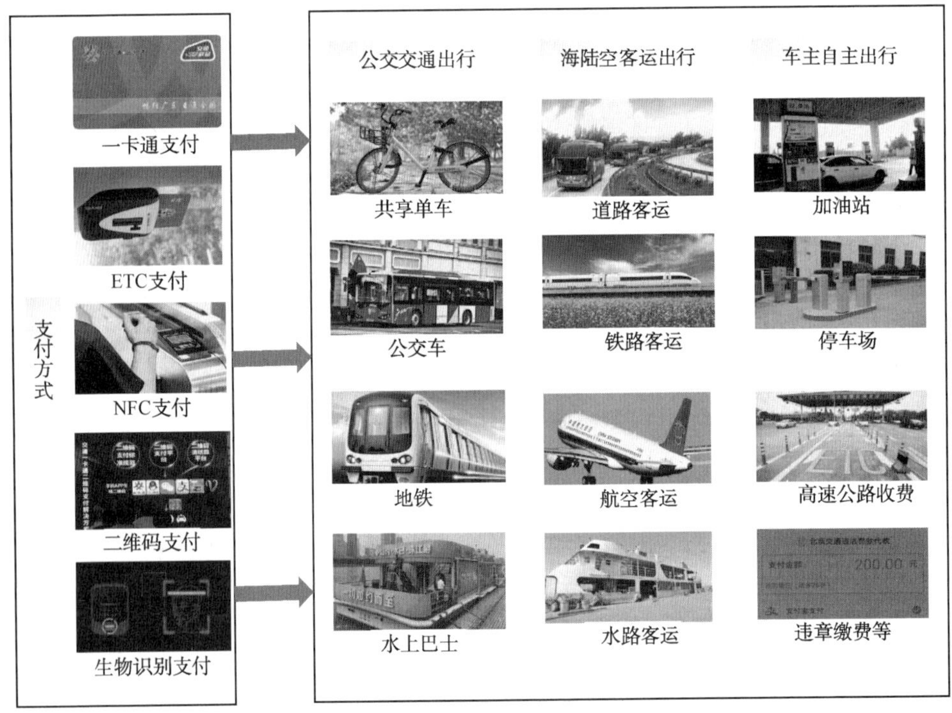

图 1-32　智慧支付应用场景

(1)智慧支付促进交通出行服务体验优化

一是出行支付方式多样化。随着移动支付技术的日新月异和支付智能载体的广泛普及,支付产品、服务、模式不断创新,NFC 虚拟卡支付、二维码支付、生物识别支付等智慧支付方式和相应智能终端设备逐渐出现在交通出行场景中,出行用户既可以摆脱对现金和实体卡的依赖,又可以拥有更加多元化的出行支付选择。

二是出行支付便捷化。以交通一卡通为例,交通一卡通互联互通的实现打破了交通卡在城市之间不兼容的局面,“一卡在手,全国通行”已成为现实。再以停车场场景为例,上海虹桥T2航站楼停车场已全面受理银联云闪付支付停车费、深圳宝安机场支持银联“无感支付”停车,车辆离场时间降至2s,极大地提升了车主进出停车场的便捷性,不必再为停车缴费排队而烦恼。

三是出行服务精准化。以公共交通出行行业为例,公交、地铁和交通电子支付企业利用智慧支付的开放性,整合多场景融合的智慧支付大数据,将用户数字化后,构建人物画像和人群画像,实现从群体性服务向个性化、精准化服务的转变,实现智能客流运营、常客会员体系搭建、数字化广告经营以及与周边商业服务的有机融合,使社会公众获得更加精准的出行服务。

(2)智慧支付推动交通出行运营管理水平提升

在智慧交通时代,随着5G网络、物联网、车联网、监控网、监测网等感知传输设施广泛部署,包括交通支付大数据在内的智慧交通大数据可获得性将得到大大提升。数据采集、数据预处理、数据存储、数据分析、挖掘和应用等大数据技术将更有效地解决交通运输行业发展痛点问题,为交通运营管理水平提供强力支撑。一方面,智慧支付大数据提高交通运营管理辅助决策能力。以交通一卡通大数据应用交通运营场景为例,以往社会公众公交出行数据分析需要投入大量人力进行OD调查和数据收集,而目前的交通一卡通大数据通过大数据平台展现公交出行人群出行特征、消费特征、站点线路线网客流等特征和规律,预测群体出行的态势,对出行时间、出行路线、出行方式等进行预测,从而为城市车辆调度、公交车线路调整决策提供依据。以智慧公交为例,公交企业根据交通一卡通刷卡数据、全球定位系统(GPS)、北斗卫星导航系统(BeiDou Navigation Satellite System,BDS)、GIS技术等结合对车辆的监控,实施的公交车智能调度策略,提高了公交车的利用率,同时在不断减轻城市道路的拥堵负担。另一方面,智慧支付促进交通企业经营方式、业务模式的转变,以各类智慧支付数据构成的交通支付大数据包含用户的支付频次、支付时间、支付地点、支付金额大小等用户支付信息,可以大数据技术拼接出完整的用户画像,如用户的消费习惯、消费偏好等,将孤立的人流、车流转化为可视化、可分析的信息流,形成一个统筹管理、精确到人的交通出行网络,为用户定制更好、更差异化的服务提供有力的数据支撑。

(3)智慧支付助力交通出行服务监管更高效、更科学

一方面,交通一卡通等智慧支付大数据为智慧化交通监管提供保障,在智慧交通建设过程中,越来越多的城市交通一卡通交易、ETC、视频监控、卡口电警、路况信息、管控信息、营运信息、GPS/北斗定位信息、无线射频识别(Radio Frequency Identification,RFID)信息等数据被广泛采集、整合和利用,为实现大数据下的交通

监测控制应用、交通流量疏导、信息服务应用、分析研判应用等智慧化交通监管提供保障。以交通流量疏导为例,交通一卡通大数据记录了公交出行人群、公交车辆GPS、北斗、公交站点和线路等方面的时空数据,通过分析和挖掘公交运营各站点线路车流、行驶时间、行驶速度的变化特征,可以评价和预估道路拥堵态势,从而为采取调整交通信号灯持续时间和交通疏导措施降低道路拥堵率提供支持。另一方面,智慧支付助力打造智慧交通科学管理体系。以"上海智慧交警"App为例,"上海智慧交警"App是基于微信支付的智慧交通移动平台,着力打造指尖上的移动警局。上海市民通过该平台无须去交管所排队缴费,微信扫码即可支付违章罚款,还可在线办理快处易赔、一键挪车、实时路况等多项交管业务。此外,根据交通违章缴费数据,该平台还可识别高频违章人群,该人群将成为交通管理部门重点关注和监控对象。

1.3.2 国外交通出行服务发展现状

1.国外公共交通出行服务

建立便捷、畅通、安全、绿色的交通出行服务系统是人类社会发展的永恒主题之一。虽然世界各国城市因历史文化背景、经济社会发展水平和人口产业布局不同,交通出行服务发展呈现出多样性的特征。但20世纪由城市化进程带来的交通问题使各国普遍意识到城市公共交通的重要性,优先发展公共交通已成为国际社会的广泛共识。世界许多国家和地区因地制宜地采取了多种政策措施,大力推进公共交通优先发展,积累了许多很有价值的经验,对于我国城市贯彻落实公共交通优先发展战略、推进城市公共交通又好又快发展具有重要的借鉴作用。

1)日本东京

日本的城市交通运输效率在世界范围内是相当高的。日本的城市交通规划、建设、管理方面的成功经验在于,它具有一定的超前意识,把城市交通摆到了整个交通运输体系和整个国民经济发展中一个十分重要的位置,并相应采取了正确的城市规划建设方针和策略。日本公共交通建设的初始建设资金来源于国家财政贷款、中央财政补贴、地方政府补贴、私人贷款和其他形式的补贴。贷款和维护费用的偿还主要是通过道路使用收费收入。对于日本来说,全国45%的人口集中在东京、名古屋、关西三个大城市圈,这些大城市人口高度集中,需要容量大、运输速度快的轨道系统来缓解公交交通拥堵所造成的一系列问题。同时,日本又根据本国城市土地资源有限、建筑物之间距离近等特点,多方式地发展了包括轻轨交通、独轨交通、自动化导向交通、悬浮交通灯在内的中容量轨道交通系统,使其成为大容量轨道交通系统的运送线。日本的城市轨道交通主要承担了通勤、通学等具有明显时间段特点的大运量、高集中的客运任务。

(1)公共交通出行服务

东京公共交通系统由城郊铁路、地铁、独轨铁路、公共汽电车等组成。其大容量、高运速的轨道交通很发达,拥有世界上客流量最大的铁路线网。而且,公共交通系统中,不同交通工具运送旅客比例逐步变化,公共汽车逐年减少、轨道交通逐年增加,如图1-33所示。2014年,东京地铁里程292.2km,线路13条,车站274个,日均客运量736万人次。JR线(不包括新干线)887km、私营铁路(包括单轨铁路)1126km。东京平均每天客运总量为3500万人次(一都三县范围则达5000万人次),其中60%由市郊铁路承担。东京市内交通客运量构成中,城市快速有轨电车比重最大,达49%,这在世界其他发达城市很少见;其次为地铁和轻轨交通,占总运量的30%;公共汽车比重较小,为7.6%。市中心公共交通(不含出租汽车)占出行总量的比例达到86%。在日本所有的公共交通中,地铁是最重要的交通工具,日本的轨道交通十分发达,下面以其首都东京为例进行说明。东京是一个人口接近4000万的大都市,有70%左右的住户从自己家到最近的地铁站都不超过500m,而距离最近的地铁站超过1000m的住户甚至不到1%。

图1-33　日本轨道交通

针对道路拥挤所带来的公共汽车行驶环境恶化,导致车辆行驶的准点率、速度难以保证,安全水平低,换乘不方便,乘客逐年减少等问题,东京采取了方便乘客乘坐公共交通车辆的多项措施。比如,改进公共汽车停车站,扩大公共汽车专用车道,引进公共汽车终端信息向导系统和设置高密度的公共汽车线网,引进油电混合动力公共汽车等。东京的公交车车厢内也为乘客提供了一流的服务:冬天,座椅会自动加温;夏天,车厢内不仅设有空调,窗户上还都挂有百叶窗帘,为乘客遮日祛暑;为了防止和减少乘坐公共汽车导致传染性疾病的交叉传染,公共汽车公司还定期对车厢进行消毒。此外,为了方便乘客,东京的许多公共汽车站还设置了车辆行驶情况预报系统,乘客可以随时在车站了解最近一辆公共汽车的运行位置和需要等待的时间,可以根据自己的具体情况决定是否等候。

日本社会已经是一个老年化非常严重的社会,所以各方面的社会细节,也确实是为了适应老龄化的社会而特意设计的。在各种公共交通中,这样的细节尤为明显。例如,日本所有的地铁座椅及公交车的座椅都是有软性包裹的座椅,老年人坐上去也不会那么难受。另外,所有公交车的座椅旁都能够看到一个红色的按钮,这是一个专门的下车按钮。所有乘客都不需要起身去等待停车,只需要在座位上按一下这个按钮,驾驶员就会知道有人要下车。等车完全停稳后,乘客再从座椅上起身,直接下车,而不需要提前到门口等待,可避免一些风险。当车内有一个人按了下车铃之后,所有的下车铃都会亮起灯,大家也就不需要再重复按铃了。这样的设计对于行动不便的老年人来说非常贴心。

图 1-34　日本 Suica 卡

(2)公共交通支付服务

东京及周边城市地铁和城市铁路及公共交通公司共同推出的电子乘车卡 Pasumo,它可以与东日本铁路公司已发行的 Suica 卡(图 1-34)通用,东京地区所有公共交通系统基本实现了一卡通。利用 JR 线的 Suica(Suica 定期卡)、私营铁路的 Pasumo(Pasumo 定期卡),可以乘坐东京所有的电车、地铁和公共汽车等,不需再持有不同公司的 IC 卡。Pasumo 可以作为月票使用,若已充值,在区间以外乘车时可自动补票。Pasumo 还具备电子货币功能,可以在加盟店和部分自动售货机代替现金购物。

东京地铁设有普通车票、回数券及月票等多种票制。在各车站的自动售票机出售普通车票,票价种类有 160 日元、190 日元、230 日元、270 日元和 300 日元,乘客按乘坐距离购买。东京地铁公司根据乘客需求提供三种回数券,回数券可以在东京地铁公司的任何车站使用。它包括普通回数券,1 套 11 张(大人乘车费和儿童乘车费);非高峰时间回数券,1 套 12 张(仅限大人乘车费);周末、休假日优惠回数券,1 套 14 张(仅限大人乘车费)。地铁月票有两种可供选择:学生月票或上下班人员月票,以及东京地铁公司的全线月票。使用学生/上下班人员月票,可以在特定区段内的各车站之间无限制地乘车;购买地铁全线月票需登记姓名,持有者可在有效期限内,在东京地铁公司全线反复使用。所有的地铁站都有自助机器售票售卡。日本虽然没有发展出中国这样的便利移动支付,但是早在几十年前,日本的自助服务就已经普及。很多交易都可以通过自助机器来完成,并且几乎所有的地铁自助售票机都有英文和中文的服务。

作为公共交通的重要组成部分,日本的出租汽车也是有一个非常独特且贴心的细节设计的。在日本,无论是多么老多么旧的出租汽车,都一定有自动车门。乘客乘坐的后排车门完全由驾驶员来控制自动开关,乘客无须自己开车门,驾驶员也不需要下车帮乘客开车门,这样在提升效率的同时也降低了许多安全隐患。日本出租汽车的价格稍高,但驾驶员的素质都很高,他们绝对不会在车内吸烟,再旧的车也绝对不会有异味,驾驶员也不会主动跟乘客攀谈。

2)美国纽约

纽约是美国人口密集程度最高的城市,为缓解交通压力,纽约市坚持优先发展城市公共交通,尤其是发展城市轨道交通,同时不断提高公共交通的可靠性和经济性,吸引人们使用公共交通出行,降低私家车的使用率,以缓解城市交通拥堵问题。20 世纪 70 年代开始,纽约交通部门开展了公共交通优先措施的研究,首先在曼哈顿中部地区的几条街道上,设置了公共汽车优先通行道,在高峰时段只允许公共汽车通行,公共汽车运行速度明显提高。目前,纽约中心区主要的大街和过河桥梁均设置公交专用道,为没有城市轨道交通服务覆盖的区域提供可靠的公共交通服务。时段专用道在规定时间内,其他车辆未经许可不准占用公交专用道,一般 8:00—19:00 时段内供公共汽车专用。同时,在一些特殊路段及交叉口,禁止公共汽车以外的其他车辆左转或右转。纽约还在高速公路上设立公交专用道。在高速公路专用道上行驶的公共汽车,一般是中途不设停靠站的直达线路,速度快、安全、准时、经济,许多市民因此放弃使用私人轿车而改乘公共汽车。

(1)公共交通出行服务

纽约主要公共交通工具包括地铁、通勤铁路、公共汽电车、轮渡等。2015 年纽约市公共交通日均客运量达 700 万人次,占出行总量的 75%。据统计,在曼哈顿中心商务区工作的人有 80%选择公共交通作为出行方式。纽约地铁线路共 27 条,车站 468 个,列车 6490 多辆,运营总长 660 多 km,日均客运量 510 万人次。纽约地铁的特点是,大多数线路实行 24h 运营,全年无休,线路多、车站多,是世界地铁车厢拥有量最多的城市。为了满足不同人的需要,同一线路中又设置了慢车和快车。每天上午 7:00—10:00 的上班高峰时间,进入曼哈顿中心商务区的客流有 62.8%是搭乘地铁抵达的。纽约公共汽车线路 240 多条,车辆 4760 多辆,线路总长 3000 多 km,车站 14000 个,日均客运量 250 万人次。公共汽车运营分为区内运营和跨区运营。其中,区内运营线路约 200 条;在曼哈顿区、布鲁克林区、布朗克斯区、皇后区和斯泰腾岛之间跨区行驶的线路约 40 条。不同区域的公共汽车分别以该区区名的第一个英文字母标示，如曼哈顿标“M”、皇后区标“Q”、布鲁克林标“B”、布朗克斯区标“BX”、斯泰腾岛标“S”等。

纽约地铁(New York City Subway，NYCS)是美国纽约市的快速大众交通系统，也是全球最错综复杂且历史悠久的公共地下铁路系统之一。站数在470站上下，官方统计为468站，商业营运轨道长度约为656mile(约1056km)，若加上地下街和地下相连通道等，则长达842mile(约1355km)。纽约地铁现由纽约大都会运输署(Metropolitan Transportation Authority，MTA)管理，纽约市捷运局负责营运。近年来有将纽约地铁与斯泰滕岛铁路(Staten Island Railway)合并的构想。虽其名为地铁，但约40%的路轨形式为地面或高架。

纽约公共汽车有一些人性化乘车服务，公共汽车上下踏板均配有升降梯，以方便残疾人、老人及推婴儿车的出行者上下车。车内还专设轮椅车停放区，每遇残疾人上车乘客均自觉让座，驾驶员将座椅折起后，会帮忙将轮椅车固定好，以保证安全。老年人专座一般设在离车门最近的地方，即使没有明显标注，遇有老年人上车，乘客也必须让座。残疾人若不方便当时支付车费，可向驾驶员索要由交通局预付邮资的信封，回去后将车费寄还即可。

(2)公共交通支付服务

纽约市所有公共交通车辆(除行驶在东西快行线上的快速公共交通车以外)的票价，无论路程远近都实行统一票价。地铁和公共汽车同属纽约市交通局管理，两种交通工具联运。而且，残疾人和65岁以上的老年人凭医疗保险证和身份证，购买月卡和周卡可享受半价优惠。中小学生由学校发放学生“捷运卡”，上学期间乘车费用全免。身高在1.1m以下的儿童与大人同行可享受免票待遇，一个成年人可免费带3位儿童乘坐公共交通车辆。纽约市公共交通部门还规定，一张车票在规定时间里可以在同一方向转乘车时使用，即乘客在下车前向驾驶员要一张“转车票”，2h内均可以免费转乘同一方向的公共汽车。乘客如果使用“捷运卡”，坐地铁还可以免费转乘同一方向的公共汽车。这种“一票到底”的制度让惠于民，使得市民乘坐公共交通上下班比使用私家车更经济。

谷歌一直和全球的公交机构合作，提供Google Pay支持，让用户更轻松地支付公共交通费用。2019年5月，Google Pay加入了纽约市的支持名单，纽约市的运输管理局已正式启动手机的按次付费功能，纽约市地铁站在5月31日正式开启支持。Google Pay on MTA是OMNY的一部分，OMNY是一种非接触式支付票价系统(图1-35)，可以让用户轻松地使用支付卡或者移动设备，当试点项目上线时，用户可以在格兰德中心和大西洋大道—巴克莱中心之间的4-5-6线上的所有斯泰滕岛巴士和地铁站使用Google Pay。现在我们可以直接使用Google Pay(使用手机支付即可)，不必排队购买Metro Card(地铁交通卡)，价格和单程票一样，通勤用户不必担心意外丢失 Metro Card,并且 Google Pay 不会分享信用卡或者借记卡信息。

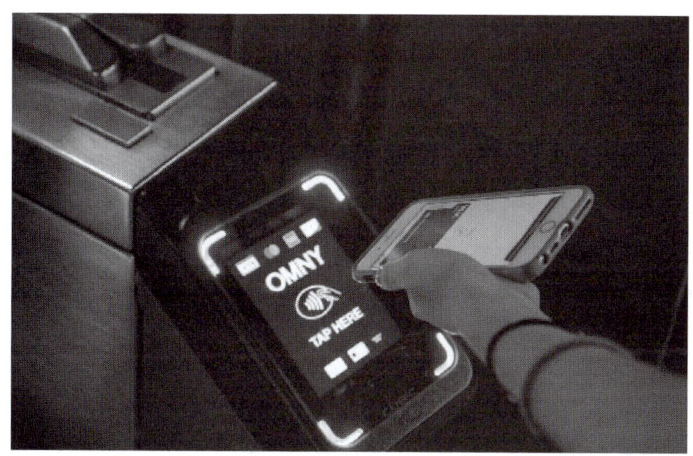

图 1-35 纽约地铁 OMNY 系统

3)新加坡

新加坡是东南亚的一个城市化岛国,人口 420 万,面积 685.4km^2,人口密度高达 6100 人/km^2。由于所处的地理位置十分优越,加上政府政策的大力扶持,新加坡已成为国际航运中心,是世界的十字路口之一。新加坡国土从东到西仅几十千米,但公路总里程却有 3100km,其中高速公路 150km,如果把全岛所有的车道长度加起来,总里程可达到 7000km,这相当于从新加坡到泰国曼谷距离的 5 倍。新加坡公路的占地总面积已超过全国土地的 10%,几乎和全国住房占地面积相等。新加坡的城市交通特色在于建立了完整有效的道路交通网络,包括普通道路、城市快速路、地铁系统、轻轨系统等。迄今为止,新加坡已建成总长 3000km,以城市快速路为主干、普通道路为支线的道路交通路网系统。道路交通网络的效率将通过使用先进的智能交通系统得到进一步优化。

(1)公共交通出行服务

新加坡公共交通由城市地铁系统(新加坡称为捷运系统)、轻轨系统、公共汽车系统组成。以地铁为主,其他客运方式为辅,各种交通方式之间优势互补、协调发展。新加坡坚持实施有效的公共交通发展策略。地铁是新加坡公共交通系统的主干,2020 年新加坡地铁运营线路总长预计达到 278km,78 个站点,基本覆盖新加坡主要地区,日均客运量约 195 万人次,承担了连接主要地区间交通干线的大部分客流,确保了整个交通系统的工作效率和服务能力。城市轻轨系统是城市地铁系统的补充和拓展,主要用于连接地铁站与主要居住区和商业区,从每个轻轨车站到附近的公寓最大步行距离一般不超过 400m。公共汽车系统以承担区域内部和相邻区域间的近距离交通为主，有线路300多条，运营车辆3700多辆，日均客运量280万人次。

2015年新加坡已开通270条公共汽车线路，共4400个车站；城市轨道交通线路中地铁与轻轨共达到138m，110个车站；出租车总量为22000辆。在新加坡，公共交通网十分成熟和发达，全国形成了以83km地铁线为纲、240多条巴士线和轻轨线为目、3800多个站点为节点的公共交通网，每个站点每15min就有一辆车到达，高峰时段发车间隔最小为3min，并规定早不能超过1min，晚不能迟到3min。任何一个居民从家里出来，不足400m，必能到达一个站。四通八达的公共交通网络支撑着新加坡的车流控制，保证了居民的良好出行环境。新加坡公共交通的出行分担率高峰时段达到62%，全天平均为58%，其中，地面公交系统占公交出行总量的60%左右。公共汽车中转站用电子公告板提供公共交通信息服务，方便乘客选择线路和交通方式。另外，公共汽车均采用公共交通卡自动计费，同时该卡也可用于地铁和轻轨等交通方式，提高了运行效率。

新加坡高效、舒适的公共交通系统的关键是建立了一体化的公共交通服务体系。新加坡政府提出：提供全面的公共交通服务，关键在于使各种方式在合理收费的情况下发展到最高水平，为乘客提供全方位的便捷、顺畅的出行服务。

图1-36　公共交通出行换乘服务

为加强换乘设施建设，新加坡大力推崇“门对门”交通和“无缝衔接”交通服务，力图将工作、购物等各种活动用公共交通系统紧密连接起来，使不同交通工具的换乘距离控制在合理步行范围之内，真正体现出公共交通的便捷，如图1-36所示。政府通过实施公交一票制和改善换乘条件，有效地促进了不同交通方式的兼容性及公共交通系统的一体化发展。新加坡共有22个公交换乘枢纽，这些枢纽由政府建设并转给公交公司进行日常管理。为满足乘客的需要，换乘设施设计得方便实用，具有较好的可达性。很多地铁车站本身就设在集购物、休闲、娱乐为一体的大型购物中心的地下，事实上已成为公共汽车和出租汽车的综合换乘场所。因此，许多拥有私人小汽车的人平时也选择乘公共交通出行。新加坡公共交通信息的整合是通过政府发布《公交联合导则》实现的。导则主要包括公交线路图、公交发车时间和频率、主要换乘枢纽等内容。政府通过多种媒体列出了所有的公共汽车和城市轨道交通线路信息,并在主要的公共汽车站设置信息板。《公交联合导则》在互联网上提供电子版本,并设置免费声讯中心来整合公共交通的信息资源。公交服务信息在所有城市轨道交通车辆和公共汽车上发布。

(2)公共交通支付服务

新加坡政府将公共交通票价与经济发展、居民收入水平和生产力挂钩,并认为乘客应该分享公共交通行业生产力提高所得的一半利益。公共交通委员会将收入位于总抽样量21%~40%范围内的中低收入家庭作为一般乘客代表,评估票价涨幅是否合理,力求将运营公司的生产力收益的一部分转给消费者,以兼顾公司的可持续发展和公众的承受力。新加坡公共交通票制有两种:一种是一票制,另一种是根据乘坐距离定价的票制。一票制主要用于短途接驳的支线公共交通,干线和快速公共交通线路及地铁票价根据乘距来计费。各种公共交通方式之间在一定时间内换乘实行优惠,即只要在下车后45min内换乘就可以得到一定的优惠折扣。但规定最多换乘次数为3次,并且最后一次换乘的上车时间距离第一次上车时间必须控制在2h内,否则就认为是第二次出行。新加坡通联公司专门负责管理一体化票价系统,乘客使用一张交通卡,就可在不同的公共交通方式上使用,并能享受不同公共交通方式之间换乘的优惠折扣。

新加坡公共交通委员会通过定期审核的方式,确保两家公共交通公司遵守委员会服务条款的规定,按要求提供符合标准的运营服务。发车间隔也要得到乘客的认可,即使在客流较小的地区也如此,以确保大多数区域的居民都可以享受同样的公共交通服务。服务标准主要内容包括线路规划、线路直达性、线路可达性、地铁站与公共汽车接驳、线路长度(如长度大于25km的线路所占比例不超过20%)、发车频率、公共汽车载客量(如高峰期平均公共交通车辆载客量不得超过核定载客量的80%)、空调车比例(最小占80%)、线路信息(通过公交站点、电话和网站服务发布)、发车间隔等。公共交通委员会邀请公众通过网络、民意调查等途径直接反映意见,由此评价各公共交通公司的服务质量。对不符合要求的公司,公共交通委员会有权进行处罚。对于乘客连续两年对某公共交通公司投诉比较集中的问题(如在高峰时段等待时间过长或车辆过度拥挤等),公共交通委员会给予该公司一定的处罚。在政府管理部门和公共交通委员会的监管下,公共交通运营公司必须加强日常管理,严格执行公共交通运营规范,不断提高服务标准;运营服务人员须经过业务培训和技能考评,确保为乘客提供满意的服务,并能有效应对突发事件。

4)法国巴黎

法国的巴黎大区是欧洲大陆最大的都市聚集区,地域面积约12000km^2,占法国国土面积的2.2%,但聚集了约1100万人口,占全国人口总量近20%。巴黎大区由8个省共1281个市镇组成;位于中心的巴黎市具有市镇和省的双重身份,并划分为20个城区。围绕巴黎市的其余7个省形成内外两个区域圈,内圈三个省紧邻巴黎市,其中大部分地区已经形成和巴黎城区连接的城市圈地区,成为巴黎市的近郊区;位于外圈的四个省规模较大,城市化地区比较分散。

(1)公共交通出行服务

巴黎是世界上公共交通网络较完备的城市之一,城市轨道交通是其最重要的公共交通工具,在整个城市交通系统中占有突出地位。政府十分重视公共交通发展,通过立法确定了公共交通税、财政补贴、专用道和票制票价等政策,促进了巴黎公共交通优先发展。

巴黎公共交通网络主要由市区地铁、市郊快速铁路、郊区铁路、公共汽电车等组成。目前,巴黎大区公共交通出行占总出行比例的35%;巴黎市公共交通出行占总出行比例的67%。城市轨道交通共有14条地铁线,全长211km,有381个车站,日均运输客流量近500万人次。其中,129个换乘站是连接不同线路的枢纽,使各条线路相互沟通,形成一个统一的网络,从城区的任何一点到达地铁站不超过500m。市郊快速铁路非常发达,共5条,总长360多km,是横穿巴黎市区并伸向东西、南北郊区的客运大动脉,也是连接郊区与城区及连接不同郊区的重要通道。其中城区的19个站大部分与地铁站相交,换乘十分方便。

图1-37　巴黎市区公共交通

2014年巴黎共有公共汽车线路310多条、有轨电车线路2条,共有车辆5500多辆,日均运输客流量260多万人次;设置了480多条全天或部分时间禁止其他车辆使用的公交专用道,公共汽电车在路口享受优先通行待遇,巴黎大区公共交通系统整体性很强,不同运输方式之间换乘方便。因此,即使存在多个运营商,乘客也不会觉得不便。在铁路站点附近建有汽车和自行车停车处,配建公共汽电车站点,与巴黎公共交通网络无缝衔接,如图1-37所示。

(2)公共交通支付服务

巴黎公共交通实施多种票制,给市民带来实惠。公共汽电车与城市轨道交通实行"一票制",普通轨道交通票就是一次性通票。为方便巴黎市区及近郊居民乘车,鼓励人们购买周票、月票或年票(市区地铁和郊区地铁为同一种票)。周票16欧元,月票48.2欧元,年票530.2欧元。由于购买月票和年票的单次成本比零买普通票便宜许多,大多数依赖公共交通出行的巴黎居民都拥有一张地铁月票或年票。因此,地铁月票和年票也被称为巴黎公共交通的长期通票。地铁月票或年票并非只有一种售价,不同特殊群体还可享受不同程度的优惠。例如,学生凭学生证购买地铁月票每张只需30.35欧元,年票只售281.3欧元。虽然实施月票和年票等措施使巴黎公共交通运营公司的收入大为减少,但却鼓励更多市民选择公共交通方式。为了服务城市的总体利益,公司每年还是大力宣传、指导居民购买最适合自己的票种。此外,巴黎针对旅游者还推出了1区至3区的日票、两日票、三日票、五日票等,其票价分别为8.35欧元、13.70欧元、18.25欧元和26.65欧元。

在法国,公共交通优先政策还体现在政府对公共交通车道的"保护"上。巴黎多数街道狭窄且80%为单行线。但是,不管街道如何狭窄,巴黎主要路段都设有专门的公交专用道,并印有醒目的"Bus"字样,甚至在很多单行车道设置逆行公交车道。巴黎很多路段还设置专门的公交车通行信号灯,公共汽电车优先通行。有的路段在接近路口几十米处,不仅用粗线划分公交专用道,而且以一定的凸起作为隔离,防止其他汽车抢占公交车道,在少数关键路段,还全程建有与人行道一般高的隔离设施,形成封闭的公交车道,彻底阻止其他车辆入内。

2.国外智能交通出行服务发展现状

(1)美国

美国是应用ITS较为成功的国家之一。1995年3月,美国交通部出版了《国家智能交通系统项目规划》,明确规定了智能交通系统的7大领域和29个用户服务功能,并确定了到2005年的年度开发计划。7大领域包括出行和交通管理系统、出行需求管理系统、公共交通运营系统、商用车辆运营系统、电子收费系统、应急管理系统、先进的车辆控制和安全系统。据报道,目前ITS在美国的应用已达80%以上,而且相关产品也较先进。美国ITS应用在车辆安全系统(占51%)、电子收费(占37%)、公路及车辆管理系统(占28%)、导航定位系统(占20%)、商业车辆管理系统(占14%)方面发展较快。

(2)日本

日本是较早发展ITS的国家之一,在1973年就开始了对智能交通系统的研究。日本ITS规划体系包括先进的导航系统、安全辅助系统、交通管理优化系统、道路交通管理化系统、公交支援系统、车辆运营管理系统、行人诱导系统和紧急车辆支援系统。日本VICS、ETC及AHS/ASV研究的顶点为智能公路(Smart Way)。日本的ITS主要应用在交通信息提供、电子收费、公共交通、商业车辆管理及紧急车辆优先等方面。目前在日本已有超过1800万人的汽车导航系统用户。

(3)欧洲国家

欧洲国家在ITS应用方面的进展介于日本和美国之间。欧洲对智能交通系统的建设非常重视,自2002年开始便在ITS领域进行大量的技术和资金投入,推动智能车辆和移动服务发展。从2010年开始执行的《ITS智能交通法案》,促成欧盟层面的多式联程出行信息、欧盟实时交通信息的采集。目前正在进行Telematic的全面开发,计划在全欧洲建立专门的交通(以道路交通为主)无线数据通信网,正在开发先进的出行信息服务系统(ATIS)、先进的车辆控制系统(AVCS)、先进的商业车辆运行系统(ACVO)、先进的电子收费系统等。

(4)其他国家ITS发展状况

韩国:ITS示范工程选在光州市,预计耗资100亿韩元,选取了交通感应信号系统、公交车乘客信息系统、动态线路引导系统、自动化管理系统、及时播报系统、电子收费系统、停车预报系统、动态测重系统、ITS中心9项内容。

马来西亚:ITS建设集中在多媒体超级走廊,从位于吉隆坡88层的国油双峰塔开始,南伸至雪邦新国际机场,达750km^2。目标是利用兆位光纤网络,把多媒体资讯城、国际机场、新联邦首都等大型基础设施联系起来。

新加坡:ITS建设集中在先进的城市交通管理系统方面,该系统除了具有传统功能,如信号控制、交通检测、交通诱导外,还包括用电子计费卡控制车流量。在高峰时段和拥挤路段还可以自动提高通行费,尽可能合理地控制道路的使用效率。

1.4 交通出行服务存在的问题与发展需求

1.4.1 交通出行服务存在的问题

1.各交通方式出行服务相互独立且未能形成良好衔接,出行便捷性不足

在交通出行服务智慧化发展的背景下,各交通方式可谓日新月异,各类出行产品服务、模式和终端应用层出不穷,基本形成了"步行、共享单车、常规公共交通汽电车、定制公交、私家车、网约车、共享汽车、地铁和轻轨、铁路、民航、水运以及停车、充电桩、其他场景化出行服务"的出行服务矩阵,该矩阵正为人们出行提供更加多元化、更加便捷的出行服务选择。但是,各交通方式出行服务因体制机制、标准规范、行业监管等因素影响,相互独立而缺乏相互整合,在乘客全出行链中未形成良好衔接,"换乘烦琐、最先和最后一公里问题突出、中转出行低效"等出行不便捷问题突出。另外,由于各交通出行服务系统和应用终端相互独立、不兼容,导致乘客在不同出行场景下需下载相应应用程序,每次出行重复使用各类应用单独付费,无法实现用户一次出行、一次支付。

2.交通出行服务数据资源跨交通方式、跨系统、跨部门共享难且利用率低效

海量数据的采集往往来自多方信息的互通、共享,交通出行服务大数据的融合更需要各部门间的合作来完成,但是当前交通出行服务数据资源分散在多个单位,由于不同地域交通信息系统间联网范围、深度等存在较大差异,交通数据并没有得到充分融合,而数据资源的分散性导致路况信息难以共享,路网间的协同性差,跨路网的信息发布困难,形成了“信息孤岛”和“信息烟囱”,使得交通信息资源大量浪费,出行服务受到阻碍。当前交通信息数据资源的挖掘力度尚显不足,信息资源利用不充分、不合理,许多交通业务数据不完备,需要进一步整合。此外,信息系统对交通出行数据资源的综合分析能力尚未有效发挥,数据资源的综合利用效率较低。

3.传统交通出行服务产品单一,缺乏多元化,与市场需求不匹配

班线运营沿袭的“四定”原则(定起始站点、定途经线路、定每日班次、定发车时间),导致服务产品单一、缺乏多元化、出行体验较差等现状。大多数客运企业在发展定制客运等现代出行服务过程中依靠自有运力,缺少对社会运力资源的整合和供应链的架构,难以实现以更具规模、更加灵活、更加贴近市场的方式来满足乘客需求。同时,从乘客出行需求来看,孤立的交通出行方式和单一的出行服务模式很难满足乘客日益多元化、个性化的出行产品服务需求,传统交通出行服务供给与现代交通出行服务需求存在失衡。

4.公共交通出行服务准时性、可靠性有待进一步提升,与私家车相比吸引力稍逊

随着出行信息的获取越来越方便,种类也越来越丰富,居民出行的选择往往易受到各种交通信息的影响,如出行路径、拥堵程度、出行时间、出行费用与换乘信息等。而目前我国城市公共交通系统并不能有效地传递出行信息,出行者在进行交通方式选择时,并不能提前获取诸如公交等候时间、到站及发车时刻、站间运行时间、换乘距离等相关信息,公共交通出行者进行的出行决策往往依赖于出行经验,这在一定程度上增加了公交出行的不确定性,使得出行者对公交的依赖性降低。而由于私家车出行信息服务的不断完善,居民使用私家车出行往往能从第三方地图软件和导航平台十分便捷地获取实时出行时间及出行路径,因此在某种程度上,私家车出行比公交出行更为可靠,这也大大降低了公共交通的吸引力。

5.交通电子支付跨区域、跨领域互联互通水平尚需进一步提升

当前,以交通一卡通为代表的交通电子支付互联互通仍处于空间区域覆盖不断扩展、交通出行领域不断延伸的阶段,部分已实现交通一卡通互联互通的区域和领域还在进一步调试优化,再加上各区域、各交通方式的票务系统、应用终端和支付方式在技术标准、系统设计、产品服务业务规范、行业监管政策及体制机制等多

方面存在较大差异，交通出行票卡支付的便捷性尚需增强，实现出行全过程“一卡通”“一码通”“一票式联程”服务任重道远。

6.交通方式客运票务系统相互独立、互不相通，票务一体化、集成化难以实现

票务系统互联互通是票务一体化、集成化的前提和基础，但是目前各交通方式客运服务提供商都已建立了独立的票务系统，如交通一卡通系统、城际轨道交通票务系统、航空票务系统等，专注服务于本行业服务领域或本区域内的票务预订、票证生发、票证售卖、检票验票、票证改退、票证核销、清分结算等票务业务。受行业自身特点、信息化水平及体制机制等因素制约，各交通方式票务系统标准各有差异，导致票务服务系统兼容性较差甚至不兼容，大湾区一票式联程客运服务缺少票务一体化支撑。

7.以乘客为中心的服务机制尚未建立，乘客需求未充分响应和有效挖掘

各交通方式基本上依然采用传统的“班次固定、线路固定、时间固定、停靠点固定”的运营模式，用户个性化出行需求未能充分响应而只能被动接受固有服务。各交通方式客运票务信息化水平参差不齐，运营调度数据、票务支付数据、用户信息数据等客运服务数据未能共享交换、互通融合，支撑大数据技术分析挖掘乘客出行行为特征、主动响应乘客需求偏好的数据基础薄弱，联程客运个性化、定制化出行服务需求未有效挖掘。

1.4.2 交通出行服务发展需求

1.打破体制机制壁垒，共建共享共治安全便捷、绿色智能的综合交通运输体系

受各地制度政策差异、各交通方式独立运营机制等因素的影响，各交通客运资源组织和协调面临显著的体制机制壁垒。因此，建立整合各交通方式和各种出行服务模式的智慧出行服务平台，如 MaaS 平台、“一票式”联程客运服务平台等，坚持需求导向和问题导向，加强统筹协调、试点示范，协同突破联程客运发展存在的痛点、问题和壁垒障碍，打造精准治理、多方协作的交通出行行业治理模式，构建贴近需求、便捷高效的交通出行服务体系，共建共享共治、安全便捷、畅通高效、绿色智能的现代化综合交通运输体系对智慧交通发展意义重大。

2.着力解决城市交通出行拥堵、城乡交通客运发展不均衡问题

一是要聚焦化解城市交通拥堵顽症，提出大力发展城市公共交通，进一步提高公交出行分担率。强化城际铁路、城市轨道交通、地面公交等运输服务有机衔接，支持发展个性化、定制化运输服务，因地制宜地建设多样化城市客运服务体系。二是要推动城市公共交通线路向城市周边延伸，推进有条件的地区实施农村客运班线公交化改造。发展镇村公交，推广农村客运片区经营模式，实现具备条件的建制村全部通客车，提升城乡客运一体化服务水平。

3.重点解决多式联程客运、城际客运及客运枢纽便捷出行问题

一是重点解决联程运输问题。发挥综合运输整体优势,强化综合性、多层次客运服务,紧密对接不同运输方式运力、班次和信息,促进空铁、公铁等联程运输发展;充分运用现代信息技术,普及电子客票、联网售票,完善乘客联程、往返、异地等出行票务服务系统,完善铁路客运线上服务功能。二是重点解决区际城际客运问题。紧紧围绕提升服务品质,优化航班运行链条,提升航班正常率,提高航空服务品质;拓展铁路服务网络,扩大高铁服务范围,提升动车服务品质;发展大站快车、站站停等多样化城际铁路服务;按照定线、定时、定点要求,推进城际客运班车公交化运行,探索创新长途客运班线运输服务模式。三是重点解决客运枢纽换乘问题。按照零距离换乘要求,重点打造开放式、立体化综合客运枢纽。规划设计城市综合客运枢纽,推进多种运输方式统一设计、同步建设、协同管理,推动中转换乘信息互联共享和交通导向标识连续、一致、明晰,引导立体换乘、同台换乘,提升综合客运枢纽站场一体化服务水平。

4.改变传统交通服务模式单一、被动响应需求局面,提升出行服务运营能力

随着经济发展及人们生活水平的提升,居民出行需求、出行偏好在不断变化,呈现日趋个性化、多元化的特征:一是改变传统交通出行服务模式,要以乘客出行需求为中心,从用户的角度出发,主动契合乘客出行前、出行中、出行后的需求,提供多式联运组织、行程线路规划等多元化、个性化定制出行服务。在确保联程客运各环节准时、安全的基础上,强调出行服务的按需定制、舒适性、柔性、快速随时响应,提升客运服务质量、效率,改善居民出行服务体验。二是要应用大数据算法、人工智能技术,分析挖掘各出行方式组合模式、各出行服务场景下用户出行和消费特征、规律,创新发展共享出行、绿色出行、需求响应式定制出行服务。

5.建立智能交通信息系统,提供全方位、多层次、一体化出行服务,改善出行品质

一是要建立智能交通信息服务系统,实时提供各交通出行方式班次、票务、客流、路况、换乘、停车场、气象等出行信息,出行用户可根据相关信息选择出行方式、出行模式和出行路线;二是要建立跨交通方式、跨区域、跨系统、跨层级的动态交通出行信息和静态交通出行信息互联互通、互换共享机制,克服信息不对称、数据封闭问题,实现交通出行信息数据同时发布、同步更新和及时推送;三是要构建一体化、多模式、覆盖全出行链的出行信息服务体系,实现交通出行信息发布动态化、方式多元化、服务全程化、推送精准化,根据用户需求匹配,持续优化用户体验,提升整体交通出行品质;四是要提供多方面、多载体的智慧交通出行信息服务,依托移动互联网、物联网、大数据、云计算等新技术,运用移动智慧终端(如智能手机、平板电脑、手环和手表等)、电视屏、广播、车载屏、站场枢纽屏及服务热线,为市民提供及时、可靠、全面的交通出行信息。

6.推广交通一卡通、乘车码等交通电子支付在更广泛区域和领域应用、互联互通

以城市交通一卡通跨区域、全国互联互通为契机，依托全国一卡通省级平台建设基础及地方区位优势，全面整合公共交通、高速公路、铁路、民航等领域交通电子支付服务和票务支付资源，深化交通一卡通跨区域、跨领域合作，协同推进智慧交通总体建设布局，打造智慧交通时代的智慧支付产品和服务生态，促进交通电子支付产品服务更加多样化、应用场景多元化；以全国、各省、各市交通电子支付清分结算平台为抓手，协同推进交通电子支付服务由市内公共交通出行向城际出行、跨境出行延伸，由公共交通客运向道路客运、铁路客运等领域拓展，汇聚融合交通一卡通数据、票务支付数据、出行数据、客运运营数据、用户信息数据等多源异构数据，促进各交通方式数据共享交换，推动交通电子支付在更广泛区域和领域应用、互联互通。

1.5 交通出行服务发展研究

1.5.1 交通出行服务发展趋势

1.交通出行服务一体化、综合化

交通出行服务一般由城市公共交通、水路、公路、铁路、航空五大方面组成。各种交通方式都有自身的优、缺点和适应范围，发展也不平衡，这既与交通运输方式的特定功能、经济社会发展需求的多样性有关，也与人们对交通运输方式的价值取向有关。各种交通运输方式的对象、手段、效果和经济性等差异悬殊，单一方式占据主导地位的格局已不适应现实需要，多元化、综合化、一体化势在必行。城市公共交通、铁路、公路、水运、航空等交通出行方式各展其长，多位一体，密集交叉，有效衔接，组合提供"完整的运输产品"，即根据用户需求，提供从起始地到最终目的地的高水平位移服务是大势所趋。未来，我们应充分发挥各种运输方式的比较优势，注重发挥综合交通运输的整体优势和组合效率，促进各种运输方式在更高层次、更广领域实现深度协同和融合发展，加快构建大容量、低成本的互联互通综合交通网络。

2.交通出行服务需求多元化、个性化

未来出行逐渐变成一种360°全方位生活体验，人们开始逐渐追求灵活、简单和便捷的生活方式。消费者除了有10~50km城内出行需求外，近郊远郊出行旅行、探亲、访友、节假日城际自驾游场景增多，出行逐渐变成每个人不可缺少的第三生活空间。未来公共交通出行方式呈现多样化、多层次特征，既有地铁、轻轨、BRT、

公共交通汽电车等传统大中运量系统，也有需求响应式定制化公交、轨道交通车站周边接驳公交专线、通勤专线等小型化公共交通系统，扩大了准公共交通的类型和服务范围。随着人们生活水平的提升，居民的出行需求及偏好也在不断变化，面对日趋个性化、多元化的出行需求，开发通勤、商务、旅游、城际、枢纽疏散、产业园专线、大学城接驳等不同具体需求场景下的出行产品服务成为必然。

3.交通出行服务供给融合化、高效化

交通出行服务提供商积极主动引入信息与通信技术，将移动互联网、大数据、云计算、人工智能、区块链等互联网技术与智慧交通深度融合，开发新算法、新引擎，探索出行产品服务创新、模式创新、应用创新，逐步降低交通出行服务落地和运营成本，通过快速应用、快速优化、快速迭代提供高效出行服务；汇聚、整合各交通方式客运服务资源，乘客自主预约、订单式出行，实现客运服务模式由传统定点、定线、定班、定时的"人找车"出行服务模式向以需求为导向、订单式"车找人"服务模式转变，让出行更便捷；打破传统以公交、地铁为主的城市公共交通系统，构建常规公交、城市轨道交通、城际轨道交通、国铁、长途客运、网约出租车、网约巴士、共享单车(含电动)等多种交通方式协同运营、高效衔接、无缝换乘的一票式联程客运服务系统，让出行更高效。

4.交通出行服务应用智能化

近些年来，伴随着全球范围 ITS 研究的发展，其应用范围涉及综合运输管理、交通管理和规划、车辆安全辅助驾驶和自动驾驶、运营管理、电子收费、出行者信息服务等多个方面，利于促进交通出行服务智能化。从技术迭代看，当前，5G 技术的应用，不仅是移动通信的一次升级换代，更是影响和推动社会进步的新技术、新变革，将加速大数据、云计算、物联网、人工智能、区块链等新技术与运输服务的深度融合，促进自动驾驶、车路协同等新技术的推广应用，催生更多的运输服务新业态、新模式。可以预见，在铁路领域，基于智能系统的集成整合运用，将全面运营无人驾驶、无人检测的智能铁路。智慧动车组将实现工作状态自感知、运行故障自诊断和导向安全自决策，运输服务将实现全面电子客票、全程刷脸畅通出行、站车 5G 覆盖和智能引导。在公路领域，人们出行将按照程序设置完全智能化，无人驾驶将得到全面普及，车路协同技术、汽车列车化技术将得到普遍应用。在航空领域，智能售票、智能安检、机器人等代替人工辅助乘客出行将实现常态化，飞机将实现无人驾驶且能自我修复，出航将实现最优算法，并真正与轨道交通、公路交通、城市交通无缝衔接。

5.交通出行服务需求品质化

交通发展不仅让人们的时空距离变短、活动范围变广，使说走就走、周游世界成为寻常，还促进出行从"人便其行"升级到"人享其行"。在出行频率、距离和消费不断提高的同时,人们越来越追求便捷舒适、经济高效、安全准点。未来交通运输将提供无障碍化、人性化、定制化和品质化的出行服务,以满足人民群众日益增长的美好生活需要,大幅提高出行的温馨感、获得感和体验感。未来,人们的独立性、自主性、选择性和流动性将进一步加大,生活方式也随之发生深刻变化,私家(无人驾驶)汽车等交通工具成为移动办公室和休闲娱乐场所的现象将日益普遍。生活在开放、流动、多元社会中的人们,在出行途中便可“非现场”办公和自娱自乐。“城市更宜居”也将从愿景变为现实,绿色智能人文一体化交通系统,使城市居民普遍建立15min生活圈,享受门到门、多样化、便利化的交通服务模式。随着运载工具越来越轻量化、自动化、智能化,交通出行将更加舒适惬意。近年来,伴随着交通技术的进步和人们出行需求的变化,以德国、芬兰等为代表的一些欧洲国家开始转变交通服务理念,提出将个人拥有交通工具转向鼓励用户将出行作为服务进行消费,在这种趋势下,私家车将不再是家庭出行的必需品,从而在减缓机动车保有量快速增长势头的同时,给用户提供高质量的交通服务。在此背景下形成的“出行即服务(MaaS)”这一交通理念代表了交通服务以改善出行者体验为目标,如减少“门到门”出行时间、增加换乘连接可靠性等,从而改善服务的可达性、多样性,并提升服务的质量。

6.交通出行服务一站式

基于MaaS的新型城市公交服务提供的是“门到门”的全过程服务,用户出行前只需关注出发时间和到达时间、出行花费及其他特殊出行偏好,系统规划好行程之后,用户可获得包括目的地相关信息在内的所有行程段的具体组织安排,并可通过移动终端办理购票、付款、电子出票、改签及后续报销等一系列手续,出行过程中,系统可根据实时和预测交通信息动态调整路线与交通方式。同时,交通枢纽场站内也可配套提供互动式服务,通过全景导航、人脸识别进站等,最大限度地减少不同系统间的换乘阻力,使出行过程更省心。而在行程中,出行平台会将基于历史和动态变化的数据分析结果提供给用户,用户能够随时随地获取实时行程信息,如公交晚点信息、到站信息、下一阶段行程连接可能性等,以便根据相关信息对行程进行切入式的再安排,使整个出行过程更为可靠。由于出行平台运营商提供的是所有交通系统的服务,可以预计会有更多的用户根据个人及家庭特征购买套餐服务,从而享受更优惠的出行价格;对于整个交通体系来说,也大大降低了运营的综合成本,产生的商业收益可由公交系统的各环节分享,帮助改善交通系统内部的服务和外部的衔接,最终减少整个社会的出行损耗。从整个交通系统看,因为出行平台统一规划行程并调配多模式的交通资源,所以可以最大限度地实现不同交通工具间的换乘衔接,减少中转过程的时间损耗,使整个出行过程更高效。

1.5.2　交通出行服务发展建议

1.统一规划、强化协调衔接,打破交通出行服务体制机制壁垒

交通出行服务中所遇到的问题和存在的矛盾,在一定程度上是由于顶层设计不够完善、政府管理部口间的协调难度大等原因,因此要推进大交通部制改革,按照“统一规划、统一设计、统一建设、统一运营管理”的要求,统筹考虑不同交通方式网络结构节点,优化完善交通出行基础设施统筹布局。加快推进各交通方式到发区、换乘通道以及票务、安检等基础设施,实现枢纽功能布局紧凑、集约高效、空间贯通、客流衔接有序、换乘方便快捷。推进各交通方式客运基础设施统一设计、同步建设、协同管理,鼓励各交通方式售票、取票、乘降、驻车换乘(P+R)等联运设施设备共建共享共用。组织建立交通出行行业交流、协作组织机构,共同推动相关法律法规、标准规范等建设工作,构建更全面和完善的跨交通方式、跨区域、跨部门、跨层级、跨系统协调解决机制,打破交通出行服务体制机制壁垒。

2.以公共交通为导向引领城市规划建设和城市交通出行发展

坚持以公共交通为导向的城市发展模式,通过科学规划和同步建设,扭转城市公共交通被动适应土地开发的局面,实现以公共交通引领城市发展,促进公共交通网络与城市土地开发建设相互适应、协调发展,从根本上降低城市交通压力。具体措施包括以下几方面:一是协调城市交通和用地的关系,制定分层次、分区域的土地利用策略,贯彻“公交优先”和“交通先导”的空间发展策略,建立以公共交通为导向的城市发展和土地配置模式,加强公共交通功能与城市功能的发展与融合,促进、引导城市形成疏密有致的城市形态。二是优化客运服务枢纽空间布局,合理引导客流流向,减轻长途客运车辆对城市内部客运交通的干扰和居民生活的影响。此外,要结合实际建立合理完善的交通影响评价体系,规范交通影响评价的审批制度,在源头上消除交通拥堵的隐患。三是完善公交优先发展法律体系。财税体制改革后,财权与事权分离,城市公共交通为地方人民政府事权。作为具有地方立法权的特大城市,在国家层面城市公共交通相关法律法规尚未出台前,可从地方立法角度,探索出台地方城市公共交通条例,对城市公共交通所涉及的政府职能、市场准入、投资保障、运营管理、安全管理、监督管理等方面进行规范,对公交优先发展所涉及的规划引导、用地保障、公交专用道设置、场站建设、财政投入、税费支持等方面进行明确界定。

3.构建现代化综合交通出行服务体系

一是打造立体化跨区域的出行服务系统,重点发展以高铁、航空为主体的大容量、高效率的区级快速服务,提升主要通道旅客运输能力,大力发展四线航空,提高航空服务能力和品质。二是着力打造通勤化的城市群出行服务系统。重点提高城

市群内轨道交通的通行化水平，推广城际道路客运公交化运营模式，有效满足城市大容量、高密度的出行需求。三是打造便捷化的城市出行服务系统，优先发展城市公共交通，全面改善低速交通体系，引导绿色出行。四是打造均等化城乡出行服务系统，推进公交化改造，鼓励发展预约定制等个性化的客运服务，提升公共服务均等化水平。五是着力打造一体化的旅客联程服务系统。积极发展空铁运、空巴运、海空联运等模式，整合各种运输方式的资源，实现旅客出行一站购票、无缝衔接全程服务。六是大力发展共享出行、绿色出行、按需出行和 MaaS，减少对私家车出行的依赖，提高综合运输组合效率、服务能力和品质水平，促进现代综合交通出行服务体系的建设和发展，推进由基于所有权的出行到基于使用的交通出行的转变，改变乘客、运输工具、交通供应商与服务商之间的逻辑关系，实现了真正意义上的交通范式变革。

4.提升票务服务水平，推广智慧支付在广泛出行场景中的应用

一是鼓励交通出行服务企业通过移动互联网等信息技术应用，提升联网、联程、异地、往返及退订票票务服务水平，引导第三方互联网平台提供联程联运一站式票务服务；在道路、铁路、民航、水运等领域和交通出行相对成熟的区域推广电子客票，提升交通出行服务的数字化、信息化水平，改善乘客出行体验。二是由交通运输主管部门顶层设计、统筹规划，组织城市公共交通一卡通、ETC、铁路票务等票务服务和智慧支付行业力量，建立跨区域、跨系统的综合交通电子支付清分结算管理体系和清分结算服务平台，为各交通方式以及各省、区域、城市交通电子支付运营单位提供清分结算数据和相关信息服务。各交通方式以及各省、区域、城市可自行建立统一标准规范的本领域或本地的清分结算平台，与跨区域、跨系统的综合交通电子支付清分结算平台交换票务支付数据。三是深化 NFC 手机交通卡和公共交通乘车码产品在智慧交通领域的功能延伸，探索在轨道交通、轮渡、市域铁路、出租汽车等其他公共交通领域的推广应用，让公共交通乘车码覆盖更多出行场景，实现跨领域的互联互通。

5.发展定制出行、需求响应式出行服务，满足乘客个性化、多元化出行需求

当前的交通出行服务运营组织模式主要分为两种：一种是点对点的直达运营，如定制公交；另一种是传统的定点定线运营模式，其灵活性相对不足，对乘客个性化、多元化的出行需求时效性响应度不高。未来人们的出行会越来越场景化，即旅游、商务、会务、校园、景区、机场等细分场景。交通出行服务必须增强产品设计能力和运营服务能力来满足不同场景的客户出行需求，如目前各地的定制客运接送机场景比较火爆，可以考虑重点突破。相对于传统交通出行，定制出行、需求响应式出行在满足乘客个性化、多元化出行需求的过程中，需要充分体现其灵活、便利的优势以提升其自身服务品质，在运营组织模式制定上也应紧贴乘客出行需求。

可借鉴伦敦智慧微型公交(Smart Micro Bus)的发展经验,以大数据客流分析为支撑,以满足乘客需求为中心,综合采取点对点直达、定点定线、定线不定点、定点不定线、不定点不定线等多种形式。近期,英国伦敦出现了一种新型公共交通工具——由电子地图App公司Citymapper推出的智慧微型公交。它是夜间运营的小巴线路,是一种按需响应的公交网络。不同于传统的固定线路公交,车辆是在一张公交网络中行驶,可以灵活地穿梭,把乘客运送到整个网络中离他们目的地最近的站点。

6.深化移动互联网等现代通信信息技术与交通出行服务融合,提升交通智能化水平

积极推进云计算、大数据、物联网、北斗定位、人工智能等先进技术与交通领域的融合发展,基于感知、推演、监测、管控、服务等全链条模块,建设数字交通平台,建成以交通的精明治理和人的出行为核心的智慧交通体系,提高路网通行效率,改善公众出行体验,抓住新一轮科技革命新机遇,推动新一代信息技术广泛应用,推行信息服务畅行全程,推进交通空间移动互联网化,建成旅客出行与公务商务、购物消费、休闲娱乐相互渗透的交通移动空间,加快移动支付在交通领域的应用以智能技术为抓手,推动交通系统变革升级。构建现代智能交通出行服务系统,通过构建综合交通大数据共享平台和城市“交通大脑”,提高交通状况实时分析、动态变化预测、违法行为识别、事故隐患预警、拥堵成因分析以及应急救援的水平,助力破解城市交通拥堵难题,实现交通节能减排。加强车路协同技术研发与应用。通过车路协同,实现动态互联、优化运行组织,提高安全水平。

7.发展定制出行、共享出行和MaaS服务,提升交通服务品质,改善出行体验

促进交通、旅游等各类信息充分开放共享,融合发展。鼓励平台型企业深化多源数据融合,整合线上和线下资源,鼓励各类交通运输客票系统充分开放接入,打造数字化出行助手,为旅客提供“门到门”的全程出行定制服务。倡导“出行即服务(MaaS)”理念,以数据衔接出行需求与服务资源,使出行成为一种按需获取的即时服务,让出行更简单。打造旅客出行与公务商务、购物消费、休闲娱乐相互渗透的智能移动空间,带来全新的出行体验。推动“互联网+”便捷交通发展,鼓励和规范发展定制公交、智能停车、智能公交、汽车维修、网络预约出租汽车、互联网租赁自行车、小微型客车分时租赁等城市出行服务新业态。

8.应用交通出行安全监测管理技术,提升交通出行服务安全水平

在交通出行过程中提供交通工具定位、视频监控、超速报警提示、超员监管、分路段限速提示、疲劳驾驶监控等功能,对营运交通工具、驾驶员进行全过程不间断的监控记录,及时遏制交通工具超员、超载、超速等违规行为的发生。持续推进自动驾驶封闭测试及标准规范建设,加快推动辅助自动驾驶技术在营运车辆中的应用等。

9.推进交通出行与旅游、体育和信息产业跨界融合,创新驱动交通出行服务转型升级

一是强化城市交通出行、城乡交通出行、城际交通出行及跨境交通出行与景区交通衔接,在各交通方式基础设施规划、建设中充分考虑与重点景区、热点景区接驳交通方式的连接,完善景区交通引导标识设置;二是推动各交通方式站点枢纽及服务区因地制宜拓展旅游、出行消费等功能,结合地域特色配套停车位、加汽(油)站、新能源汽车充电桩等设施设备;三是推进旅游公路、旅游航道、邮轮游艇码头等旅游交通线路建设,推动邮轮经济、旅游专列、低空飞行旅游等"交通出行+旅游休闲"产业发展,同时创建以交通出行资源为特色的自主品牌赛事活动;四是推进交通出行服务智能化基础设施建设,应用车联网、车路协同技术、自动驾驶等技术,提升基础设施、交通工具的数字化、自动化和智慧化水平。

第2章　交通出行服务新范式——MaaS服务

2.1　MaaS服务理论的基本概念及特征

2.1.1　MaaS的概念

MaaS的英文名称为Mobility as a Service,中文名称为"出行即服务",其内涵是深刻理解公众的出行需求,通过将各种交通模式全部整合在统一的服务体系与平台中,充分利用大数据决策,调配最优资源,满足出行需求的大交通生态,以统一的App对外提供服务,并实现一体化支付。其目的是提供高效、灵活、安全及绿色的人员及货物交通系统,将各种交通方式的出行服务进行整合,从而更好地改善现有城市交通运输系统多种交通方式独立存在而缺乏相互整合的问题,使每一种运输方式都能成为出行链中良好衔接的一环。简单来讲,MaaS是将各种交通方式的出行服务进行整合进而满足各种出行需求的交通系统。针对MaaS的概念,也有不同的文献和研究给出了相关定义:MaaS将各种交通方式的出行服务进行整合(使用智能技术来汇总和管理能够满足用户出行需求的相关服务)。在MaaS系统下,出行者把出行视为一种服务,不再需要购买交通工具,而是依据出行需求购买由不同运营商提供的出行服务。MaaS通过改变出行服务的运行环境以及重新定义不同运营者的商业模式,优化整个交通运输系统。MaaS代表了一种转变:从个人拥有出行工具到将出行作为一种服务来进行消费。

2.1.2　MaaS的特征

自MaaS概念提出以来,已有初步的理论论证与定义,部分国家或地区已经进行了初步探索实践,在此基础上,我们总结出该系统的主要特征,如图2-1所示。

(1)服务一体化

MaaS最核心的特征在于将不同种类的交通方式整合在一个统一的服务平台中,用户可以利用该平台实现全出行规划、费用支付、电子票据、意见反馈等,管理者可以利用该一体化平台实现交通监控

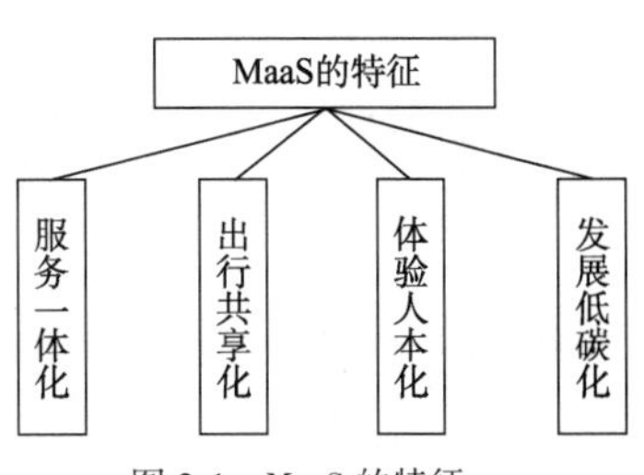

图2-1　MaaS的特征

与管理,对系统进行实时调度。高度的一体化为出行者提供了更加便捷的出行服务。

(2)出行共享化

借助一体化的平台与互联网技术,每位交通参与者都能够实时上传分享自己所拥有的交通资源,在技术支持下,出行者的注重点将从载运工具的拥有转向对交通服务的享受。出行参与者所共享的资源不仅包括空闲的载运工具,也涵盖了其在交通发生过程中产生的数据信息,这些数据信息对交通管理组织部门以及 MaaS 运营部门是非常有价值的。

(3)体验人本化

MaaS 将出行定义为一种“服务”,故在 MaaS 系统的设计、运营、管理等各个阶段,均从用户角度出发,以为出行者提供更加方便、合理、经济的出行服务为最终目标。

(4)发展低碳化

当下,MaaS 系统所展示出的多个特点已经初步体现出这是一种低能耗的交通服务模式,如共享理念的普及将提高车辆利用效率;顺风车、实时响应公交将降低个人使用小汽车出行的比例;多家传统机动车制造企业将发展重心投放在清洁能源车辆的研发中;得益于 MaaS 平台的统一路径规划,可以减少出行绕路里程,也可以调节不同路段车辆数量,降低由于道路拥堵而导致的车辆低速行驶排放。

2.1.3 MaaS 的基本要素及其关系

1.MaaS 的基本要素

MaaS 的基本要素分为以下四类:一是交通运营商,即公交公司、出租车公司等运营主体;二是数据提供商,包括地图服务提供商、通信运营商及出行者(出行也在分享数据);三是服务提供商,即为乘客提供预约交通服务者;四是 MaaS 用户。如图 2-2 所示。

2.MaaS 基本要素之间的关系

MaaS 基本要素之间的关系如图 2-3 所示。

MaaS 系统的主体是 MaaS 服务商,它通过整合交通运营商向用户提供服务。交通运营商提供载运工具和载运能力,它们可以提供各种出行服务,如公共交通、航空服务、高速公路通行服务、货运服务、停车运输、电动汽车充电服务、加油服务等。另外,MaaS 用户可以通过共享自己的载运工具成为交通运营商的一部分。MaaS 服务商提供一个可在各种设备(智能手机、计算机等)上使用的用户界面。通过这个界面,用户可以参与各种出行方式选择,这里包含不同出行方式的各种特征。这些功能甚至包括为出行付费、接受个性化的实时交通出行信息,为 MaaS

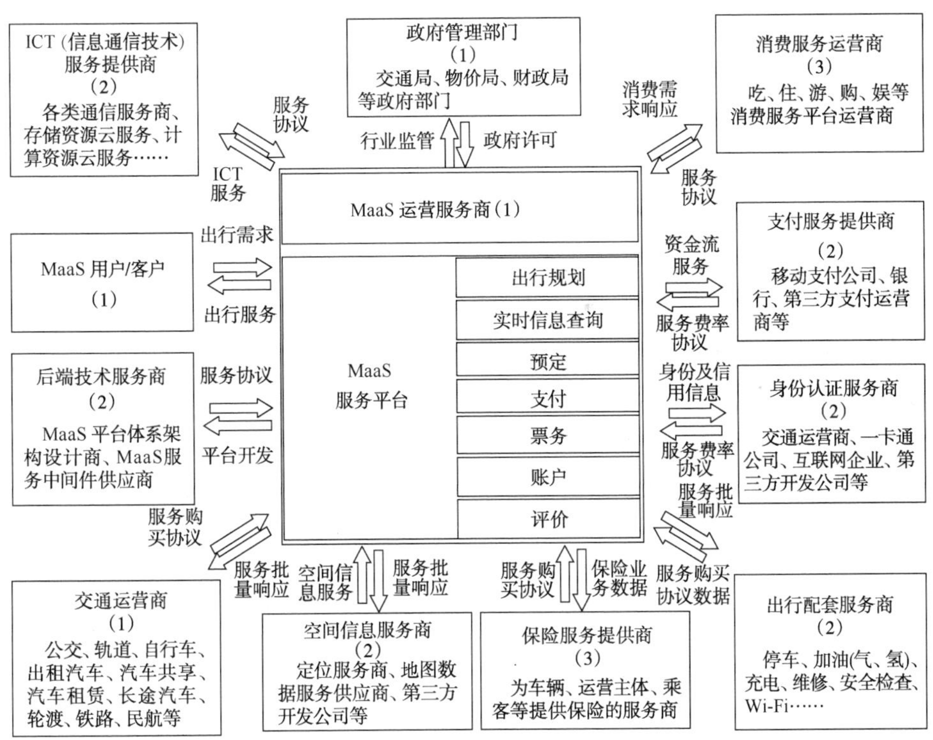

图 2-2　MaaS 基本要素

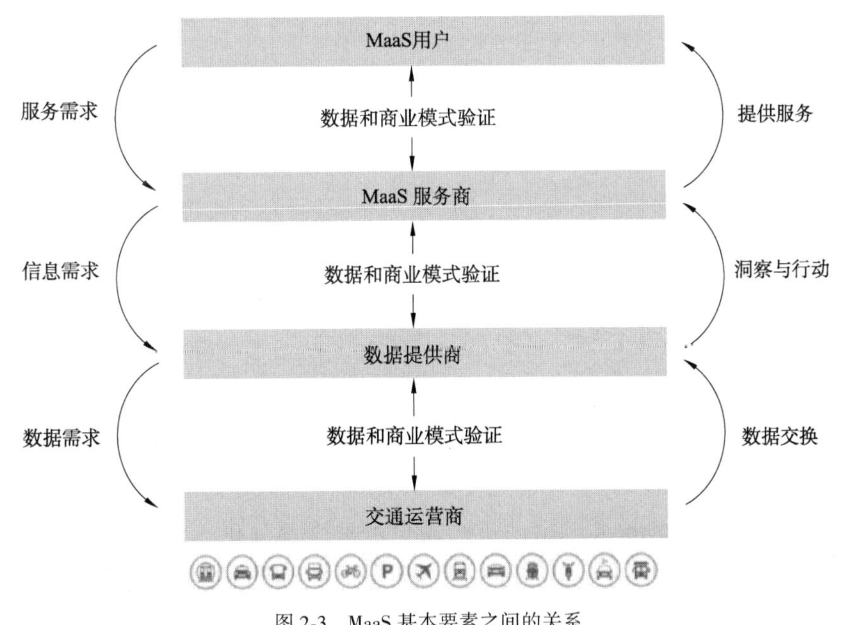

图 2-3　MaaS 基本要素之间的关系

服务商提供反馈窗口。这个用户界面还可以提供附加服务以满足用户生活方式的要求。用户界面和后台工作系统之间可以进行数据传输,这些数据可以为制订出行计划、交易、付费、账单和使用信息提供便利。用户可以通过用户界面使用定制的智能设计。

MaaS 服务商从数据提供商那里收集用户出行数据,不断调整和优化运输服务。数据提供商提供数据和数据分析服务,包括数据处理、数据打包和数据公开,这些数据包括公共数据和私人数据,具体包括:供使用出行线路数据、用户上车/下车位置数据、定价信息、MaaS 用户交易失效信息、载运工具实时定位信息、载运工具特性信息、用户使用载运工具信息等。此外,MaaS 服务商还能根据用户历史出行数据分析用户的出行偏好,以针对性提供个性化出行服务。

3.MaaS 对核心利益相关者的影响

MaaS 的推出,对用户、交通运营商和政府部门等核心利益相关者都有影响,如图 2-4 所示。

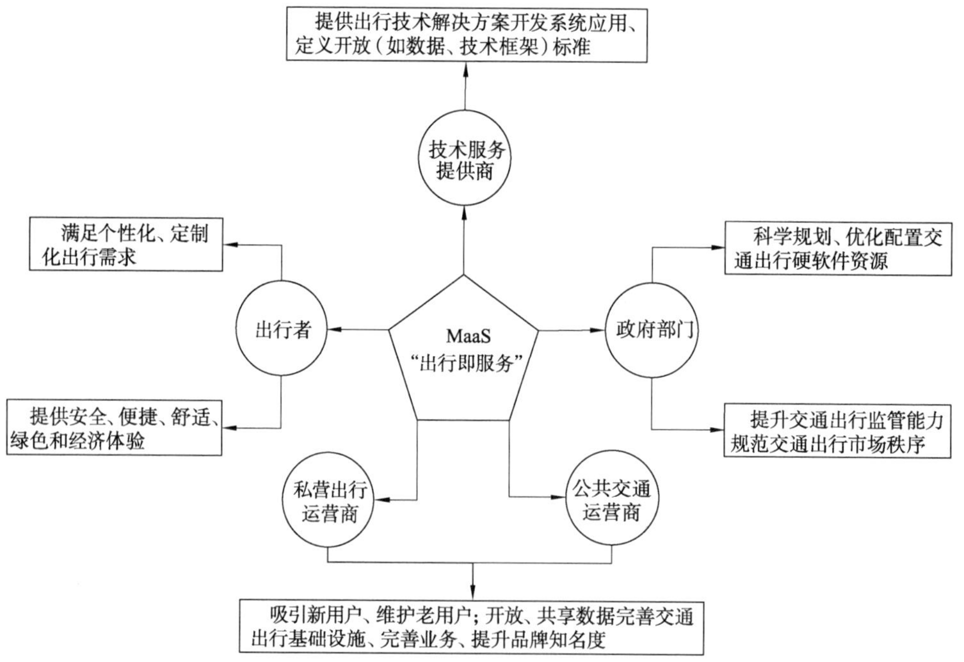

图 2-4 MaaS 服务对核心利益相关者的影响

[资料来源:刘向龙,移动互联背景下城市交通一站式出行服务(MaaS)发展思考]

对于消费者而言,MaaS 的推出可以满足消费者定制化、个性化和更及时的需求,也能满足消费者更节约的经济成本,同时为消费者提供更便捷、更舒适、更省时和更环保的出行体验。

针对交通运营商，MaaS 的提出，能够为交通运营商吸引新用户和维护老用户，在业务上能够增加收入、完善基础设施、优化线网、提高效率，同时能够通过开放、共享的数据得到更加透明化的出行需求，还能够提升自身品牌的知名度。

最后，在 MaaS 中，政府部门需要对资源要素进行科学规划和有效分配，在监管方面，需要改善交通管理、规范市场秩序和提高整体运输效能；在经济方面，需要有新活力和新增长。

2.1.4 MaaS 的思维模式

MaaS 涉及共享思维、服务思维、开放思维、平台思维、众包思维和生态思维等思维模式，如图 2-5 所示。

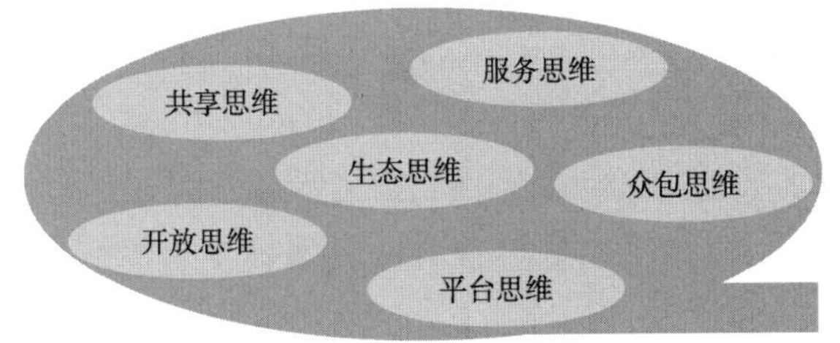

图 2-5 MaaS 的思维模式

在 MaaS 中，共享包括交通工具、数据信息、技术等多方面。在交通出行行业，共享单车的出现解决了大众出行“最后一公里”的问题，极大地提升了大众出行的体验，同时催生了一系列就业岗位和生产企业。

服务思维是 MaaS 的目的，各行各业都需要从原有的产品思维转化到服务思维，以为大众提供最优质的服务为目标，优化服务的每一个环节，同时通过实时数据的反馈，进行总结和更新服务思路，不断地完善整个服务体系。

MaaS 服务为了达到最优的结果，必须秉承开放思维，欢迎各行各业参与到建设过程中，尤其是在互联网发展的时代，技术更新的速度很快，没有一个企业能够掌握所有的最新技术，只有开放这个领域，充分利用各自的优势，才能完成最终目的。

MaaS 服务通过平台思维，使得服务商、用户和数据分析方都能够在线完成数据的传导、分析和推送，避免了多重数据的交互，能够更加快速和精确地完成出行服务。美国康奈尔大学的 Geddes 认为，在 MaaS 生态系统中，必须考虑交通拥堵的外部性，对稀缺的道路空间进行定价，这对于保障 MaaS 充分发挥在可持续环境中的作用来说至关重要。参考电力行业的方式，Geddes 提出了一种定价机制，通过有效定价来保障市场清分。

2.1.5 MaaS 服务的政策体系

交通运输是国民经济中基础性、先导性、战略性产业，是重要的服务性行业。构建现代综合交通运输体系，是适应把握引领经济发展新常态，推进供给侧结构性改革，推动国家重大战略实施，支撑全面建成小康社会的客观要求。

“十三五”明确要求到 2020 年 MaaS 产业将增加 30%，各地方出台了地方政策，以提高行业渗透率。

旅客联程运输是通过对旅客不同运输方式的行程进行统筹规划和一体化运输组织，实现旅客便捷高效出行的运输组织模式。旅客联程运输可充分发挥各种运输方式的比较优势、提高综合运输组合效率，改善旅客出行体验，对于推进交通运输供给侧结构性改革，促进现代综合交通运输体系发展，建设人民满意交通具有重要意义。当前，我国旅客联程运输发展尚处于起步阶段，联运设施不完善、信息资源不共享、运营规则不衔接、法规标准不适应、联运服务不规范等问题还比较突出，与人民群众的出行期待还有较大差距。为深入贯彻党的十九大关于建设交通强国的战略部署，落实《“十三五”现代综合交通运输体系发展规划》(国发〔2017〕11号)任务安排，加快推进旅客联程运输发展，更好地满足人民群众对美好生活的需要，提出具体指导意见。

该规划鼓励不同运输方式站场互设自动售(取)票设备，方便旅客购(取)联运客票。积极探索旅客联程运输电子客票，为实现“一站购票”“一票出行”创造条件。鼓励各种运输方式改进售检票系统功能，创新身份查验方式，支持使用身份证、二维码、生物识别信息等新媒介验票乘车。

为贯彻落实党中央、国务院关于推进数字经济发展的决策部署，促进先进信息技术与交通运输深度融合，有力支撑交通强国建设，2019 年 7 月 25 日，交通运输部印发了《数字交通发展规划纲要》(简称《数字交通纲要》)。

《数字交通纲要》提出要促进交通、旅游等各类信息充分开放共享，融合发展。鼓励平台型企业深化多源数据融合，整合线上和线下资源，鼓励各类交通运输客票系统充分开放接入，打造数字化出行助手，为旅客提供“门到门”的全程出行定制服务。倡导“出行即服务(MaaS)”理念，以数据衔接出行需求与服务资源，使出行成为一种按需获取的即时服务，让出行更简单。打造旅客出行与公务商务、购物消费、休闲娱乐相互渗透的智能移动空间，为其带来全新的出行体验。推动“互联网+”便捷交通发展，鼓励和规范发展定制公交、智能停车、智能公交、汽车维修、网络预约出租车、互联网租赁自行车、小微型客车分时租赁等城市出行服务新业态。

“出行即服务(MaaS)”的发展理念首次在行业规划文件中得到体现，这将推动这一新型的出行服务模式在未来得到快速发展。

2019 年 9 月 19 日，中共中央、国务院印发了《交通强国建设纲要》，并发出通知，要求各地区各部门结合实际认真贯彻落实。《交通强国建设纲要》提出“大力发展共享交通，打造基于移动智能终端技术的服务系统，实现出行即服务(MaaS)。此次出行即服务(MaaS)理念被纳入《交通强国建设纲要》这一纲领性文件，进一步明确了出行即服务(MaaS)发展模式在我国未来运输服务领域中的发展定位。

交通运输部决定在天津、河北、山东、北京、江苏、江西、河南、广东、海南、贵州、宁夏 11 省(自治区、直辖市)开展道路客运电子客票试点应用，试点工作将积极为乘客提供移动终端购票、刷身份证检票等无接触式服务，具备条件的试点客运站应通过“人脸识别”系统检票乘车。

芬兰交通部门最新颁布的《运输服务法规》(图 2-6)中鼓励各交通系统数据的流通和共享、鼓励票务和支付系统之间的可兼容性、鼓励公共采购的技术标准统一性、鼓励对接口进行开放，这一系列新的法规都为芬兰推动 MaaS 服务提供了政策支持。

Act

on Transport Services

By decision of the Parliament, the following is enacted:

PART I

GENERAL

Chapter 1

General provisions

Section 1

Definitions

For the purposes of this Act:
1) *commercial road transport* services mean transport of passengers or goods on road for remuneration and for the purpose of gaining income;
2) *passengers and goods transport services* mean commercial transport of passengers or goods;

图 2-6 芬兰的《运输服务法规》

交通运营商将停止使用封闭的本地票务系统，采用可互操作的在线系统，通过后台系统进行通信。这样，乘客就可以从一个服务点获得整个旅行链的车票信息，在此基础上，还可以通过后台系统进行互联互通的在线系统，让乘客在一个服务点就能获得整个出行链的票，如图 2-7 所示。

MaaS 联盟 2017 年颁布的《MaaS 服务白皮书》中对 MaaS 服务的定义、MaaS 生态的系统与流程、交互技术及公共行政部门的角色进行了说明和解释，如图 2-8 所示。

16.6.2017

Information and transport

Future transport will rely on the interoperability of information and information systems, as well as the openness of interfaces. Transport operators will discontinue the use of closed and local ticket systems and adopt interoperable online systems that communicate via background systems. In this way, passengers will be able to acquire a ticket for their entire travel chain from one service point.

Information, the fifth form of transport

Information is the greatest factor of change in transport. Digitalisation and utilisation of information will simplify the development and sale of travel chains that meet customer needs and interoperable mobility services. This will result in better travel experiences and savings for transport users. The digitalisation of transport will open the door for new business and jobs.

Essential information concerning mobility services

图 2-7　芬兰《运输服务法规》中关于在线票务系统的解读

MaaS Alliance AISBL
Avenue Louise 326
B-1050 Brussels
Tel : +32 (2) 400 07 00
info@maas-alliance.eu
www.maas-alliance.eu

White Paper

Guidelines & Recommendations
to create the foundations for
a thriving MaaS Ecosystem

Maas Alliance

September 4，2017

图 2-8　MaaS 联盟发布的《MaaS 服务白皮书》

2.2 MaaS 服务的发展阶段

为了能更加形象地理解与解释 MaaS 服务的发展阶段,本节借鉴基本几何元素点—线—面—体的演化关系,尝试对 MaaS 的发展阶段进行划分与描述。“点”对应企业产品阶段,“线”对应出行链阶段,“面”对应区域阶段,“体”为“面”的进一步扩张,即从区域阶段发展至国际阶段,如图 2-9 所示。

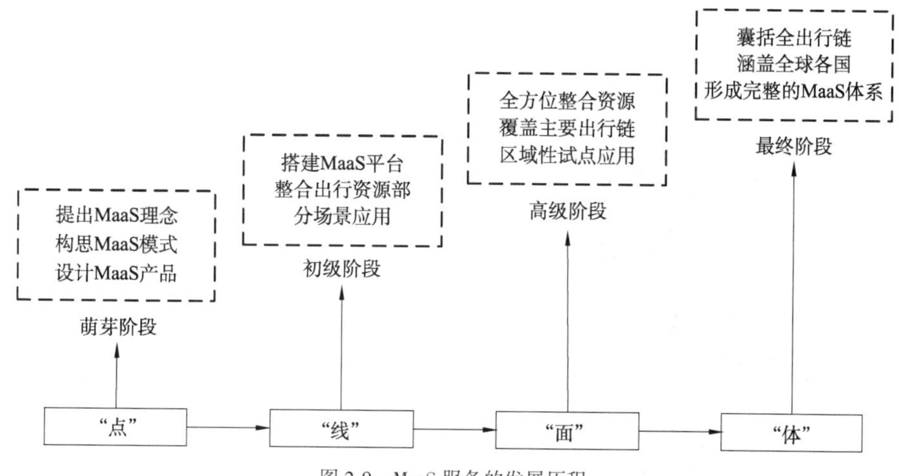

图 2-9　MaaS 服务的发展历程

2.2.1 萌芽阶段

英特尔出行部门负责人 Kathy Winter 曾说:“历史一再证明,技术是社会巨大变革的催化剂,企业必须适应这一转型,否则就有可能面临失败,甚至遭遇濒临倒闭的危险。”例如,在交通领域,互联网与移动支付技术、共享理念结合,催生出很好地解决“最后一公里”出行痛点的共享单车。再如,近年来由计算机与智能控制技术所带动的无人驾驶技术,已经吸引了诸多传统车辆制造企业投身其中进行研发试验,并且相关政府管理部门、其他社会相关部门已经着手制定与之配套的政策、措施,可以预见,若无人驾驶技术获得普及,将在交通行业引发新一轮声势浩大的变革。

综上所述,作为集成了云计算技术、移动支付技术、共享经济理念、移动通信技术以及未来还可能集合无人驾驶等多种新思想、新技术的 MaaS 模式,有很大的可能性将从企业开始产生变革,以一系列产品(如出行服务)的方式进入人们的生活。

企业带动 MaaS 发展在芬兰赫尔辛基已经有初步验证。自 2014 年 MaaS 概念在芬兰提出以来，芬兰的多个交通组织一直在筹备建立 MaaS 运营商，并于 2015 年在赫尔辛基成立了第一个 MaaS 运营商企业 MaaS Global，并由 MaaS 之父 Sampo Hietanen 出任该公司第一任 CEO（首席执行官）；2016 年，MaaS Global 公司推出了第一款基于 MaaS 概念的应用程序——Whim，如图 2-10 所示。在 2018 年拉斯维加斯消费电子展之前，大众汽车集团与自动驾驶技术创业公司 Aurora Innovation 宣布了一项战略合作，两家企业将协作以实现将自动驾驶电动车作为城市中的 MaaS 车队。英特尔将 MaaS 与无人驾驶看作未来出行的基础，并认为该技术将重塑人们的驾驶体验，使人们从“开车”转变为“乘车”，即脱离目前与汽车“一对一”的关系，转向“出行即服务”，并且相信将因此带来巨大的经济潜力。

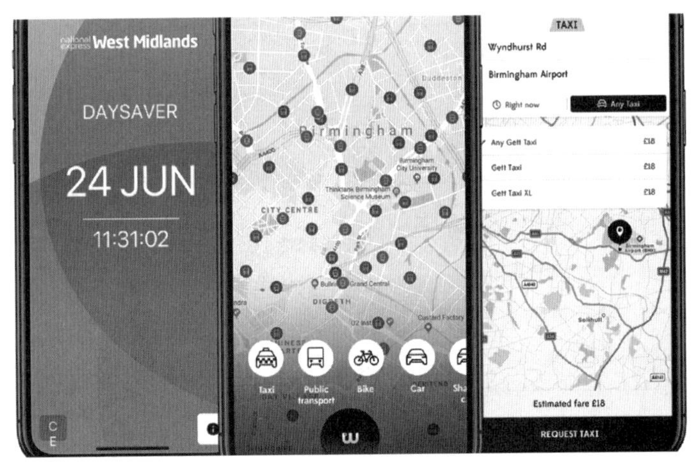

图 2-10　MaaS Global 的应用程序——Whim

2.2.2　初级阶段

在企业产品阶段，MaaS 仅体现在部分情境的部分交通方式中，现实意义不大，只有当其能够服务于出行者完整的出行链时，出行者才会获得较好的出行体验，人们才会有更大的激励选择 MaaS 出行。在出行链阶段，出行者可以利用 MaaS 平台实现全出行链的出行方案定制，完成交通方式预定、使用支付，但是使用规模仍然较为有限，如图 2-11 所示。

2.2.3　高级阶段

在区域阶段，MaaS 系统基本成熟，相关法律法规、行业准则基本建立，此时 MaaS 不仅能够为城市范围或国家范围内的个体出行者提供“门到门”交通服务，也能够综合全局交通状况，进行优化分析，为交通管理决策提供指导。

图 2-11　New Mobility in Israel 的应用

目前,已有一些小范围区域进行了 MaaS 平台的试验运营。2017 年由新西兰运输局与奥克兰运输局合作,联合奥塔哥地区、皇后镇湖区相关部门,由 Satori 公司提供云计算平台支持,在新西兰皇后镇地区开展 MaaS 市场试点,并推出了相应的手机应用程序———Choice。Choice 集合了多种交通信息,游客可以使用该应用预定全部行程。皇后镇区域面积较小,雪季游客众多,交通量较大,在该区域试点将有助于测试 MaaS 解决方案,为新西兰道路拥堵与道路安全问题提供解决方案,同时为此地游客提供更好的旅行体验,进一步提升地区吸引力。

2.2.4　最终阶段

MaaS 发展到国际阶段,其技术手段、基础设施等硬件条件已经基本具备,法律法规、行业准则等软件也基本完善。随着全球化进程的不断推进,国际交通量呈逐年上升趋势,以交通运输部发布的我国航空统计数据来看,2015 年我国国际航线运输达 4205.0 万人次,比 2014 年增长 33.3%,所以可预见国际出行需求将逐年增长。此外,在国际出行中,人们对目的地往往陌生感更加强烈,对“门到门”的出行规划更有需求,所以 MaaS 系统需要能够提供国际交通出行服务的能力。

MaaS Global 公司采取的一系列行动也说明了 MaaS 向国际阶段发展的必然趋势。2016 年,MaaS Finland 正式更名为 MaaS Global,其 CEO Sampo Hietanen 解释道,新名称有助于企业扩展国际业务,向其他国家提供 MaaS 出行服务。这一举措也进一步从商业角度显示出 MaaS 必然向国际化方向发展。2016 年,MaaS Global 与韩国交通系统供应商 LG CNS 展开初步合作协商,讨论 MaaS 系统在韩国的部署运营。

2.3 MaaS 服务的关键技术

MaaS 面向群体广(涉及政府、运营服务商、技术支持方、地图服务商、消费服务商、用户等多个利益主体),涉及环节多(出行前、出行中、出行后三个环节),需要具备出行全生命周期的服务功能,包含信息查询、出行方案规划与导航、出行实现与支付等。这些功能的高效、安全实现需要定位、支付、通信、安全等技术的支撑,并辅以海量、高频、并发信息的计算能力,以及支撑车辆智能调度、出行路径方案优化、运行线路动态调整等高效算法。MaaS 的核心功能和对应关键技术见表 2-1。

MaaS 的核心功能和对应关键技术 表 2-1

分　类	MaaS 核心功能	对应关键技术
功能实现型	路径规划和精准导航	定位技术:如北斗
	智慧支付	支付技术:如交通一卡通、乘车码、生物识别支付
	出行预约	信息技术:如物联网、大数据、人工智能、边缘计算等
	智能调度	
基础保障类	快速响应、实时信息	通信技术:5G
	信息安全、信用安全	信息与信用安全技术:区块链
	算力保障	算力技术:云计算
	大存储、高容量	云存储:云服务器

由表 2-1 可以提炼出 MaaS 服务涉及 5G、大数据、智慧支付、自动驾驶、人工智能、区块链六方面的关键技术。

2.3.1 5G 技术

MaaS 服务需要信息之间的传输,相比于现有的 4G 技术,5G 技术大幅度提高了网络的传输速率,其峰值理论传输速度能够达到 10Gbps,能够解决目前 4G 网络的传输速率问题。同时,5G 技术拥有毫秒级的低延迟,支持每平方公里数百万的设备接入。除此之外,5G 技术在频谱效率、抗干扰等方面得到了很大的改善和提高,实现了传输速率更快、网络容量更高、网络延时更低的移动互联网通信,进而满足了 MaaS 服务对于移动互联网的各种需求。

用户体验是 MaaS 服务的核心要求之一,同时也是 5G 技术未来发展的核心之一。为满足人们日益增长的业务需求,5G 技术传输速率在 4G 基础上提高 10~100 倍、时间延迟比 4G 降低 9/10 或者 4/5,达到毫秒水平,并支持每平方公里数百万计设备接入(图 2-12)。在 5G 技术发展过程中,实现的关键技术有:①大规模

MIMO 技术。通过提高频谱和能量利用率以及网络稳定性，将基站配置天线数量从原来最多 4 根、8 根增加到几十、几百根，保证了频谱效率及稳定性。②微基站技术。在 5G 时代，微基站将会代替宏基站，微基站数量增加，资源分配更合理，并且微基站功率更低、辐射更小。③基于滤波器组的多载波技术。该技术明显提升移动通信系统的功能，频谱效率和大规模空间分辨得到最大化增强，大幅度提高了网络的传输速率。④同时同频半双工技术。克服了传统通信技术不能同时同频双向通信的局限，可以极大提高空口频谱效率。

图 2-12　5G+智慧交通

2.3.2　大数据技术

大数据受到了人们越来越多的研究与关注，人们渐渐明白大数据与大量数据之间的差异，大数据的概念、特征等也渐渐明晰。大数据受到世界的重视。

大数据在 MaaS 服务中起到了重要的作用，其中 MaaS 服务的大数据架构图如图 2-13 所示。

(1) 数据收集：MaaS 服务的数据主要来自地铁公交、轨道交通、出租汽车、网约车、共享单车/汽车、航班、高铁和长途汽车等交通公共运营部门。

(2) MaaS 服务大数据的处理和存储：MaaS 服务的大数据需要将非结构化数据和结构化数据通过数据清洗、数据加工等数据预处理方法将数据统一化，并将数据分别存储在基础数据库、业务数据库和主题数据库中，最后通过数据库中的数据进行数据建模和数据挖掘等数据分析处理。

(3) MaaS 服务大数据的服务：包括数据目录开放、数据共享交换、数据模型服务、数据接口服务和数据可视化等。

其中，数据模型服务是 MaaS 服务大数据最基础、最核心的内容，在数据模型上可以支撑各种数据应用的底层,如从元数据模型、主数据模型到业务数据模型,从数据采集、数据清洗到数据治理,从技术数据、业务数据到数据资产等。数据模型服务提供业务视角对数据进行全新的认识、处理乃至分析。

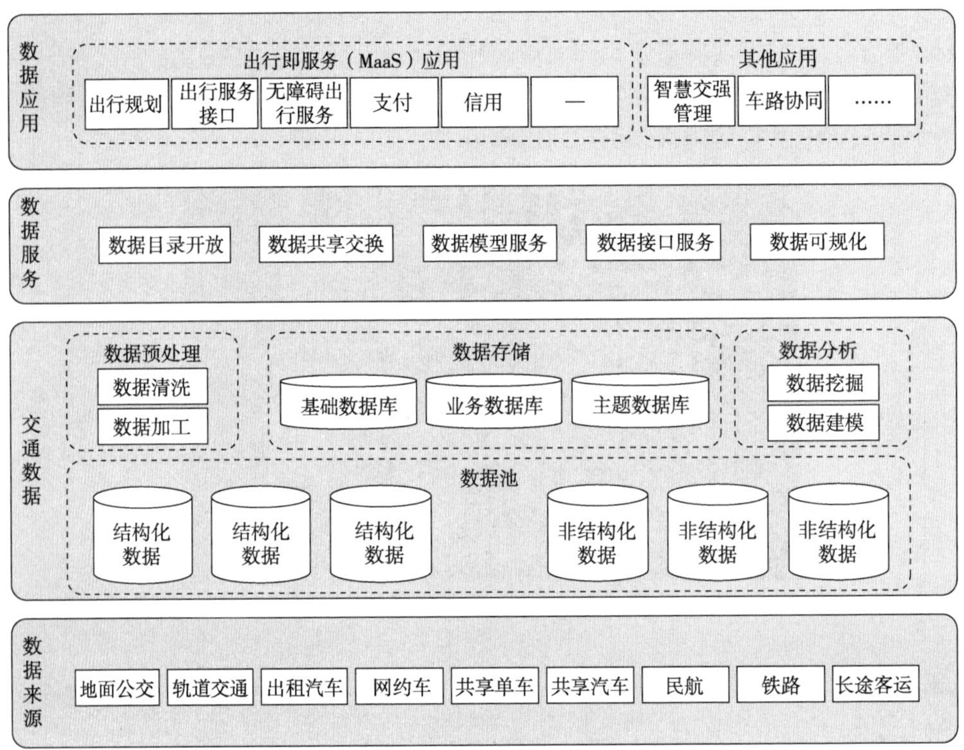

图 2-13　MaaS 服务的大数据架构

模型定义是模型管理的基础及源头,因此只有先进行模型定义才可以对数据类型及数据分类等展开一系列的设置。

数据类型与模型定义类似,也涉及必填项数据类型编码、数据类型名称以及选填项数据类型描述、系统预定义、状态等信息的录入。

(4)MaaS 服务大数据的应用:应用在出行规划、出行服务接口、无障碍出行服务、支付、信用等方面,也可以用于智慧交通管理、政府部门的交通服务等方面。

以出行规划为例,相对于传统公共交通的出行规划的单一性,以大数据模型为基础的 MaaS 服务出行规划则给用户展示更多的选择,如图 2-14 所示。

在以大数据为基础的出行规划下,用户可以选择公交、驾车、步行和骑行等多种模式来规划路线,也可以根据出行时间、交通工具类型来选择路线,还可以根据时间短、少换乘、少步行等特殊要求来规划路线。

图 2-14 MaaS 服务中的大数据线路规划示意图

2.3.3 智慧支付技术

支付是实现 MaaS 服务的重要环节和保障,众多支付公司角逐各类场景时不断寻求全新的行业解决方案,支付服务嵌入商家的销售或服务管理系统中,实现一键支付以及与信息流和服务流的融合场景支付,当然也只有在销售终端(Point of Sales,POS)刷卡升级为数字化支付的情况下才能更好地体现场景支付。线下商业的"营销获客+支付服务+客户关系管理"可被一个 App 很好地整合在一起,支付服务只是消费过程的末端环节,并被嵌入到消费过程中,体现为一键支付。自数字钱包相继面市,支付宝钱包和微信支付尝试将扫码支付从一般零售支付推广到众多行业中,如支付宝钱包相继推出了未来医院、未来商场和未来交通等基于场景的综合应用方案。

基于智慧支付的 MaaS 服务云平台技术架构如图 2-15 所示。

MaaS 服务的发展需要智慧支付提供支付技术和用户账户安全保障,MaaS 服务作为未来场景支付之一,其意义在于支付服务商的产品思路从以产品为中心转向以客户和场景为中心,将支付服务嵌入商家的服务中,为消费者提供更为简洁的一键化支付服务,帮助商家更好地管理销售、交易和营销,并为其提供更为便捷和智慧的支付服务。

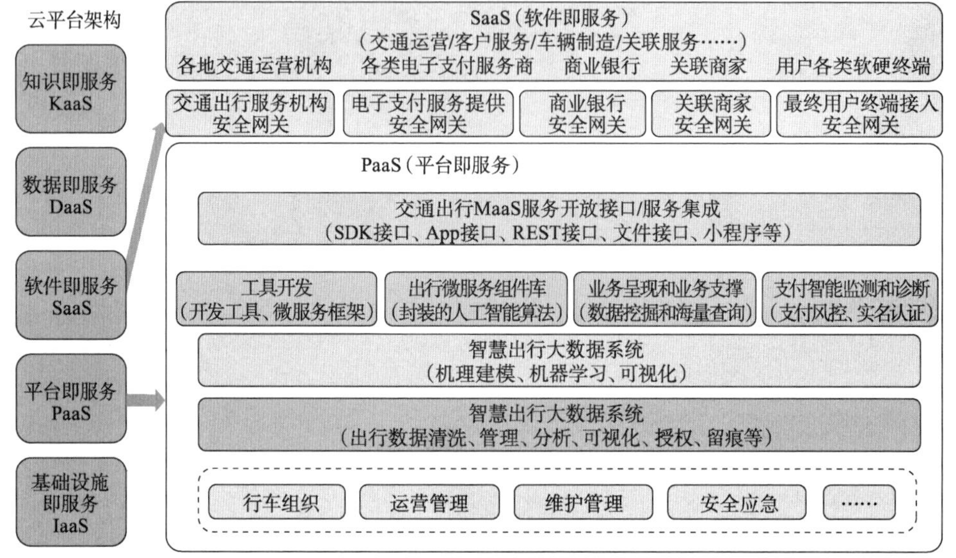

图 2-15 基于智慧支付的 MaaS 服务云平台技术架构

2.3.4 自动驾驶技术

无人驾驶车队很有可能成为 MaaS 服务的基础出行服务提供商，他们会像航空公司、公交系统一样提供基础服务。这也会带来商业模式的巨变，因为在这种模式下，无人车购买决策将不再由个人而是由车队决定，车队看重的可能更多的是可靠性、性价比等因素。例如，2019 年广州市正式启动“全国首个自动驾驶综合应用示范岛”建设，正式启动广州国际生物岛 1 条自动驾驶公交应用示范线、5 台自动驾驶出租应用示范车辆，标志着该区正式迈入自动驾驶 MaaS 综合应用新时代。广州公交集团联合广州联通、华为、文远知行、深兰科技、金溢科技、信投和工信部五所，在生物岛共同组织建设并开展了自动驾驶 MaaS 应用试点和 5G_V2X 车路协同的试点工作。自动驾驶 MaaS 的试点应用，主要包括两方面：一方面，白云集团和文远知行合作推出的在生物岛的出租的自动驾驶出租的 MaaS 应用；另一方面，广州公交集团三汽和深兰科技合作推出的自动驾驶公交的 MaaS 应用示范线。在 5G_V2X 车路协同试点方面，按照人、车、路、站、场、云全面协作，协同平台和网联环境形成闭环的建设，广州联通已完成了生物岛全部 12 个 5G 红基站的部署，广州公交集团已与公安交警对接了信号灯车路协同的技术方案。

自动驾驶车辆将成为 MaaS 服务的基础出行服务提供商，如 WILLER（在日本、中国台湾和东南亚地区运营）建立战略合作伙伴关系，将在包括日本、中国台湾地区在内的东南亚市场推出一项自动驾驶出租车服务。两家公司将基于 Mobileye

的自动驾驶汽车(AV)技术,首先在日本测试和部署自动驾驶交通解决方案,如图 2-16 所示。

图 2-16　Mobileye 和 WILLER 自动驾驶出租车和自动驾驶按需共享接驳车

2.3.5　人工智能技术

人工智能作为计算机科学的一个重要分支,是集研究、开发用于模拟、延伸和扩展人的智能的理论、方法、技术及应用系统为一体的一门全新的科学技术。计算机人工智能试图了解智能的实质,并生产出一种全新的能够以人类智能相似方式做出相应反应的智能机器。人工智能研究使计算机来模拟人的某些思维过程和智能行为,主要包括计算机实现智能的原理、制造类似于人脑智能的计算机,使计算机得到更高层次的应用,涉及多种自然科学和社会科学。目前,这一领域的研究主要包括机器人、语言识别、图像识别、自然语言处理和专家系统等。计算机人工智能技术的实际应用范围十分广泛,主要包括指纹识别、人脸识别、专家系统以及智能搜索和自动程序设计等。人工智能技术在交通出行领域的应用已遍地开花,包括自动驾驶、车辆识别、AI+交通视频、AI+信号优化、车路协同、人工智能地图等,如图 2-17 所示。

人工智能呈现爆发式快速发展。人工智能革命是从弱人工智能,通过强人工智能,最终到达超人工智能的旅途。这段旅途将大大改变交通出行方式,使世界变得完全不一样。在 AI 的赋能下,智慧出行将是未来出行的发展方向。智慧出行时代,多维度、高价值的海量数据不断被收集、应用并实现迭代。呈指数级增长的计算力将有效捕获、聚集及分析相关数据,将数据资源转为资产,进而将资产转为价值。这也将是智慧出行的具体内涵。交通作为城市的重要组成部分,实现全智慧的交通需要依托一个"智慧出行大脑",形成出行的三大元素——人、车、路协同发展,真正"以人为本"的全智能出行终将实现。

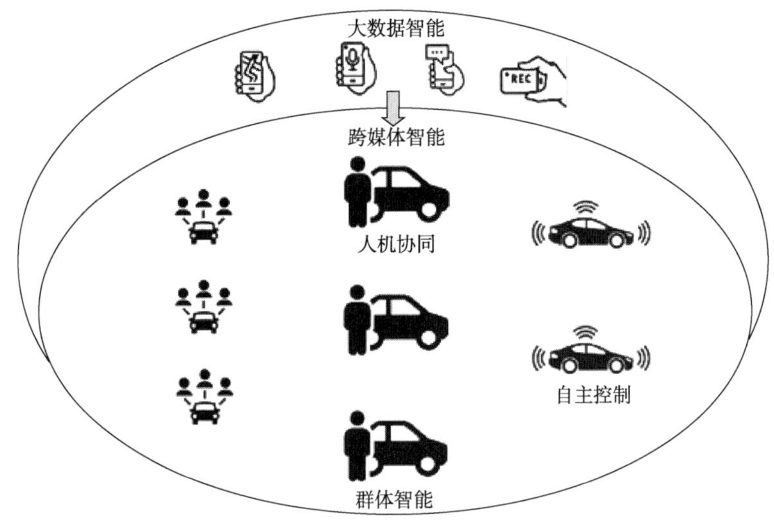

图 2-17 人工智能在 MaaS 服务中的应用

就像滴滴出行让人们习惯了“掐点”坐车，通过大数据与深度学习，实时公交应用也可以实现公交数据的实时整合，让用户能清晰获取每日赖以出行的公交车信息，如现在走到哪儿了，是否正在堵车，什么时候到站，甚至整条线路的实时通行状况，以此决定什么时候离开办公室或者家前去等车比较合适。毫无疑问，这种基于人工智能的资源匹配，对于城市公共交通出行效率、出行选择率及城市承载率都意义深远，也势必受到决策部门的重视。

2.3.6 区块链技术

区块链技术起源于化名为中本聪(Stoshi Nakamoto)的学者在 2008 年发表的奠基性论文《比特币：一种点对点电子现金系统》。从狭义来讲，区块链是一种按照时间顺序将数据区块以顺序相连接的方式组合成的一种链式数据结构，并以密码学方式保证的不可篡改和不可伪造的分布式账本。从广义来讲，区块链技术是利用块链式数据结构来验证与存储数据、利用分布式节点共识算法来生成和更新数据、利用密码学的方式保证数据传输和访问的安全、利用由自动化脚本代码组成的智能合约来编程和操作数据的一种全新的分布式基础架构与计算范式。区块链具有去中心化、时序数据、集体维护、可编程和安全可信的特点。区块链形态分为公有链、联盟链、私有链三种。公有链是指任何人都能读取区块链信息，发送交易并能够确认，参与共识过程的区块链，是真正意义上的去中心化分布式区块链。联盟链是指根据一定特征设置的节点能够参与、交易，共识过程受预选节点控制的区块链，它被认为是“部分去中心化”或“多中心化”。联盟链介于公有链和私有链之间,实质上属于私有链的范畴。私有链是指写入权限仅限于一个组织,读取权限可能被限制的区块链。私有链具有去中心化、分布式特点,对公司、政府内部的审计测试以及银行机构的交易结算有很大价值。

区块链在出行即服务(MaaS)中的应用主要是区块链智慧支付、区块链通用数据库、区块链共享出行等。以区块链交通电子支付结算平台为例,为解决 MaaS 服务体系下因各交通方式、各交通电子支付系统在基础设施架构、业务流程、技术标准规范各不相同所带来的数据孤岛、信息封闭、对账困难和数据安全问题,建立一条基于区块链技术的交通支付联盟链,提供统一的标准化接口,城市公共交通、长途公路客运、铁路、民航、水运、网约车、ETC、停车场等交通方式票务支付系统都可以接入,实现基于区块链的统一账户管理。只要在交通电子链上注册,就可以获取钱包位置,便捷地完成跨系统、跨区域支付。区跨链技术能够实现点对点的价值转移,资金无须沉淀在第三方支付平台,实时到账,大幅提升交易效率和降低交易成本。同时,区块链技术提供了共享账本,可提升支付后清、结算效率并降低成本,并可在很大程度上解决支付面临的现存问题。再以区块链通用数据库为例,区块链通用数据库是未来出行即服务(MaaS)的解决方案,支持诸多交通系统,包括火车、公共汽车、出租汽车、汽车共享和按需出行服务,用户通过区块链通用数据库能够获得关于他们需要按时到达目的地的最佳路线以及高度准确的信息,如从预订到结算整个过程的总成本,而且能够促进开放数据以及去中心化的交通数据管理。基于区块链技术的虚拟交通一卡通服务功能架构如图 2-18 所示。

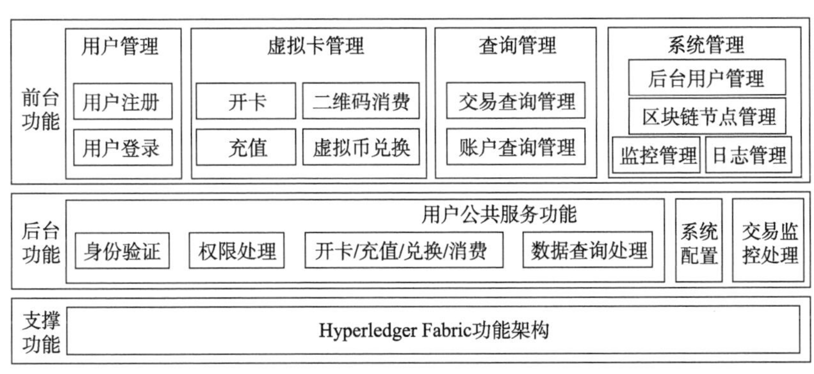

图 2-18 基于区块链技术的虚拟交通一卡通服务功能架构

2.4 MaaS 服务与传统交通出行的对比

MaaS 能实现以用户为中心的各种公共和私人运输服务的整合与集成,其运输服务可包含多个层面,如包括公共汽电车、轨道交通、有轨电车、渡轮、出租汽车、分时租赁汽车、网约车、共享单车等在内的城市客运，涉及民航、铁路、城际巴士、农村巴士等城际和农村客运，同时需要支撑不同类型客运服务方式的支撑性服务体系，如停车、收费、充电、导航服务等，最终通过一个统一的信息服务平台和移动应用程序实现用户全链条出行服务的统一查询、统一规划、统一预定、统一支付、统一评价。

对比传统的出行服务，MaaS 新服务表现在创新人类出行习惯和行业的变革趋势：一是按需出行（Mobility on Demand，MOD），即按照人们的需求安排出行，在公共交通网络没有覆盖的地区，通过智能的城市交通网络，以共享和合乘方式来使用车辆，提高车辆的使用效率和降低能耗，缓解交通和环境问题；二是共享出行（Shared Mobility），即人们无须拥有任何车辆，以共享和合乘方式与其他人共享使用车辆，只需按照自己的出行要求付出相应的使用费即可；三是出行即服务（MaaS），即以多种交通方式的服务来满足客户的出行需求，通过整合一站式原理的计划和支付方式来实现，通常按月来支付出行费用。

出行即服务（MaaS）模式与传统模式的差异如图 2-19 所示。

出行起点A —— …… ——出行重点B		
服务整合程度比较	**传统出行服务模式**	**MaaS出行服务模式**
注册账户	匿名或单一出行方式注册账户	面向各种出行模式统一的账户
票价体系	一张票对应一种出行服务方式	一张票全链条出行，面向不同服务整合的套餐
身份认证	各种出行方式分开进行身份认证	基于账户的一体化身份认证，后台记录与统一识别
票务清分	预存费用、车辆或站台收费设备上完成支付	前端身份认证，收费全部由后台来完成
出行规划	各种运输方式单独路径规划	整合型出行服务体系下一体化出行服务规划
支付方式	针对各种运输方式通过预存费用方式单一支付	针对全出行链的各种运输方式实现一次支付
实时信息服务	各种方式提供各自的信息服务	针对全出行链的各种运输方式一体化实时信息服务
服务评价	缺乏账户化管理，未能及时对各种方式进行服务评价	账户化管理易于对全出行链的各种方式进行服务评价
历史追溯	各种出行模式分段记录对应的出行轨迹	可实现全出行链条所有出行方式出行轨迹的记录

图 2-19　出行即服务（MaaS）模式与传统模式的差异

2.4.1　注册账户

传统出行服务模式在注册账户时，用户往往采用匿名模式，或者以单一出行方式注册账户，这对于用户来说，在使用新的出行工具时就会浪费时间，甚至因注册太多的账户而导致忘记密码；同时，这样的模式对于出行工具的所有者来说也很难精确定位用户，无法提供快捷、方便的服务。而 MaaS 出行服务模式则是将各种各样的出行工具汇集到一个地方，用户只需注册一个账号，即可享受所有交通工具的服务,对于用户来说省心和省力;同时,企业通过精准的定位,能够很好地推出特色的优惠活动,增加用户的黏性。

2.4.2 票价体系

传统出行服务模式的票价体系是"一对一"模式,即用户在使用多种出行交通工具时需要购买多种票,尤其是在换乘的过程中如果需要重新购票,会因时间的延误而耽误行程。而 MaaS 出行服务模式的票价体系是"一对多"模式,即用户只需买一张票就可以享受整个行程中所有的交通工具,无须在换乘时再另行购票,为用户节约了时间,使用户有充分的时间对行程进行规划;同时,多种交通工具一张票的模式可以将各类优惠汇总在一起,为用户出行节约成本;最后,"一对多"的模式在绿色出行方面也提供了一个思路。

2.4.3 身份认证

传统出行服务模式的身份认证过程都是各个交通出行工具单独认证的,而且各类认证的标准不统一,经常出现由于用户忘带某个证件而错过出行的场景;同时,各个交通工具分开验证的过程中也增添了企业的人工成本,不利于企业的长期发展。而 MaaS 出行服务模式的身份认证是基于一个用户进行统一验证的,在使用第一个交通工具进行身份验证之后,在后期的各种转化过程中都无须再进行身份验证,可以大大节约换乘的时间成本。

2.4.4 票务清分

传统出行服务模式的票务清分过程是先预存费用,站台或者售票员进行验票后完成支付。在这个过程中,用户的账户中必须有充足的资金,这样的体验对于用户来说非常不友善,很难增添用户的黏性。而 MaaS 出行服务模式的票务清分过程是前端身份认证,后台完成支付,在效率上有所提高,而且能够快速地完成支付,提升了用户的使用体验。

2.4.5 出行规划

传统出行服务模式的出行规划是单个交通工具进行规划的,用户需提前搜索各类换乘交通工具之间的出车时间间隔,容易在中途换乘过程中出现等候时间长的现象,增加了出行的时间成本;同时,对于运营企业而言,同样无法精确预估用户人数,容易造成前车空后车拥挤的现象。而 MaaS 出行服务模式是基于交通工具一体化规划的,后台已经为用户提前计算了各类交通工具的发车时间,综合给出了一个最优的出行规划,在为用户节约时间和金钱成本的基础上,能够给用户一个安全、舒适的出行方案。此外,系统也会根据路线距离、换乘次数、总费用等给出多种出行方案,用户可以根据自己的需求进行选择,提高了用户的使用体验。

2.4.6 支付方式

传统出行服务模式的支付方式是在各类交通工具上进行单一支付,每次使用新的交通工具都需要再进行一次支付,频繁的支付过程容易给用户增加资金被盗取的风险,也增加了出行时间成本。而 MaaS 出行服务模式为一次性支付,即整个行程的总价包括了行程中各类交通工具的费用,用户只需在出行前进行行程确认,出行结束后点击"完成"等就可以完成支付的整个过程,为用户节约了时间。

2.4.7 实时信息服务

传统出行服务模式的实时信息服务是由各个交通工具的运营者提供的,由于信息的格式、标准等方面的不一致性,用户难以在这些数据中找到有用的信息。而 MaaS 出行服务模式的实时信息服务是一体化的信息服务,即系统已经预先整合了各个交通工具运营者提供的数据,再整合成简明易懂的信息提供给用户,让用户能够第一时间掌握有用的实时信息。

2.4.8 服务评价

传统出行服务模式的服务评价是独立的,而且由于各个系统之间的不兼容,容易造成无法及时回复用户的服务评价,无法第一时间对运营过程中出现的问题进行完善。而 MaaS 出行服务模式的服务评价则是用户对整个出行过程的统一评价,平台能够及时将用户的服务评价转发到各个交通工具运营者手中,让运营者快速地解决用户提出的问题,能够进一步增强用户的体验。

2.4.9 历史追溯

传统出行服务模式的历史追溯是分段进行的,各个交通工具都有自己的出行轨迹,但是出行轨迹的历史追溯是很难完成的,因为各个交通工具产生的轨迹数据并非统一的标准,难以整理,不能导出整个出行的历史轨迹。而 MaaS 出行服务模式的历史追溯则可以实现整个出行链的整合,能够让用户在完成行程之后快速浏览自己的出行轨迹。

第3章　国内外 MaaS 服务的实践及经验启示

MaaS 模式应用和推广项目最早在欧洲和北美洲开展试点，如瑞典 UbiGo 项目、芬兰 Whim 项目、加拿大 Transit 项目等，市场中存在的出行服务商主要由整车企业、科技公司或政府注资构成。近年来，MaaS 模式逐渐被推广至全球，2018 年 11 月，中国 ITS 协会于天津召开第十三届中国智能交通年会，组织了内地首届"出行即服务"（MaaS）学术沙龙。国内部分共享出行企业和互联网企业，如环球车享（EVCARD）、大众汽车集团、深圳海梁科技等，在上海、深圳等地开展对 MaaS 模式的局部小规模试点，但国内对 MaaS 整体上仍处于概念探索阶段。

3.1　国外的 MaaS 服务应用与实践

伴随着交通技术的进步和出行需求的变化，以德国、芬兰等为代表的一些欧洲国家开始转变交通服务理念，提出将个人拥有交通工具转向鼓励用户将出行作为服务进行消费，在减缓机动车保有量快速增长势头的同时，给用户提供高质量的交通服务。在这种趋势下，私家车将不再是家庭出行的必需品。据统计，目前已有数款移动端 MaaS 应用推出，主要应用于西欧、北欧、美国、加拿大、新加坡的部分城市和地区；运营主体主要为企业，部分为政府；用户数量从数百到数万人不等。他们大多注重多模式联运的互联及共享移动出行服务，聚焦于综合城市交通内各类已有的出行方式，包含各类公交服务在内以及共享自行车、汽车共乘及新兴的打车应用等新型出行方式，并将整套出行方案融合成一套产品包，部分系统可实现统一支付。以下列举几家公司的典型 MaaS 应用案例，见表 3-1。

世界热门 MaaS 应用　　表 3-1

MaaS 名称	建立年份	已包含的交通出行方式			已整合的功能服务					应用区域
		公共交通	共享私人交通	慢行交通	规划	预定	按需支付	包月支付	增值服务	
TransitApp	2012 年	有	有	有	有	有	有	无	无	美国、英国、加拿大
Upstream	2016 年	有	有	有	有	有	有	无	无	维也纳、奥地利
Whim	2016 年	有	有	有	有	有	有	有	无	芬兰赫尔辛基

续上表

MaaS 名称	建立年份	已包含的交通出行方式			已整合的功能服务					应用区域
		公共交通	共享私人交通	慢行交通	规划	预定	按需支付	包月支付	增值服务	
Foli/Tuup	2016 年	有	有	有	有	有	有	无	无	芬兰图尔库
Moovel	2012 年	有	有	有	有	有	有	无	有	德国
S' hail by RTA	2017 年	有	有	无	有	有	有	无	无	阿联酋迪拜
Qixxit by Deutsche Bahn	2013 年	有	有	无	有	有	有	无	有	德国
Emma by Tam	2014 年	有	有	有	有	有	无	有	有	法国蒙彼利埃

数据来源:Arthur D.Little Analysis 未来出行 3.0;这里的公共交通主要是指公交、地铁、火车、校车和单轨铁路等;公共私人交通是指出租汽车、共享汽车、汽车租赁等;慢行交通是指公共自行车、共享单车等。

3.1.1 芬兰——Whim

MaaS Global 公司希望通过可持续的高效“门到门”的出行系统,减少赫尔辛基(芬兰首都)的汽车拥有量,从而解决一直存在的交通拥堵和出行成本昂贵的问题。2016 年底,MaaS Global 公司与运输商合作推出了一款“出行即服务”的出行订阅服务客户端——Whim App,如图 3-1 所示。该 App 一方面帮助当地政府改善交通收费结构,另一方面帮助当地居民优化出行选择。Whim 为用户提供了多种出行方式服务,这些出行方式包括出租汽车、租车、公共交通、共享单车等,未来将增加

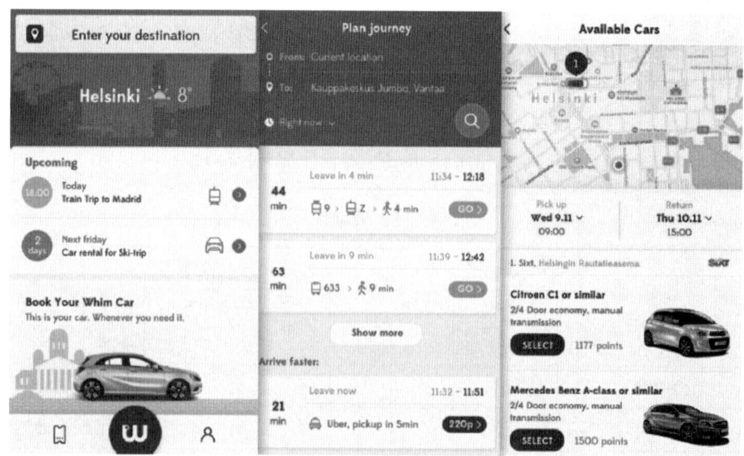

图 3-1 Whim App

城际出行方式(火车、长途汽车等)和共享汽车等。Whim 可根据用户需要提供多种出行服务,包括单次出行、单日出行和单月出行。它能根据用户的出行偏好、捕捉用户的出行时间规律,从而为用户推荐出行选择。现阶段,用户可通过绑定银行卡和信用卡为出行付费,未来将与全球最大的在线支付平台——Paypal(贝宝)合作,实现通过平台付费。MaaS Global 公司是全球第一家将“出行即服务”(MaaS)理念实现的企业,运用打包套餐的商业模式将所有的公共和共享出行服务打包,提供了月度套餐选择,使用户通过选择不同的交通出行工具实现随时随地的旅行。

芬兰的 Whim 具有以下三方面特点。

1.自身定位开放平台,搭建供给端生态系统

Whim 平台构建了一套 MaaS 生态系统,由国内交通提供商、数据提供商和国外服务商多方共同构成,为实现一站式出行服务提供可能。Whim 通过开放平台接口,先后接入各交通提供商,将消费端单一平台升级成面对多场景独立出行服务的综合接入平台,并在此基础上集成开发新的出行服务。数据提供商包括地图服务提供商和通信运营商,Whim 自身凭借强大的软件开发能力,无须借助其他地图服务商就能够为平台提供高精度地图,实现用户定位、附近可用车辆定位等功能。并且借助于芬兰国内主要的电信服务商的优质频谱资源,Whim 受益于 5G 网络铺设的推进与 5G 漫游数据服务,实现了平台更精准的地图定位与无延时的数据更新。

2.用户需求创造服务产品,打造国际化旅游都市

Whim 平台的优势在于操作便捷的应用方式、交通工具的多样性选择以及针对需求创造的细分化套餐内容和收费标准。Whim 共为消费者设计了 4 套主要的出行方案:Whim to Go 满足消费者的临时出行要求,适用于初次使用软件或出行频率较低的用户;Whim Urban 30 满足消费者的通勤出行要求;Whim Weekend 满足消费者周末出行要求;Whim Unlimited 出行套餐服务的目标是完全替代私家车出行。赫尔辛基市政府通过与 MaaS Global 公司的合作,成为全球首个拥有真正 MaaS 运营商的城市。除技术和资金支持外,2018 年 1 月 1 日,芬兰政府强制要求所有交通服务提供者开放数据,并为第三方提供 API(应用程序编程接口),从立法层面保证了交通数据的可获得性。为方便国外游客出行,MaaS Global 公司与腾讯公司联合开发的“城市行囊”微信小程序,使得用户可在小程序内发现当地主要景点、特色美食和节日活动,小程序提供线上购买、退税、中文导游和一键求救等出行服务,极大地提升了用户本地化旅游体验。

3.根据用户的需求进行定制化服务

Whim 的最大特点就是可以根据用户的需求进行定制化的服务和采用移动性“货币”(Whim point)进行支付,而不是让用户提前购买公交月票或车辆月租等锁定沉没成本的方式。这是迈向真正集成的多模式联运的一步。在未来,Whim 准

备将用户的日历链接到 App 上，使用户可以计划自己的出行路线，每次旅行都可以自由选择最便宜、最绿色，或者最方便的交通方式。

3.1.2 德国——Switch 计划和 BeMobility

德国汉堡实施的 Switch 计划是 MaaS 系统的典范。Switch 计划包含了一个 App 和智能卡访问系统——用户刷卡即可访问汉堡所有的交通方式。汉堡的运输协会（Hamburg Transport Association，HTA）负责当地公共交通系统的管理，是这项计划最关键的运营商。订购了 Switch 的用户，除了 HTA 以外，也能使用其他运营商提供的交通服务，如 Car2go（共享汽车）、Stadtrad（共享自行车）和 Europcar 租车。除此之外，在德国，政府计划出台一项包含了全国所有交通模式的“Qixxit”方案（图 3-2）。该方案整合了轨道交通、城市公共交通、汽车共享、汽车租赁、公共自行车、公共出租汽车甚至飞机。通过其对应的智能 App 系统，出行者可以享受出行计划、出行预订、实时信息和个性化出行建议等服务。与以往相似的出行计划服务不同的点在于，该方案属于 MaaS 系统，采用了共享交通、支付一体和 ITS 技术。

BeMobility 是德国柏林的 MaaS 系统，相比汉堡的 MaaS 项目，它的特别之处在于将电动混合动力汽车投入到共享汽车中，然后再与公共交通结合起来服务于出行者。BeMobility 分为第一阶段和第二阶段。第一阶段已经实行，结果显示，电动混合动力汽车以共享模式与公交结合之后，受到了出行者的欢迎。第二阶段仍在研究当中，设计者计划开发一个智能手机应用平台作为出行者访问和支付 BeMobility 的媒介。

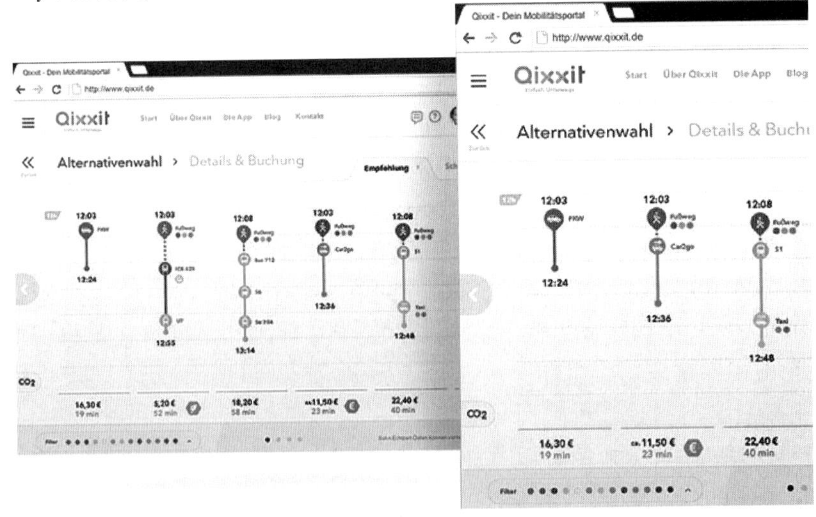

图 3-2　德国“Qixxit”方案

3.1.3 法国——EMMA 系统

EMMA 系统是法国蒙彼利埃的一个个性化综合运输平台,其包含了该城市的公交运营系统、共享自行车系统和共享汽车系统。用户可以通过订购包年/包月的出行合同,来享用 EMMA 提供的服务。这样的出行合同针对不同年龄段的出行者有不同的收费标准。EMMA 系统也为出行者提供在线出行规划和实时交通信息,EMMA 卡是唯一能访问所有服务的密匙。同时,EMMA 与蒙彼利埃的汽车共享服务进行了合作,提供可订购的多模式联运服务。其不足之处在于,EMMA 的包年/包月用户可以免费使用城市的公共交通,也可以免费使用汽车和自行车的停车场,但针对 Velomagg 共享单车和 Modulauto 共享汽车,仅可以访问,若想使用需要支付额外费用。法国里昂政府正在研究与智能交通系统结合的 MaaS 项目——Optimod' Lyon 计划,如图 3-3 所示。它的目的是提供一个无缝衔接的城市交通系统,以减少里昂的私家车数量。该计划的蓝图包含了连接各种运输模式的实时交通信息系统、智能票务系统、电子收费系统,用户仅通过一个平台就能访问全市各种交通服务。

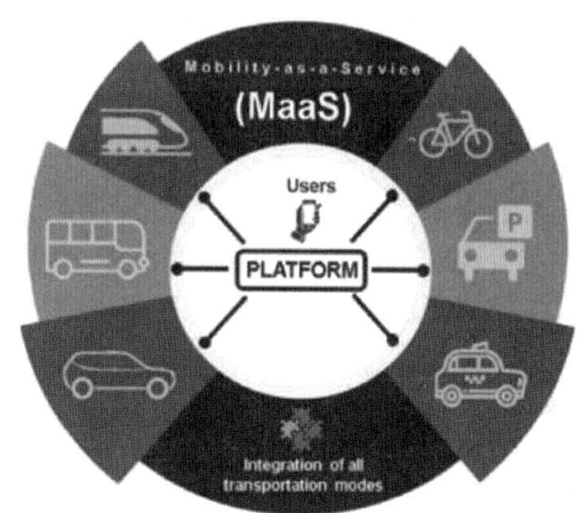

图 3-3 法国的 Optimod' Lyon 计划

3.1.4 荷兰——Mobility Mixx

在荷兰,有三个专为商务出行者设计的 MaaS 方案——"Mobility Mixx""NS-Business Card"和"Radiuz Total Mobility",如图 3-4 所示。这三个方案都是通过一张智能卡来访问全市内的交通方式:共享交通类、公共交通类和出租汽车类。这三个方案都有一体化支付的功能,但它们在 ITS 技术上略有不同。Mobility Mixx 和常规的 MaaS 系统一样,通过智能软件 App,用户可以提前计划出行,查看实时交通信息;NS-Business Card 虽然没有 App,但它通过一个网络接口也能实现同样的功能;Mobility Mixx 不能提供计划出行的功能,但它有一个呼叫中心服务,能帮助用户计划出行并预定相应的交通服务。虽然略有不同,但这三项计划都能使商务出行者在减少费用、节省时间的基础上获得更好的出行体验。

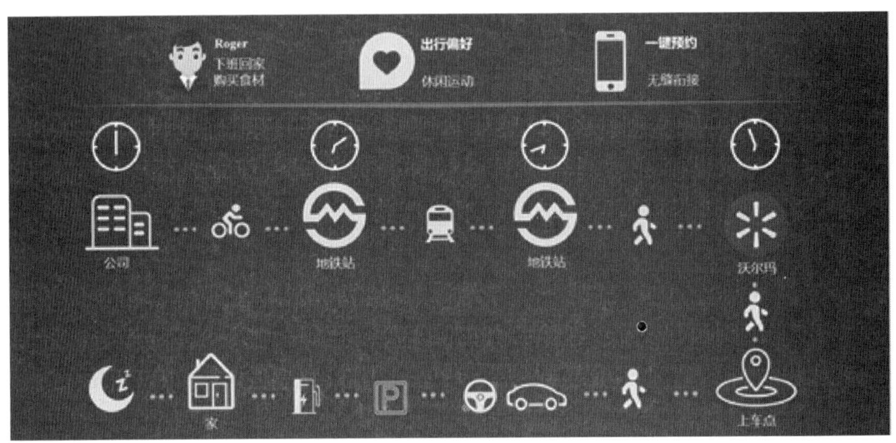

图 3-4　荷兰的 Mobility Mixx 出行解决方案

3.1.5　美国——SHIFT 系统

2013 年在拉斯维加斯发展起来的 SHIFT 系统，有着非常独特的 MaaS 经营模式，是高度整合的出行服务机构，如图 3-5 所示。它把全市所有交通方式都归到自己公司名下，以单独的一个运营商进行经营。目前，它提供的交通服务包含穿梭巴士、共享单车、共享汽车、汽车租赁及代驾服务。SHIFT 对 ITS 技术依赖较强，用户仅需在出行规划工具中选择目的地，SHIFT 即可为其规划线路并推荐交通方式。SHIFT 依据用户每个月的出行时间，对出行者进行了级别分类，然后有针对地提供信息推送。当前 SHIFT 是独一无二的，它与前面的 MaaS 系统相比，提供了一个全新的商业模式。此外，SHIFT 采用的所有汽车均是电动车，表明 SHIFT 坚定地走可持续交通道路的决心。

图 3-5　美国的 SHIFT 系统

3.1.6 瑞典——UbiGo

UbiGo 是瑞典哥德堡的一站式出行服务企业，是 MaaS 的领跑者，如图 3-6 所示。在该企业提供的网页端或者手机端的 App 上，用户可以定制自己的出行服务套餐（Package），这种出行套餐规定了该用户本月（或本季度）在一定区域范围内使用各种交通方式的时间（或价格）。在该规定范围内，用户可享受各种交通方式衔接成链式的出行服务，从而以更加低廉的价格获得和使用与私家车服务水平相似的出行体验。

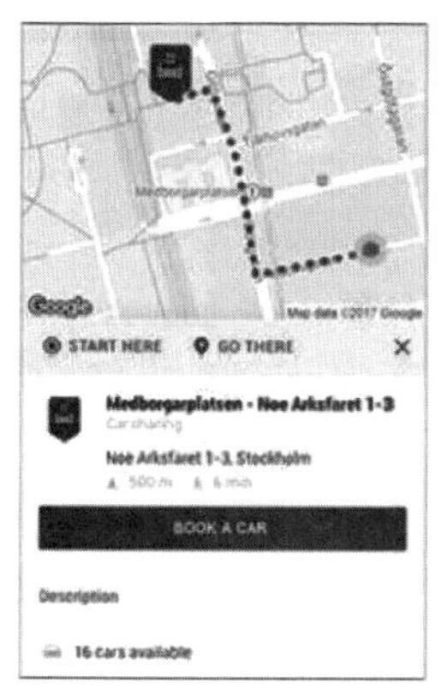

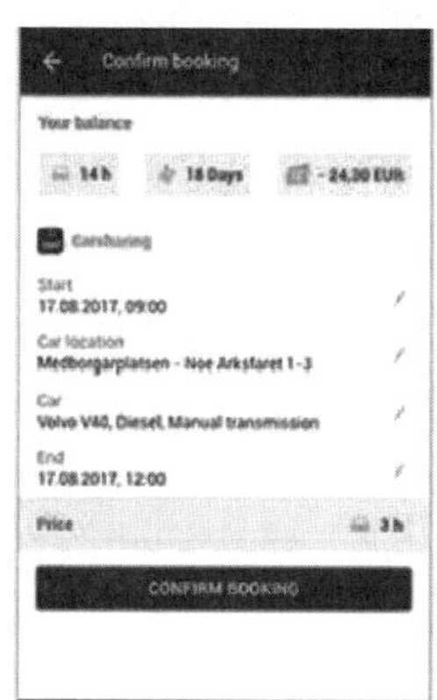

图 3-6 UbiGo 用户界面

自 2013 年起，UbiGo 在哥德堡开展了为期半年的试点项目——“Go：Smart”，有 70 个家庭的 190 个成员参与该项目，出行套餐的价格为 140 欧元/月。该试点项目的结果令人满意：大部分的参与者希望在今后继续使用该服务，“50%的家庭改变了原本的出行方式，40%的家庭改变了规划出行的方式，25%的家庭改变了出行链”，许多参与者表示他们的家庭正在逐渐减少对私家车的依赖，更多地选择公共交通和绿色出行方式。

UbiGo 的特点如下：

（1）一个应用程序，一次性支付。

UbiGo 将多种交通方式整合到一个 App 上，用户只需下载 UbiGo 的客户端，即可在该 App 上定制包含这些交通方式的出行服务套餐。服务完成后，系统会自动结算本次行程的费用，用户只需一次结清整个行程的费用，不必对各组成的交通方式分别支付。

（2）以人为本的配套服务和有力的出行保障。

用户选择的出行服务套餐是按月支付的。如果用户在本月花光了所有的月租，那么超额的部分需要额外支付；若在月底时未花完月租，则可将剩余部分留到下个月继续使用。若出行计划因不可抗因素被改变(如公交或租赁车的晚点等),用户可通过App中的历史订单信息与公共交通公司协商损失弥补方案。此外,UbiGo为用户配备了智能出行卡。该卡能解锁共享单车或者租赁汽车,并在UbiGo App出现技术问题时继续保证公共交通的顺利使用。最后,UbiGo可通过获取用户的历史出行数据,为用户推荐更加合适的定制服务套餐。

(3)引导绿色出行。

随着用户数量的增多,出行服务套餐中所覆盖的公共区域也会相应扩大,形成大规模的服务。在规模经济的背景下,单个用户的公共出行费用会逐步降低,这样可引导用户选择公共交通出行。UbiGo还提供了一套绿色出行奖励系统,将用户使用绿色交通工具与使用私家车出行产生的CO_2排放量进行对比,标定用户的绿色积分,该积分可用于交换其他商家提供的商品和服务。

(4)拥有强大的技术服务商Fluidtime。

为了有效保证商业模式及服务内容的执行,UbiGo选择了一位重要的合作伙伴———Fluidtime。Fluidtime承担了UbiGo整套出行服务方案的技术执行:①推出基于云的出行大数据平台FluidHud,在用户、各大出行服务供应商和UbiGo之间管理数据传输;②基于FluidHud的出行大数据,Fluidtime团队研发出一整套面向城市用户的MaaS应用,可以为用户提供一整套无缝衔接的出行方案。

3.1.7 国外其他MaaS典型应用

1.德国Moovel Group

戴姆勒旗下的全资子公司Moovel Group,创建了一款城市移动出行用操作系统,可访问多款移动出行服务,实现数字化、互联化及按需服务,如图3-7所示。该公司还将展示其移动应用及按需(On-demand)产品。Moovel的产品是新款移动出行服务,其采用先进算法,提供智能行程管理,可持续对行驶路径进行再计算,并实现交通数据的实时更新。

图3-7　用户在使用德国戴姆勒全资子公司Moovel Group的产品

2.瑞士 Axon Vibe

瑞士公司 Axon Vibe 推出的 MaaS 平台将采用基于定位的语境系统(contextual system),可探查并预判人类行为。公共交通运营方采用该技术为用户提供“门到门”、多种方式联动及按需出行等多项服务。该语境平台还提供智能旅行助手、无缝订票及辅助收入分析。

3.以色列 Optibus

以色列的 Optibus 可提供动态实时平台,可优化利用公共交通的资源使用,且车队运营商可利用专用的算法及云端技术,将乘客需求及预料外的事件作为因素纳入考量范围,从而实现实时变动,为乘客提供最优车辆信息,如图 3-8 所示。同时,该公司还提供 Charge 及 OnDemand 两项服务,分别用于电动车的充电规划及将公共交通作为一项服务来执行。

图 3-8　以色列公司 Optibus 动态实时平台

3.2　国内 MaaS 服务应用与实践

3.2.1　北京

2019 年 11 月 4 日,北京市交通委员会与阿里巴巴旗下的高德地图签订战略合作框架协议,共同启动了北京交通绿色出行一体化服务平台(以下简称“北京 MaaS 平台”),如图 3-9 所示。双方采用政企合作模式,共享融合交通大数据,依托最新升级的高德地图 App,打造北京 MaaS 平台,为市民提供整合多种交通方式的一体化、全流程的智慧出行服务。高德地图也从驾车导航工具升级为综合出行服务平台,积极倡导和推动市民绿色出行。

图 3-9　北京交通发布 MaaS 服务平台

北京 MaaS 平台整合了公交、地铁、市郊铁路、步行、骑行、网约车、航空、铁路、长途大巴、自驾等全品类的交通出行服务，能够为市民提供行前智慧决策、行中全程引导、行后绿色激励等全流程、一站式“门到门”的出行智能诱导以及城际出行全过程规划服务。通过这一平台基本可以解决市民的日常出行服务问题。

在出行前，市民通过北京 MaaS 平台可以获取非常全面的出行信息，如路上堵不堵、几点最顺畅、公交有什么路线、地铁挤不挤、步行远不远、打车贵不贵等，从而做出最佳的出行计划。该平台还为公交用户提供了“地铁优先、步行少、换乘少、时间短”等多种出行规划建议，市民横向滑动即可切换不同的偏好选择。

在出行过程中，北京 MaaS 平台开创性地引入了“公交/地铁乘车伴随卡”，将路线规划、步行导航、换乘引导、下车提醒等服务信息直观地呈现在使用者面前，还会根据用户的位置实时展示正在乘坐哪条线路、还剩几站换乘、剩余时间等；当用户即将到达目的地或者需要换乘时，还能贴心地提供“下车提醒”功能，为市民提供“门到门”的无缝出行引导服务。

同时，北京 MaaS 平台还通过北京交通行业大数据平台接入了众多权威的交通动态数据，上线了实时公交、地铁拥挤度等服务。目前，实时公交已覆盖全市超过95%的公交线路，实时信息匹配准确率超过 97%，全市所有地铁站点当前的拥挤情况也可实时在线查询。北京市民通过最新版高德地图，就可以直观便捷地查看公交车的实时位置，掌握车辆还有几站以及几分钟到达，避免焦急等待，极大地提升了绿色出行体验。

3.2.2　深圳

2019 年 8 月 5 日起，深圳湾科技生态园的上班族迎来了全新的出行方式，深圳巴士集团推出的 MaaS 智慧出行服务正式上线，每天早晚高峰开行两条 MaaS 公交线路接送乘客往返园区至高新园和科苑地铁站。如图3-10所示。

图3-10 深圳智慧出行MaaS启动仪式

乘客通过"SOGO出行"小程序即可提前预约，不仅能实现一人一座，还可以根据乘客需求停靠，为园区上班族提供按需出行的定制公交服务。这是深圳巴士集团利用信息化手段及大数据分析进行的创新，为乘客提供了更高水平的公共交通出行服务。

另外，"麦诗出行"App将深圳常规公交、定制公交、地铁、动态小巴、共享单车等多种交通方式全部整合在一个平台中，用户使用这款App可以进行地铁、公交实时动态、交通数据的查询，同时App可根据用户所在位置提供个性化路线定制的出行服务，如图3-11所示。此外，"麦诗出行"App最大的亮点是实现了公交车、地铁的"一码支付"功能，用户只需要一个应用程序就可以乘坐多种交通工具，从实时数据查询、路径规划、组合公共交通工具乘坐到"一码支付"，提供完整的出行服务。

图3-11 深圳"麦诗出行"App

图 3-12 "上海交通"App

3.2.3 上海

2017 年上海市交通委员会启动了上海综合交通 App 的项目建设,在机场集团、上海铁路局、申通地铁等 10 余家单位的支持下,于 2017 年底完成建设,2018 年 1 月正式发布,如图 3-12 所示。

"上海交通"App 具有 12 项信息查询功能,覆盖地面、航空、水上。目前,这 12 项信息服务功能模块集成了实时公交、地铁、路况、轮渡、机场巴士等相关信息,基本实现包括步行、公交(公共汽电车、地铁和轮渡相结合)和驾车的出行路径规划。比如,市内公共交通包括公共交通出行路径规划、实时公交到站预报、地铁全网换乘、轮渡时刻表;道路交通包括城市快速路路况、高速公路路况信息,以及自驾出行规划和导航;对外交通包括长途客运的班线、班次信息,航空班次动态信息,铁路班次信息。同时,这一款 App 还包括市内出行、公交卡余额和 ETC、充电桩等其他服务。除了便民查询功能外,"上海交通"App 还提供实时交通资讯。据悉,其下一步还将进一步融合对外交通信息的对接,完成铁路、机场等信息的接入,以进一步丰富出行信息查询功能,为市民提供一站式的交通出行及资讯服务。

3.2.4 广州

1."行讯通"App

早在 2010 年,广州市交通出行服务就已经进入试运行阶段。市民通过"行讯通"App(图 3-13)可一站式查询到公交交通出行信息,实现有备出行,如图 3-13 所示。"行讯通"App 是市交通部门根据广州市委市政府建设"智慧城市"发展战略而为广州市民打造的,功能丰富、使用便捷。它以安全、高效运行的交通信息基础设施体系和一系列智能交通系统为支撑,整合运用城市交通、航空、铁路、气象、旅游等 20 多个部门的信息资源。目前可提供包括实时公交、驾驶导航、地铁信息、的士查询、水上巴士信息、出行规划、实时路况、交通指数、铁路信息、航班信息、客运信息、停车服务、邮政快递、驾培信息、年票信息、中小客车指标查询、快递查询、交通资讯、天气信息、珠江旅游环线、汽车维修、开四停四 22 项服务功能,源源不断地提供实时、可靠、综合的交通信息。用户累计730多万，被评为“全国十佳交通信息服务软件第一名”。

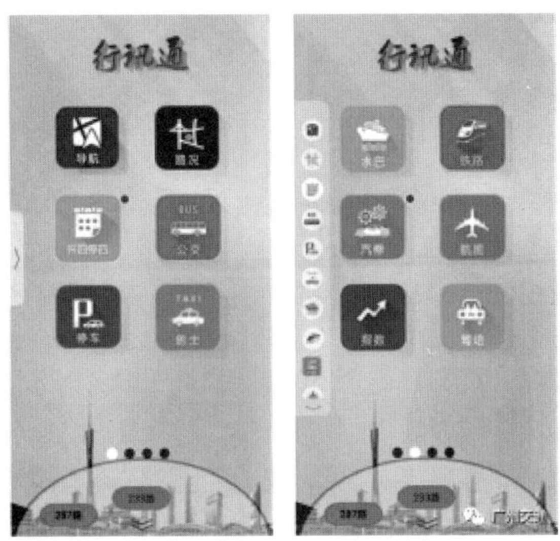

图 3-13　“行讯通”App

2.羊城通一站式出行

羊城通公司推出“一站式出行平台”——羊城通新版 App，其不仅具备广州城市一卡通、移动互联网公共交通乘车二维码、电子交通票、公共交通社区、线上充值等功能和应用(图 3-14)，而且上线了地铁乘车码功能，用户只需拥有羊城通 App 即可搭乘广州市内公交、地铁、共享单车等出行服务。另外，羊城通公司联合广汽如祺出行，将在羊城通 App 与羊城通微信小程序开通如祺出行约车服务，进一步完善羊城通公交、地铁、共享单车、约车等一站式出行板块应用，为广大市民提供更为多元化的出行服务。

羊城通一站式出行服务平台就是以乘车码、电子车票为连接器，既能发布公交旅行时间和畅行指数，提高乘客出行效率，又可以实现人与出行网络、生活网络的连接，构建一站式支付+出行+生活消费新生态，推动传统交通运输转型升级。

3.如约巴士

整个如约体系里，如约巴士是第一个推向社会服务的产品，主要由原来的公交延伸而来，通过一个 App 信息进行聚合，为市民提供公交出行的需求征集、线路开通、票务预订、服务监管等交通出行服务，实现公交出行的“按需定制”，为市民提供高端的服务，如图 3-15 所示。现在广州公交出行每天出行量大约有 600 万，地铁有 900 万，每天大约有 1500 万人次，但是相对而言，整个广州的公交和地铁比较拥挤，现在广州城市住宅离市区越来越远，所以选择公交和地铁出行的整个体验过程并不是很好。相对打车难和停车难问题，其实出行也是比较难的问题。如约巴士相当于一个高端的城市交通，比公交、地铁乘车体验好一些，它是一个直达的、收费相对较高的服务品牌。

图3-14　羊城通一站式出行平台

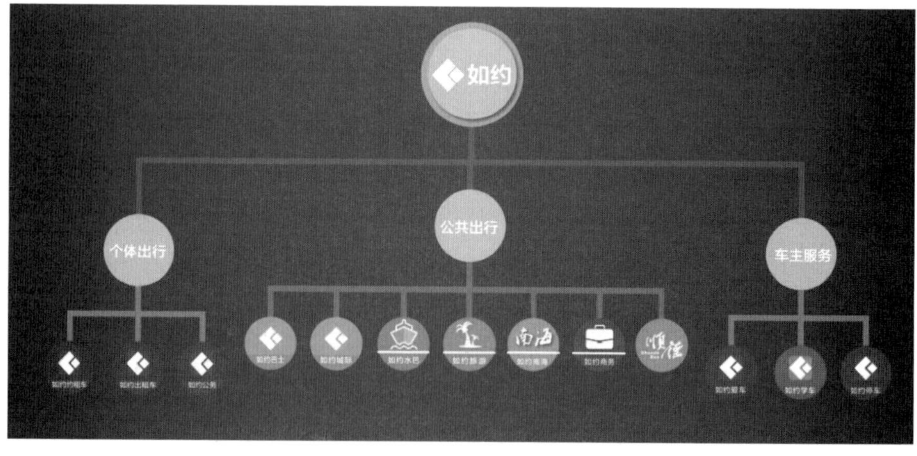

图3-15　如约出行模式

互联网运行数据显示，如约巴士是典型的"互联网+公交"模式，具备快速直达、准点发车、一人一座的特点，80%以上的线路为早晚高峰通勤线；80%～85%的用户在使用如约巴士前主要采用常规公交出行方式，如图 3-16 所示。

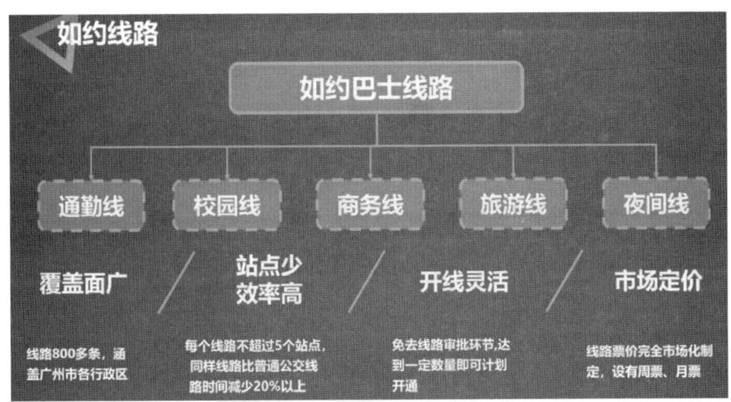

图 3-16 如约出行线路特色

如约出行平台（图 3-17）包含三个方面：一是用户端，二是车载验票端，三是平台端。用户端通过手机 App，采集用户数据发布购票线路、实时定位车辆信息、发布上下车站点信息等，可让用户线上购票、多元化支付、二维码验票等；车载验票端包含二维码扫描及羊城通刷卡、二维码支付等功能，用户可以通过验票终端对在用户端上购买的二维码票据进行离线验证，也可以刷羊城通。从 2020 年开始，广州 1.7 万辆公交车，实现了 100%扫码。现在的公交车可以兼容微信、支付宝或银联码等，基本主流的卡都会兼容，还实现了驾驶员双模式，驾驶员都会配置一张如约身份卡，此卡会将整个终端转换成如约模式。

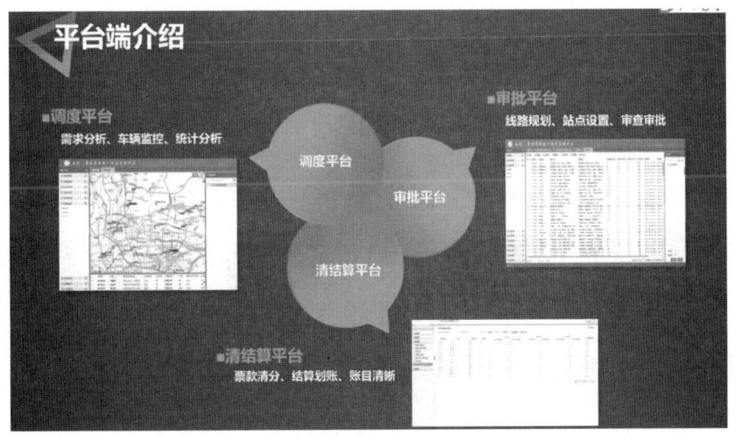

图 3-17 如约出行平台

3.2.5 杭州

2012 年,杭州市根据杭州市交通运输局调整后的机构职能进一步整合了地铁、公交和公共自行车等相关的信息资源,构建了涵盖杭州市城市公交、公共自行车、轨道交通、水路客运、城市出租车、公路客运、公路与城市道路、机动车维修、驾驶培训等与信息资源的综合交通数据中心,建立统一的"交通·杭州"公众出行信息服务系统。以内容丰富、功能全面、应用便捷为目标开发了"交通·杭州"App,如图 3-18 所示。

图 3-18 "交通·杭州"App

2013 年 1 月 23 日,"交通·杭州"App 试运行版本由市交通运输局正式对外发布并进行了现场演示。根据公众在市区、长途和自驾出行的不同需求和特点,"交通·杭州"App 整合了五位一体公交体系(包括公交车、共享单车、地铁、水上巴士和出租汽车)、长途公共交通运输工具(包括班车、列车和航班)及个人自驾等各类出行方式。该系统共有的 15 项主要功能,涵盖了线路站点、班线时刻、票价里程、换乘转乘、路径规划、实时路况、通行费用等交通出行信息。

以公交车为例,按照提示输入起点和终点,系统就会自动显示多条供参考的线路,市民可以根据需求自行选择最佳公交线路。自行车板块可以查询到最近的公共自行车租换点,长途客运板块可以查询到去往省内各个地方的长途客运班车及价格。

3.3 MaaS 服务的经验启示

出行即服务关注的是服务而不是方式,关键的概念是:将用户(出行者和货物)放在运输服务的核心,为他们提供基于个人需求的量身定制的出行解决方案。对最终用户来说,这意味着可以方便地使用最合适的交通方式或灵活出行服务选择。把运输系统作为一个整体,其中的参与人正变得越来越一体化,因为焦点已经从单独提供运输供给转移到什么需求和哪里有需求,以及如何更有效地满足这些需求,这种思维方式的转变表现在整合与融合、用户体验、使用权高于拥有权,以及技术的综合使用。按照这种逻辑,出行即服务就不局限于人的出行,这种方法也适用于运输货物(尤其是在城市地区)。许多创新的出行服务,如共享单车、共享汽车和合乘出行正在推动交通运输行业的变革,最后将多种交通方式整合到无缝出行的序列中,为用户、运输产业和商业带来更多的效益。当然,出行即服务也可能扩大不平等,因为高质量的服务水平只能提供给那些可以支付更多费用的人。这样可能抑制可持续出行。

新的出行服务(私人汽车租赁和拼车)可能破坏现有的城市出行服务,也可能鼓励人们转向汽车,远离更可持续的模式,导致用户或运输供应商的成本较高,以及服务不平等。在商业云服务情况下,运营商要收到提供服务的费用,究竟由谁来承担这些费用目前业界仍未有定论。由于用户、运输供应商和运输当局之间的脱节,运输服务的数字化可能会给那些不太懂技术的人造成额外的脱节,从而导致所谓的数字鸿沟扩大。基于需求创造无缝的出行体验,要使先进的出行计划成为现实,交通运输系统必须通过分析和发展相关概念,包括所有相关要素、系统和服务,朝向用户友好、数字化和智能化的出行模式发展。通过出行即服务来实现交通范式的转变,服务供应商为出行者提供简单、灵活、可靠、可支付和环境可持续发展的日常出行。

社会的变化正在走向一切都是服务的时代。人的需求和期望将不断地变得要求更高和细分,而发展运输系统的资源却在减少,新技术使出行者能够在运输系统中作为开发人员和数据生产者而发挥更积极主动的作用。发展出行即服务的基本原则和核心驱动力是根植于社会背景下,以用户为中心、客户导向和市场为中心的主张。MaaS 模式的先进性契合了随着我国经济增长带来的居民出行需求的多样性,创新出行服务正在推动国内交通运输行业的变革。

3.3.1 提高产品用户体验，实现“千人千面”精准营销服务

消费者对出行产品的使用体验既要保证顺利高效到达目的地，又要在使用交通工具的过程中达到心理满足感。以消费者实现实效价值和享乐价值为目的，通过定制个性化的出行方案，实现虚拟环境中乘客、交通和社会的三方交互来提供个性化的出行服务。通过移动互联网的深度应用，将新出行与新零售结合，实现便捷出行与商业热点相结合，为消费者提供“千人千面”的精准营销服务。这样，既实现了消费者出行过程中的获得感，又促进了当地的经济增长，实现了多方互惠共赢。

创造产品应用场景是解释产品用途、定位目标用户群、展示产品竞争力的主要手法。出行产品应考虑乘客的类型、出行目标、出行频率、目的地距离等因素，从时间（When）、地点（Where）、事物（What）、用户（Who）、需求（Desire）与解决手段（Method）的角度，设计不同出行产品的应用场景与用户选择方案。同时根据不同的用户聚集区域或是出行密集地区的主流出行目标，串联全部可供使用的交通方式。

3.3.2 加快推进统一技术标准，健全行业规范与政策法规

我国 MaaS 模式还存在巨大的改善空间，如 MaaS 模式服务过程中的支付问题。虽然现有 MaaS 服务应用规划并提供出行方案，但支付过程仍然需要跳转到其他平台完成。另外，MaaS 模式的规划、管理、决策等问题没有统一的标准，出现了权责不明、互相推诿的现象，降低了 MaaS 模式发展的效率，因此需要打破传统的利益格局，形成新的商业发展模式。政府需要提高政策支持与监督力度，既要明确各交通模式的发展定位、保证平台运行的合法性，又要制定相关的行为规范并及时监管可能存在的安全问题。提高机构间业务协同的效率，促进运输模式规划、运营、管理、服务等环节的高效衔接。政府或行业组织设立第三方监管机构，及时发现平台漏洞，维护市场公平竞争，并解决用户在出行过程中的合理诉求。

3.3.3 发展智慧支付和聚合支付，建立基于统一支付账户的出行服务

支付方式随着互联网技术的发展正处于百花齐放的状态，除现金和银行卡支付外，支付宝、微信、京东、美团等都已进军支付领域。MaaS 模式的发展离不开支付技术的支撑，而用户需求的支付形式要求简单、及时，支付渠道力求便捷和快速，支付行为追求随心和随机。MaaS 模式的发展必然会产生一个丰富多样的支付市场。例如，在支付形式上，研发了二维码支付、NCF 支付、蓝牙支付、指纹支付及刷

脸支付等多种形式;在支付认证上,推出了短信认证、U-Key、生物认证或者双重验证等多种方式;在支付场景上,由面对面的线下支付逐步拓展至网络支付、移动支付和O2O支付等。移动支付在移动通信设备的高度普及以及与银行金融服务深度融合的基础上,逐渐推广使用并迅速渗透到消费者中。移动支付未来的发展方向主要包括移动银行、移动钱包、无触点式遥控,以及其他替代性手机支付等,其广阔的发展前景、巨大的价值潜力,无疑将是商业银行支付创新领域未来的角力点。随着生物识别技术的发展,声波识别、指纹识别、虹膜识别等包含生物特征、多维交叉结合的创新支付认证技术将逐步得到广泛应用,支付交易操作的安全性和便捷性将得到更有效的保障,支付也将变得更“聪明”、更令人“放心”。通过整合各类支付操作平台,将碎片化的支付世界合而为一,以集成化处理和远程协同交易功能,为客户提供定制化的操作系统和灵活的操作界面,满足客户多元化的支付选择。

3.3.4 建立统一的运营主体,实现统一的运营服务

建立统一的运营主体能够让MaaS模式下的公共交通和私营交通服务的能力得到提高,交通运营商能够服务和满足更多市民出行,数据提供商能够提高数据获取和分析能力,并通过三方合作提供附加值更高的一体化出行服务,实现各自经济效益更大化;使得出行者能够便捷获得灵活、个性的“门到门”服务,减少私家车的使用;使得政府部门能够提高交通基础设施利用效率,减少因为拥堵引起的污染排放和安全事故,并利用MaaS数据支撑城市精细化规划,更好地推动城市可持续发展。

3.4 国内推广MaaS存在的挑战和路径思考

3.4.1 国内推广MaaS存在的挑战

结合已有的应用案例分析可知,在国内推广MaaS服务将面临以下几个问题:

第一,需要整合不同的交通出行方式。MaaS最大的功能在于整合不同的交通运营商,协调他们的服务运输。以深圳市为例,深圳市公共交通运营商企业多样,地铁运营有深圳地铁集团、港铁集团,公交运营有西部公交、东部公交、巴士集团,出租车运营有鹏运、鹏飞、深华、荣华出租汽车公司等。此外还需要考虑对外交通和私人交通。如何将不同的交通运营商进行整合,并建立强大的数据分析后台,协调相互之间的运营,将是MaaS服务商面临的最大挑战。

第二,建立一体化支付体系,并协调各交通运营商的利益分配。MaaS的一大

特点是支付的一体化，MaaS 服务商通过手机界面为用户提供服务并收取费用。以深圳市为例，MaaS 服务商需统筹银行、深圳通和微信等其他移动支付方式，实现支付一体化。另外，还需考虑各运营商的成本和在出行服务中的贡献来进行利益分配。由于已有的交通运营商参与市场竞争多年，其商业模式已被证明有效，推行 MaaS 服务易受到来自他们的阻力。

第三，采集用户出行和运营车辆数据，改善出行服务。出行服务的改善离不开对用户出行需求的准确把握，需要采集用户关于出行起终点、出行时间、出行方式等方面的数据。另外，还需要交通运营商在运营车辆上加装数据统计设备，实时掌握车辆的定位、是否准时、共享交通的车辆状况等信息，以针对用户需求提供精准的、个性化的服务。

第四，需要培养 MaaS 用户的使用习惯。尽管 MaaS 服务相对传统交通服务有各种各样的优势，新事物从推出到被市民接纳从来都不容易，更何况其中牵涉到用户资金支付、个人征信记录等问题。MaaS 服务的推广需要 MaaS 服务商的宣传且不断提高优质服务，使 MaaS 服务逐渐成为用户的出行习惯。

除此之外，MaaS 的实现还有赖于政府提供的多项政策支持。

第一，法律对数据转移权力的保障。这能够保证 MaaS 用户个人出行数据方便地从一个服务商切换到另外一个服务商，便于新的 MaaS 针对这个用户制定适合他的出行计划，这样就能最大限度地激发 MaaS 服务商改善服务的动力，同时有利于将 MaaS 服务市场打造为一个充分竞争的市场。

第二，MaaS 出现后，根据服务水平的不同，消费者将与 MaaS 服务商签订不同服务条件的合同。用户付出的成本越大，MaaS 就应该为他们提供越高质量的服务。现阶段的这种用户协议形式肯定会被 MaaS 服务商采用，与此同时，相应的规章制度的实行对 MaaS 服务大有益处，尤其在有多家 MaaS 服务商提供的包含多种出行方式的“门到门”服务时。这种政策的作用在于激励用户在仅冒较小的财务风险的条件下从 MaaS 服务商手中购买服务。

第三，政府对 MaaS 服务商的许可。政府需对 MaaS 服务商进行牌照许可，政府对 MaaS 服务商的牌照政策是对 MaaS 投资者参与 MaaS 生态系统的一种控制。另一种替代方式是指定 MaaS 服务商，即指定特定的部门或者企业来做 MaaS 服务商。

第四，确定用户出行数据和交通运营商数据的融合度。融合度是指数据在 MaaS 服务的系统、基础设施、设备中共享和使用的程度。政策制定者可通过一系列干预政策来促进数据提供商的投资者们更方便、有效地使用数据，这些政策包括为数据分享制定行业标准、促进投资者之间的有效合作。这项政策的作用在于促进 MaaS 服务投资者之间的融合。

第五，协调不同交通运营商的利益。为满足 MaaS 服务性的要求，交通运营商必须将他们 B2C 的商业模式转化为 B2B 的商业模式,这样交通运营商的投资者和他们的用户之间的关系可能会发生改变。政策制定者可以通过诸如公共交通服务特许经营规定的政策来使交通运营商与 MaaS 的市场需求更加切合。政策的作用在于使交通运营商更好地从 MaaS 服务价值链中获利。

3.4.2 国内推广 MaaS 的路径思考

我国是一个人口总量大、城市人口密度高、人均能源与资源拥有量较少的国家,近年来城镇化与机动化快速发展所带来的交通拥堵与环境污染问题,使得各级政府日益重视集约化公共客运系统的建设,并迫切需要实现不同公共客运服务间的联程运输,打造对私人小汽车具备竞争力的一体化公共客运服务体系,MaaS 理念的出现为实现上述目标提供了可能。但通过对我国公共客运服务体系运营管理服务发展现状的调研梳理可以看出,我国不同的交通运输服务模式,其管理主体、运营主体、票制票价、购票及验票方式、财政补贴、身份认证方式、安全检查方式、运营信息开放共享程度等都存在不同程度的差异,需要通过政策、机制、技术等方面的创新,按照一定的阶段逐步发展。

根据 MaaS 的定义,MaaS 会涉及不同类型的交通运输模式、不同出行群体的差异化出行偏好、一体化运营服务过程中众多的业务环节、与各业务管理链条相适应的管理体制与机制、与出行服务体系相融合的配套服务等各类利益共同体。为构建适应于不同发展阶段的我国 MaaS 服务技术体系,从基础能力研究、关键技术研发、综合应用示范、战略合作伙伴关系沟通四大方面,提出了我国未来 10 年 MaaS 的发展路径,如图 3-19 所示。

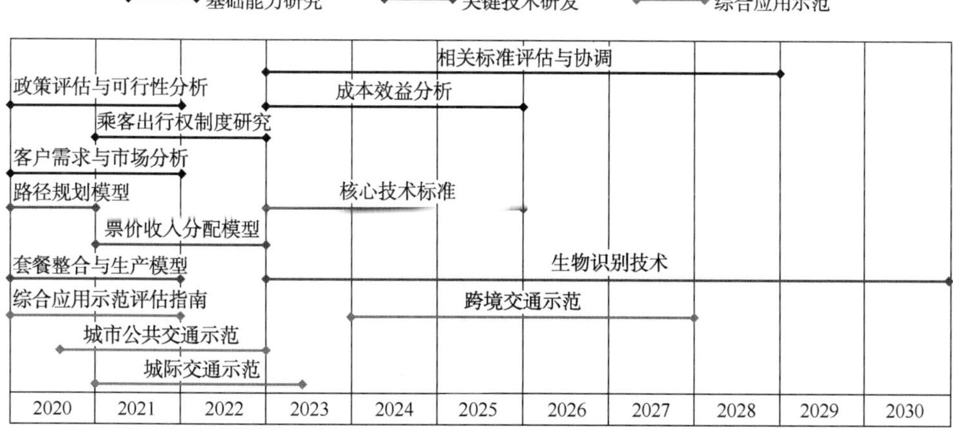

图 3-19 国内 MaaS 发展研究设计路线

基础能力研究方面：需重点开展 MaaS 概念及特征、现有政策可行性评估、生态体系框架、政府监管规制体系、MaaS 客户需求与市场分析、MaaS 成熟度与接受度分析、MaaS 服务模式、信用评价指标体系、标准体系等方面的研究。

关键技术研发方面：需重点研究 MaaS 需求精准识别、多约束条件下一体化路径规划模型、MaaS 服务票价票制体系及票务清分模型、MaaS 成熟度评估模型、MaaS 服务系统人机交互设计、面向实名的移动式用户身份识别、基于生物识别的乘客身份认证与支付、MaaS 服务可获取性评估、MaaS 核心交换协议与关键技术标准研发。

综合应用示范方面：在研究制定应用示范指南的基础上，先后在城市公共交通、城市交通、城乡交通、城际交通、跨境交通等领域分阶段开展应用示范，同时开展出行与旅游、消费等领域的融合发展示范。

战略合作伙伴关系拓展方面：需从不同层级构建 MaaS 产业推进联盟，在 MaaS 领域构建良好的公私合作伙伴关系发展环境，并与国际 MaaS 联盟等机构广泛交流合作。

第4章　基于智慧支付的 MaaS 服务体系顶层设计

4.1　MaaS 服务体系顶层设计依据

基于智慧支付的 MaaS 服务旨在将智慧支付工具、智慧支付大数据、智慧支付服务生态与 MaaS 服务体系深度融合，实现不同交通方式高效衔接、组合效率优化以及整体优势发挥，为用户提供绿色、低碳、健康、智慧以及定制化、一体化、一站式的智慧交通出行服务，促进出行用户体验优化、交通出行服务质量和效率提升、交通出行经营管理水平改善、交通出行监管决策科学性增强，为确保城市经济竞争力、保持社会凝聚力和可持续发展发挥基础支撑作用。具体来讲，一方面，通过“硬”互联、“软”对接方式，削弱甚至消除不同交通方式之间协调、协作、协同的各种壁垒，建立“协同化”运营服务体系、“一体化”票务服务体系、“账户化”支付融合体系，促进各交通方式服务提供商运营管理能力提升、出行服务质量改进和效率效益改善；另一方面，为不同交通方式共享数据、互换信息提供有力渠道，辅助各交通方式服务提供商规划调整运营计划、配置调度运力资源、监测预测运营状态和制定完善出行服务决策，促进不同交通方式出行服务高效衔接和出行服务可靠性、精准性提升；最后，系统在充分满足出行用户需求的前提下，从交通服务提供商的角度出发，按照“成本最小化、效益最大化、效率最大化”原则，发挥各运力优势，统筹规划出行模式、组合出行方式、分发出行订单，优化出行服务结构，解决运力过剩或不足问题。

4.1.1　出行服务市场分析

1.出行服务环境问题日益突出，出行服务提质增效面临严峻挑战

城市化发展和出行机动化水平提升，在为城市居民出行带来便利的同时，交通资源浪费、交通拥堵、停车困难、交通环境污染等出行服务环境问题越发突出，导致出行服务质量提升、出行效率改善面临较大挑战。例如，交通拥堵增加出行时长的不确定性，出行计划实施可控性减弱，导致出行服务质量下降；再如，汽车保有量增长较快，根据公安部 2020 年 1 月公布的数据，截至 2019 年底，全国汽车保有量已达 2.6 亿辆，较 2018 年增长 8.83%。其中私家车保有量近 5 年年均增长 1966 万

辆,为出行提供了便捷和舒适性,但也占用了庞大的土地资源,消耗大量能源,排放有害气体,造成交通资源浪费和交通环境污染。严峻的出行服务形势为 MaaS 出行服务市场发展提供了动力,通过 MaaS 出行服务这样一种智慧出行的新生态系统,以便捷、高效、经济、绿色的方式解决交通拥堵等出行服务环境问题。

2.出行服务需求和消费观念转变,MaaS 服务市场规模快速增长

随着城市居民收入水平的提高和生活质量的改善,出行服务体验趋向安全、便捷、高效、绿色、经济、舒适、智能。市民出行已经不满足于单一的出行方式,很多时候需要跨越多种出行方式,如自驾、公交、自行车等实现市内的出行;而对于跨市跨省(区、市)的出行,则更需要联动综合交通工具,包括城际高速、高铁、飞机等;另外,还需要综合考虑动态交通和静态交通(如租车、停车)等方面的需求。用户出行服务由以乘客为导向向以用户为导向转变;更加关注出行成本,私家车高昂的购置成本和维护费用,迫使用户将目光逐渐由出行便捷性向出行经济性偏移,引致公共交通出行、共享出行、联程出行需求增加。根据 Markets & Markets 全球性的市场调查咨询公司发布的 *Mobility as a Service Market by service, Solution, Transportation, Vehicle, Application, region-Global Forcast to* 2030 报告预测:全球 MaaS 市场规模将从 2020 年的 68 亿美元扩大到 2030 年的 1068 亿美元,预计预测期间将有 31.7%的年复合成长率(CAGR)成长,如图 4-1 所示。

图 4-1　Markets & Markets 全球性的市场调查咨询公司发布的 MaaS 报告

3.多式联程联运出行需求增长,亟待解决各交通方式协作衔接不足问题

当前,交通基础设施虽然日渐完善,形成了全方位、多层次、立体化的多类交通方式出行服务网络,但是由于受行业规制、行政体制、信息化水平、标准规范等因素影响,各交通方式之间相互独立运营、协调衔接不足,尚未建立"整合集中资源、统一规划建设、系统互联互通、协调组织运营、协作联动服务、共享交换信息、协同安全管理"的一体化综合出行服务机制,难以形成"一次支付、一票联程、高效衔接、无缝换乘、全程服务"的一站式出行服务体系,制约多交通方式组合优势发挥、运力资源优化配置和出行服务规模效应实现。

4.数据孤岛、开放共享不足成为公共交通出行、共享出行、联程出行服务发展的桎梏

数据层涉及交通基础数据、交通业务数据、出行数据、环境数据等。虽然国家

大力推进数据的融合与共享，但当前，除北京、上海、深圳等少数城市实现了不同程度的业务数据共享外，大部分城市的交通数据仍处于各自为政的阶段，具体如下。

交通基础数据：受用户、采集设备、需求的影响，同一城市的交通基础数据面临数据采集标准不同、路网划分不同、评价指标不同等问题，数据融合度及权威性较差。

交通业务数据：我国的公共交通业务数据大多由行业主管部门或大型国有企业管理，出于安全考虑，运营数据开放不足，而以小汽车为主的共享交通数据，虽由互联网企业管理，但出于保密和商业发展的需求，仍较为封闭。整体业务数据缺少共享及交互，无法实现行业间的协同运营。

环境数据：环境数据涉及气象、公安、停车管理等部门。数据对接需要跨部委协调，且部分行业(如停车)信息化程度较弱、监管缺失，数据难以对接。

出行数据：宏观出行数据受铁路、民航、公交等行业管理，而个人移动数据又由各大通信运营商管理。在敏感信息的定义、数据安全等方面尚无相关标准，导致数据难以共享。

4.1.2 出行服务行业分析

1.共享经济下交通资源需要整合

共享经济的蓬勃发展对各行各业产生了巨大影响。从本质上看，共享经济是以移动互联网、第三方支付、大数据和云计算技术发展为前提的新型经济模式，其一方面通过共享平台整合调配了社会闲散资源，另一方面为社会某种群体性需求提供可共享的服务，从而降低交易成本，提高资源的使用效率。因此，共享经济是介于私人经济和公共经济之间的特殊经济，私人经济强调的是效率，公共经济强调的是公平，共享经济兼顾两者，从而使使用者在以相对较低的成本获得更好的物质和服务的同时，也使更多人拥有享有这种服务的机会。近年来，异军突起的共享单车，就是针对我国公共交通覆盖不足，缺乏“门到门”出行全过程考虑的一种交通方式，其解决了人们出行过程中“最后一公里”的问题，降低了出行全过程的时间成本，从根本上改变了人们的出行行为。从其与公共交通的关系看，共享单车是作为公共交通的补充和延伸出现的，在公交覆盖不足的区域，人们可以选择通过共享单车进行接驳，而在出行高峰期，共享单车又能够分担一部分客流来减轻公交服务的压力。而以滴滴出行为代表的网约车平台则将社会上的私人交通工具与个人出行需求有针对性地进行匹配，从而解决了传统出租汽车资源分布不均、服务质量低下的问题。共享经济下的公共交通应该更为便捷，方式更为多样，衔接更为有效，但随着共享单车使用率的不断提高，公交客流却在流失。共享单车运营商发布的数据显示，只有 1/5 的共享单车是用于与地铁和公交车的接驳，从这可以看出，目前的公共交通与共享交通方式之间还是存在一种客流竞争的关系,缺乏交通方式的整合考虑。

2.行业中已出现MaaS服务新平台、新业态和新模式雏形

目前已有多个出行服务平台开始将多模式交通系统纳入自己的平台。以滴滴出行为例,在其平台上已能够选择包括出租汽车、快车、专车、顺风车、公交与共享单车等在内的超过10种不同的出行方式,其针对不同的客户人群和出行目的能够提供相应的服务。另外,包括携程旅行、去哪儿在内的多个出行服务平台提供了用户预定火车票、机票、酒店及接送服务的功能,而百度地图在导航功能以外也提供了充电桩地图和共享单车的使用功能,这也可以看作我国MaaS系统发展的雏形。

3.新能源汽车和无人驾驶技术催生新的出行模式

机动化水平高速增长给城市带来了一系列问题,包括交通拥堵、环境污染等。我国各大城市近些年陆续开始使用调控手段对新注册的私家车数量进行严格控制,而新能源汽车由于排放污染小,国家陆续出台了包括财政补贴在内的一系列政策,鼓励新能源汽车的发展。同时,随着电动汽车充电技术的进步及充电设施的广泛布局,电动汽车行业正处于一个快速增长期。未来以电动汽车为主打的汽车分时租赁,也将成为共享经济下一种快速增长的出行新模式。分时租赁汽车将以小型化、电动化为主要特点,吸引使用小汽车出行时间比较灵活的用户群体,如大学生、白领等,并服务于各种以生活、休闲为主要出行目的的人群,如购物、郊游等。因此,分时租赁电动汽车可以作为一种定制化的交通工具,满足部分人群的特殊出行需求。无人驾驶技术的广泛推广,将提高目前道路的通行能力和交通系统的效率。同时,无人驾驶汽车也可作为城市公共交通的补充,对于城市外围或者乡镇地区可以根据需求进行响应,在城市内部也可提供个人快速交通服务(PRT),主要服务机场、火车站等大型交通枢纽与目的地的连接,满足长途旅客的特殊需求,从整体上提高公交的运行效率。

4.成熟的智慧支付、票务一体化等技术为MaaS服务实现提供坚实技术保障

在技术方面,MaaS服务系统的核心是互操作性及统合标准。MaaS服务实现的前提之一是存在开放的中间层平台将交通服务提供者与MaaS运营者进行关联。建立一个B2B的MaaS服务平台,基于统一规则、标准接口和一致的管理由单个运营主体进行顶层设计和开发,不仅能够实现多元化、一体化的出行服务模式,而且不再需要每个出行服务提供商独自去克服技术和组织上的障碍。除此之外,当前成熟的共享交通技术、票务一体化技术、支付一体化技术、ICT技术为MaaS服务体系构建提供技术上的可行性。具体体现在:应用共享交通技术,出行用户无须购买或拥有交通工具,只需使用出行服务提供商所提供的交通工具即能满足自身出行

需求;应用票务一体化技术,一种票卡即可乘坐多种交通运输工具,“一票式联程”;应用支付一体化技术,出行用户基于统一账户完成所有出行环节、各类出行服务费用支付。支付是连接各交通方式出行服务全场景的基础桥梁和纽带,以交通一卡通、二维码支付、生物识别支付等智慧支付方式为抓手,采集票务支付数据和对接各交通方式票务清分结算系统,共享票务信息数据,是整合各类交通方式出行服务资源最基本的渠道;应用 ICT 技术,出行用户基于统一平台或在线接口即可获取各类交通方式出行服务信息,包括票务信息、交通运营时刻表信息、出行线路、线路路况、地理空间位置、吃喝玩乐游购娱以及其他公共信息等。

4.1.3 MaaS 服务与智慧支付关系分析

1.MaaS 出行服务需要快捷易用和安全可靠的互联互通的智慧支付环境

随着互联网的发展,通过网络支撑的电子支付已经成为一种新兴高增长的出行支付方式。电子支付由于降低了服务成本,简化了服务流程,提高了服务效率,已深为人们所欢迎和接受。我国各类交通出行已经步入快速发展期,当前出行的支付方式已经十分丰富,支付方式已经遍及实体卡、虚拟卡、二维码、生物识别等,目前还在继续发展。为此,交通出行迫切需要解决各地各类支付票务系统的互联互通、支付方式的融合、诚信和安全的支付服务三大关键问题;同时解决交通出行的数据交换、结算清算的数字协同、出行信息服务三大后台支撑系统间的大数据云联,形成交通一卡通大数据云平台,并向交通运输部报送交通运营数据等。快速发展的智慧出行促进了电子支付的普遍应用,为交通电子支付发展带来无穷无尽的拓展空间。

2.智慧支付服务是 MaaS 出行服务的核心环节

出行用户的第一感悟是支付能否跨域使用、各类支付方式可否融通、新型支付方式可否无障碍应用。交通机构需要解决已建交通运营系统能最少改造而融入交通电子支付体系,因此交通电子支付是跨城出行的核心环节。交通电子一卡通支付指的是出行者、代理机构、运营机构和金融机构之间通过各类信息通信手段实现支付信息与资金转移的过程,即支付实体(如实体卡、虚拟卡、二维码、生物识别等)通过通信网络完成支付信息安全交互,完成出行的各类服务。

3.便捷性和安全性是智慧支付的两大主要因素

从交通电子支付应用角度分析,安全性和便捷性是影响使用网络支付的两大重要因素,占比达 57.9%的用户对交易安全性的担忧成为阻碍使用电子支付的首要原因,同时占比达 31.4%的用户自喜于电子支付带来的便捷体验,因此便捷高效和安全可靠是当前交通一卡通支付服务发展的两大掣肘。这两个问题的解决将极大地提升智慧交通和交通一卡通出行客户的体验,是推动 MaaS 出行服务发展的基石。

4.2 MaaS 服务体系顶层设计原则

从理论上讲,MaaS 的发展依赖于数据的开放和可获得性、开放的 API 及更为灵活的交通和运输规制。MaaS 的基本原则和发展动力在于其是一个以用户为中心、以客户和市场为导向的计划,MaaS 将对私人出行和商业用户都带来最优的价值,帮助他们满足其出行需求以及解决个人旅途中的不适之处,同时提高整个交通系统的效率。MaaS 服务体系顶层设计基础原则如下:一是共享,要求数据全面整合和共享;二是整合,各种交通模式高度整合,基于主动交通需求管理的思路调控交通需求,并实现支付体系一体化;三是服务,提供无缝衔接、安全便捷和舒适的全链条出行服务;四是引导,扩大绿色出行比例。

1.坚持以出行用户为中心,以市场需求驱动出行服务升级

以跨交通方式联程出行用户为目标群体,以解决一票式联程出行、无缝衔接、高效换乘问题为核心,以优化出行服务环境、提高出行效率、降低整体出行成本、改善出行服务质量和出行服务体验为目标,从用户需求角度出发,主动响应用户需求;依托智慧支付"高频、刚需、强黏性、全场景连接"的优势,汇聚整合各交通方式客运票务支付数据、运营调度数据、用户出行数据等全出行链、全出行场景数据,利用大数据技术深度分析挖掘用户出行时空规律和出行偏好,通过智能化平台,面向出行用户提供以点到点出行方案制定、一票式联程、无缝换乘为基础的一站式出行服务,如出行规划、位置定位、线路导航、支付融合、票务一体化、信用评价、社交娱乐等。

2.强调出行服务资源整合,以数据共享促进各方互联互通

MaaS 服务体系最重要的作用在于整合各种交通方式出行服务资源,协调运营服务。MaaS 服务资源主要包括交通运输服务、空间信息服务、智慧支付服务、身份认证服务、消费生活服务、ICT 服务、出行配套服务等。在资源有效整合的基础上,建立一体化的主动需求管理服务体系,实现根据出行用户服务需求订单,合理调配组织运力资源,推荐最优交通方式组合和最优出行线路,解决交通资源配置不当、出行衔接不畅问题。出行服务资源整合只是出行服务体系建立的第一步,其核心目标是通过基于统一出行服务系统与各交通方式出行服务资源"硬联通""软链接"实现信息数据共享交换,从而促进各方互联互通。可以说,数据共享作为 MaaS 出行服务体系的基石,其建设水平和发展程度,更多地取决于数据的开放程度、全面性、可获得性及 API 的兼容性。

3.以开放与包容为首要原则,以兼容并蓄推动平台可持续发展

开放与包容是协调利益相关方的,囊括企业、政府、公众、学者等多方利益群

体,共同建立 MaaS 出行服务联盟,智慧支付一体化,汇聚交通一卡通支付、NFC 支付、二维码支付、生物识别支付等智慧支付形态,提供基于支付账户的智慧支付服务;融合公交、地铁、出租汽车、城际轨道、高速铁路、长途客运、民航、水运等传统交通客运模式和网约车、共享单车等出行服务新业态,根据用户出行订单要求、出行特征和偏好,协调组织客运资源、协同调度运力,提供单一模式、混合模式的一体化客运服务,如一票式联程客运服务,构建运营协同、协调联动、一票联程、安检互认、信息共享的 MaaS 服务。

4.优先支撑绿色出行服务,以共享引导出行服务结构优化

共享化是 MaaS 服务的典型特征,强调客运服务的提供而不是交通基础设施的占有,并且乘客具备客运服务消费者和交通运输数据提供者、分享者的双重身份。扩大公交、地铁、慢行系统等绿色出行在城市出行服务中的比重,降低私家车出行数量和比例,倡导节能减排、环保低碳。也就是说,在 MaaS 服务体系中,公共交通出行及共享出行应占据城市交通机动出行更高的比例,私家车出行比例减少、保有量增速放缓,城市出行服务结构进一步优化。

5.注重出行服务用户体验,以"一体化"思想贯穿出行全程

新型出行模式 MaaS 服务的重要功能和价值在于通过整合出行服务资源和建立一体化的协调联动机制,从用户出行需求出发,合力组织、调度组合出行服务资源,降低用户出行成本、提高用户出行效率和改善出行服务用户体验。注重用户体验是 MaaS 出行服务的典型特征,包括让出行服务更便捷、更可靠、更高效、更经济,有更多选择等内容。出行服务一体化是 MaaS 出行服务的本质和内涵,不仅是指交通客运、出行消费服务贯穿于出行前、行程中、到达后全行程,而且是指一票式联程票务、集成化支付服务、协同化运营调度、标准化数据共享、一站式信息服务、联动式监管等覆盖出行服务各具体场景。

4.3 MaaS 服务体系建设目标和内容

4.3.1 基于智慧支付的 MaaS 服务体系建设目标

MaaS 服务实质上是出行资源供给与出行需求结构匹配优化的过程。MaaS 旨在以用户为导向,将各种交通模式及资源整合在统一的服务体系与平台,通过信息集成、运营集成、支付集成,优化资源配置,为用户提供个性化、全链条综合出行需求的交通相关服务。用户通过电子交互界面获取和管理交通相关服务,在出行全程中,享受无缝换乘衔接的高品质出行服务,用户通过单一平台实现交通出行全过程的统一路线规划、服务购买。基于智慧支付的 MaaS 服务体系顶层设计目标是以

智慧支付技术为基础、以智慧支付产品为抓手、以智慧支付大数据为引擎、以智慧支付应用为支撑、以智慧支付标准规范为指引,推动交通出行支付服务升级,实现移动支付服务向智慧支付、智慧出行和智慧城市服务进阶;促进客运服务资源整合,实现各交通方式客运服务由独立运营、常规服务向协作运营调度、需求响应式服务。

1.推动支付服务升级:由移动支付服务向智慧支付、智慧出行、智慧城市服务进阶

支付除了作为支付方式,具有"高频+刚需"特点外,在出行生活服务中还扮演着场景服务入口、全场景连接桥梁的角色。推动移动支付进入智慧出行、智慧生活和智慧城市建设3.0时代。在交通一卡通服务方面,探索"交通一卡通"应用场景拓展、链接和向"城市通"转化,实践跨交通方式、跨行业领域、跨空间区域的一卡通出行服务和一卡通生活服务。构建一体化支付体系,信用支付、空中发卡、二维码、NFC支付、生物支付、无感支付等新型支付服务以及基于在线账户所衍生出来的各种增值服务。

2.整合客运服务资源:由独立运营、常规服务向协作运营调度、需求响应式服务转变

MaaS服务系统的最大价值就在于强大的客运服务资源整合能力和按用户需求提供高效客运服务能力。建立统一的协作运营调度系统,尝试打破各交通方式之间的壁垒、各空间区域的界限,构建满足多种出行需求选择的新型出行服务模式,构建包含公交、地铁、共享汽车、共享单车、飞机、火车、长途汽车和轮船等交通运输资源的大型公共交通体系,实现各交通方式之间优势互补、交通出行服务资源有效配置。建立综合交通大数据系统,整合出行用户需求数据、出行服务基础设施数据、各交通方式运营调度数据、票务支付清分结算数据,利用大数据、人工智能等现代信息技术,根据主动交通需求管理的需求目标,提供出行时间最短、费用最低、最少换乘、符合偏好的多种出行方案,满足用户多样化、个性化、定制化出行服务需求,缓和、解决出行服务供求结构失衡矛盾。

3.建立票务一体化体系:由单一、分散票务向跨交通方式互联互通、一体化票务升级

MaaS系统运营商根据用户具体出行服务需求内容,出行服务市场供求状况,出行服务组织难度、质量等级、成本收益等指标制定票价和设计票务产品,如根据用户个体或用户群体出行频次提供次票、月票、里程票等客票产品,根据用户出行目的提供通勤票、旅游票、商务套票等。

4.提供更省心、更可靠、更高效、更经济、更多选择、更可持续的智慧出行服务

更省心主要体现为"门到门"的全过程服务。App自助办理完整行程手续;实

时动态调整路线规划，配套互动式体验（推行枢纽场站内的全景导航、刷脸进站登乘等服务）。更可靠体现为心理确定性的提升。无须关注细节，通过 App 随时掌握出发前、行程中、到达后的完整行程详细情况，通过专用通道（轨道、公交专用道、共享汽车专用道）按预定的时间表准确执行行程计划，大大降低了交通拥堵概率。更高效主要体现为多模式交通系统的整合、最优化的路径配置与换乘衔接（不同运输方式间，换乘物理距离尽量缩短、中转等待时间尽量减少，通过 App 的智慧枢纽功能，可以了解任何交通枢纽，并提供枢纽内部导航功能）。更经济体现为系统拥有最优的运行综合成本，用户将支付更低的出行费用。更多选择体现为可选择如总体旅行时间最短、费用最低、偏好的交通方式等多种方案，满足个性化需求。更可持续体现为基于 MaaS 的公交体系将占据城市交通机动出行更高的比例，私家车出行比例减小，私人小汽车保有量增速可能将大幅降低，城市交通出行结构将进一步得到优化，如图 4-2 所示。

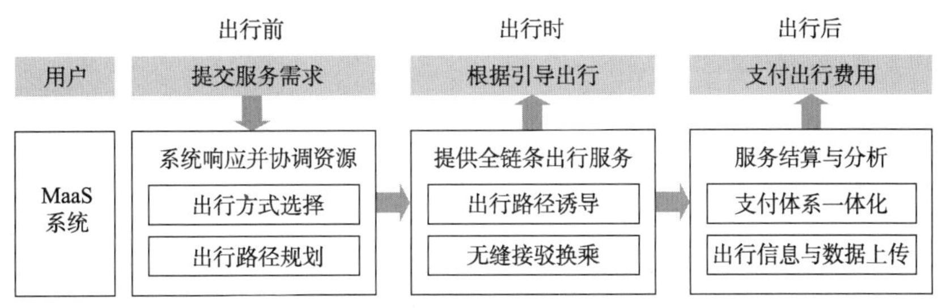

图 4-2 MaaS 系统的基本服务流程

4.3.2 基于智慧支付的 MaaS 服务体系建设

1.基于智慧支付的 MaaS 服务体系建设内容

智慧支付具有支付形态多样、高频、全场景连接、强黏性等优势，本书以智慧支付作为 MaaS 服务的重要基础设施，参考云计算分层模型，构建以支付工具、智慧支付场景化服务设施为主要构成的数据采集体系，汇聚融合支付、票务、交通、出行、用户等数据，分析挖掘 MaaS 用户出行偏好、出行特征规律，从用户出行需求角度出发，面向个性化需求出行用户个体提供定制化出行服务、面向共性化需求出行用户群体提供集体化出行服务。基于智慧支付的 MaaS 服务系统建设内容主要有：MaaS 服务平台、MaaS 服务运营主体及 MaaS 服务体系，如图 4-3 所示。

结合出行需求及所涉及的运输资源，MaaS 服务体系建设内容主要有四个方面：

（1）资源汇聚。作为 MaaS 各项功能实现的基础，系统将汇聚公交、出租、轨道、客运等城市交通资源，并逐步接入民航、铁路、轮渡等数据。

(2)出行服务。MaaS 系统将为出行者提供一站式出行规划及全程的票务预订、换乘引导并支持全程的路况查询。

(3)行政支持。为了使 MaaS 系统能够正常运营,TOCC(交通运行协调指挥中心)及其他交通相关部门需强化 MaaS 系统的运行监管,进一步完善 MaaS 的相关法律法规、信用评级、数据共享等政策。

(4)增值服务。结合一站式出行服务平台定位及需求,可提供应急救援、停车预定、景区服务、购物消费等功能。

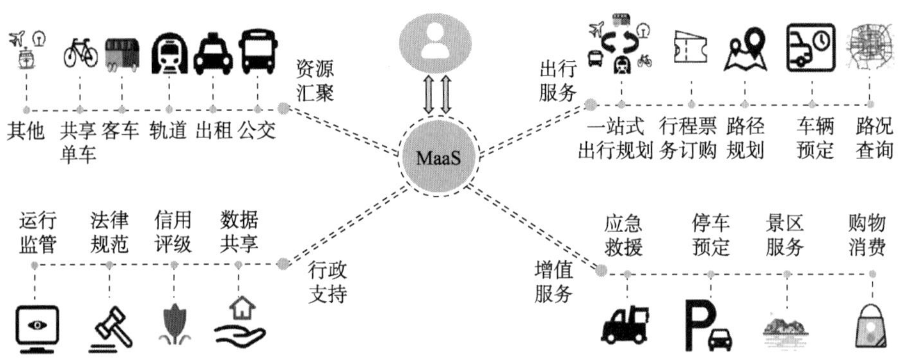

图 4-3 基于智慧支付的 MaaS 服务体系建设内容

2.基于智慧支付的 MaaS 服务体系建设内容

(1)出行订单管理服务

MaaS 平台接收用户出行服务需求订单,整合、标准化处理用户出行起讫点、出行时间、出行时长、出行模式选择、交通方式选择、换乘中转等需求数据,向各交通方式客运服务提供商分发需求订单,各交通方式的客运服务提供商协同响应订单任务,并通过 MaaS 平台向用户反馈出行订单生成状态。

(2)运输资源整合体系

MaaS 最大的功能在于整合不同的交通运营商,协调他们的服务运输。因而 MaaS 计划的一个目标是鼓励公众使用公共交通服务,将多种交通方式结合起来,并允许用户在其中进行挑选和组合。可供选择的交通方式通常有公共交通、出租汽车、汽车共享、合乘汽车、自行车共享、租车、按需巴士服务。若考虑到城际出行,则还包括长途巴士、火车、航班和渡轮。

(3)智慧支付服务体系

智慧支付作为出行生活基础设施,是智慧出行服务的重要场景入口和连接各交通方式客运服务系统的主要纽带。MaaS 的一大特点是支付一体化,MaaS 服务商通过手机界面为用户提供服务并收取费用。MaaS 服务商需统筹银行卡、公交卡和微信等其他移动支付方式,实现支付一体化,并需综合考虑各运营商的成本和在出行服务中的贡献来进行利益分配。

(4)票务一体化服务体系

由 MaaS 票务服务一体化机制、综合支付服务系统、票务清分结算服务中心和智能化票务服务平台构建票务一体化服务体系,通过 App 等客户端为 MaaS 出行提供集票务生成、分发、互认、核销、发票开具和客服于一体的票务服务,统一的、无差别的聚合支付服务以及兼顾共性和个性化需求的票证产品服务;同时,客运服务提供商提供统一清分结算服务,对接各交通方式客运票务系统,从而实现各交通方式票务系统互联互通和票务数据共享交换。

(5)数据共享交换体系

通过平台标准化、可扩展性、可兼容性的数据接口,采集各个运输服务商提供的票务数据、路网数据、运输设备 GPS 数据以及互联网的其他相关数据,汇聚接入云计算平台,建立基于智慧支付的 MaaS 系统数据资源池,为云计算平台提供基础数据支撑。与此同时,平台提供 API 生命周期管理、API 托管服务、数据 API 推送服务,打破各交通方式数据系统间的壁垒。API 生命周期管理包括 API 创建、API 生成、API 发布、API 执行等;API 托管服务包括内部服务、外部服务、API 开放、API 调用等;数据 API 推送服务包括用户授权、数据推送、数据选定、主题创建等,见表 4-1。

基于智慧支付的 MaaS 系统数据资源目录体系 表 4-1

数据目录	数据种类	数据内容
智慧支付数据	交通一卡通支付数据、二维码支付数据、生物识别支付数据、银行卡支付数据等智慧支付数据	支付类型,支付单号,支付笔数,支付金额
交通运输客运数据	城市公交客运数据、城乡公交客运数据、城市轨道交通客运数据、出租汽车、网约车客运数据、共享单车、共享汽车等城市客运数据	时刻表,班次,运行时速,运行里程,运行路线,客流量,运输工具,GPS
	市际、省际道路客运数据、铁路(含城际轨道、高铁等)客运数据、航空客运数据、轮渡客运数据等城际客运数据	
交通基础设施数据	枢纽、站场、站点、线路等硬件设施数据以及智慧支付系统、互联网票务系统、出行服务系统等软件设施数据	站点位置(GIS)数据,车位信息数据,用户注册数据
出行服务企业数据	客运服务、智慧支付服务、地理信息服务、票务代理服务、出行平台服务、互联网通信服务、互联网生活服务(社交、购物、餐饮、旅游、娱乐等)等领域服务企业数据	企业性质,企业业务,企业产品服务,企业财务数据

续上表

数据目录	数据种类	数据内容
客运票务信息数据	纸质票数据、IC票卡数据、电子客票数据等各类票务形态信息数据	票务订单信息，票务起讫点信息，启程时间，到达时间，票价及费率优惠
出行用户数据	城市出行用户数据、城际出行用户数据等不同类型出行用户数据	用户账号信息，用户出行特征数据，用户支付数据，用户票务订单数据等
政府开放数据	规划、交通、铁路、民航、物价、财政、公安、海关等行业主管部门公开数据	路况数据，行业运力数据，行业舆情数据，低碳出行奖励准则等
其他相关数据	网络爬虫数据、其他接口数据和标准规范数据	气象水文数据，服务评价数据

(6)出行规划服务体系

用户输入出行起讫点、出行时间等基本出行信息以及出行时长、出行费用、换乘中转模式等优选条件，平台根据用户查询信息和用户出行行为特征数据将行程智能化分解、组合，按照用户需求和偏好优先级顺序推荐可供选择的出行线路、交通方式组合。用户可自主调整每一阶段的行程，最终确认和提交出行订单，生成出行行程交互式地图和路径导航。若用户出行延误、取消或中断，在出行规划阶段或出行进行中，平台可提供可行的行程替代方案。

(7)出行信息服务体系

出行信息服务体系主要由出行信息一站式查询、出行信息精准化推送服务和出行信息社交分享服务三部分构成。出行信息一站式查询是指为出行用户提供出行全过程中的出行服务信息、其他辅助信息查询服务，如线路查询、路况查询、天气查询、地区车辆限号信息查询、泊车信息等；出行信息精准化推送服务是指利用LBS(基于位置的服务)地理围栏技术、主动推荐技术，为出行用户实时触发精准信息推送，为MaaS平台用户提供位置周边营销信息、订阅信息主动推送服务；出行信息社交分享服务是指提供出行信息社交互动窗口，以文字、图片、视频等多种信息传播载体，分享出行旅途中的所感所想、所见所闻，构建基于MaaS平台的朋友圈，推荐热门出行线路、热门景点，提醒交通状况，增强出行趣味，优化出行体验。

(8)出行服务评价与反馈体系

在用户完成行程、确认支付和结束订单交易后，用户从平台性能和服务体验两方面进行评价。平台性能评价内容有平台响应速度、平台操作便捷性、平台服务准确性、平台功能完善性、平台信息实时性、平台数据安全性、平台服务效率等；平台体验评价内容有出行服务满意度、出行服务经济效益与社会效益、出行服务投诉处理、出行产品服务价格公示等。出行用户满意度评价体系是平台体验评价的核心，由安全、便捷、高效、经济、绿色、智能六个方面构成。

(9)出行信用评价体系

平台提供信用记录、信用评价、信用信息共享、信用等级查询等一系列信用管理功能,监督管理出行服务市场主体、出行消费者的信用行为。信用记录功能在于从注册登记、身份认证、资质审核、履约行为、内外失信记录、黑名单等方面记录出行服务供求双方信用信息;信用评价功能在于根据市场主体、用户的信用记录和履约行为数据,按照一定指标对各方信用程度高低实施评估、度量;信用信息共享功能在于与各行业领域、全国地方的信用信息共享平台互通,共享交换市场主体、消费者信用信息;信用等级查询功能在于为帮助出行服务决策而提供的信用信息查询服务。

(10)用户管理体系

平台运营服务商建立用户信息安全保护规则,按照合法、正当、必要原则采集和应用用户信息;建立信息内容发布审核管理机制,采取警示、限制功能、暂停更新、关闭账号等管控措施;未经用户许可,不开启收集地理位置、读取通讯录、使用摄像头、启用录音等功能,不捆绑与平台服务无关的应用程序。同时,平台通过分析出行公众的出行习惯、消费偏好等行为特征,构建个体用户画像、群体用户画像,提供精准营销、用户运营、会员管理、定制化出行以及其他增值服务。

第5章　基于智慧支付的 MaaS 服务平台构建

通信、大数据、智慧支付、人工智能等技术的发展推动城市交通运营、组织、管控、服务模式发生深刻变革。为提升城市交通运行水平，倡导绿色、健康的交通出行方式，MaaS 理念的实践与应用是未来城市交通发展的必然模式。基于智慧支付的 MaaS 出行服务平台是以智慧支付的交易服务、场景入口服务、场景连接服务、大数据服务和一站式服务作为 MaaS 出行服务核心支撑，以智慧支付为抓手，整合汇聚城市公交、地铁、网约车、共享汽车、共享单车、城际轨道、长途客运、民航等多元化交通方式客运服务资源及其票务支付数据、运营调度数据，主动响应用户出行服务需求、高效组织调配运力资源，利用大数据技术挖掘用户出行偏好、捕捉用户出行时空规律，构建贯穿用户出行前、出行中、出行后的全方位出行服务体系，通过移动智慧终端如线上 App、线下站场服务终端等渠道提供出行信息实时查询、出行票务一体化、出行规划、无缝换乘、信用评价、运营分析及其他吃喝玩乐游购的开放式、标准化一站式出行服务。

5.1　MaaS 服务平台系统架构

参考云计算分层模型，基于智慧支付的 MaaS 服务平台功能架构由六部分构成，分别是基础设施层（IaaS）、平台服务层（PaaS）、应用服务层（SaaS）、用户终端层、安全保障层和标准规范层，如图 5-1 所示。

5.1.1　基础设施层（IaaS）

基于智慧支付的 MaaS 服务平台基础设施层下设 MaaS 基础设施体系、MaaS 感知识别体系。MaaS 基础设施体系汇聚 5G 网络、移动互联网、交通专网、云服务、存储、服务器等系统硬软件资源，采用统一的、集中化的运维管理模式，根据 MaaS 服务需求、业务功能需要，高效组合、合理配置基础设施资源，为 MaaS 服务提供最基础的保障。智慧支付作为 MaaS 服务基础设施的主要组成部分，提供一卡通支付、NFC 支付、二维码支付、生物识别支付、蓝牙支付等多元化支付手段，满足便捷出行支付需求；感知识别体系是 MaaS 服务的末端神经和触角，由各形态智慧支付载体、票卡支付闸机和车载工具、安检设备、摄像头、手机/移动可穿戴设备等多元化感知终端构成，通过 FRID（射频识别技术）、红外感应器等物联网技术和摄像头等物联网动态信息抓取终端,感应和采集全出行场景中服务用户、服务项目、服务终端、服务状态效果信息。智慧支付应用广泛、用户量巨大而且使用频次高,并与包括出行在内的多种消费场景相融合,搭建"桥梁""枢纽"链接 MaaS 服务需求用户与 MaaS 服务提供商、线下服务与线上服务。

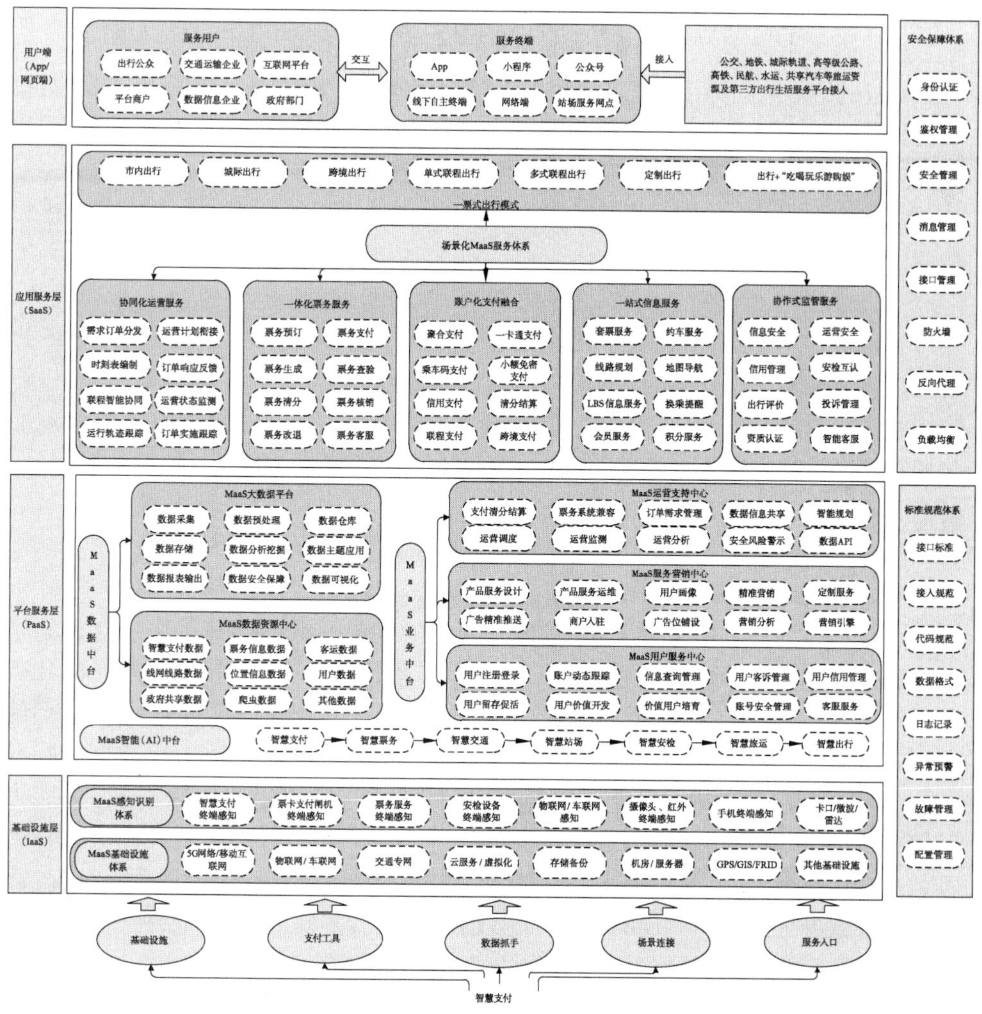

图 5-1 MaaS 功能架构体系

5.1.2 平台服务层(PaaS)

基于智慧支付的 MaaS 平台服务层(PaaS)采用中台模式架构,由 MaaS 数据中台、MaaS 业务中台、MaaS 智能(AI)中台构成。之所以采用中台模式,原因在于中台化的云平台可提供多元化的能力引擎,给予套件开发、标准化体系和数据治理的公共服务,不仅可减轻甚至摆脱对专业化技术人员的依赖,而且可根据出行用户的个性化、差异化需求,开发符合用户订单任务、习惯偏好的具体应用功能,特别适用于跨界整合资源、组织协调、统筹调配和高效衔接的 MaaS 服务生态建设和 MaaS 服务平台搭建。

1.MaaS 数据中台

MaaS 数据中台采用标准化的数据目录管理模式和应用专业化的 MaaS 大数据平台技术,为 MaaS 服务提供全出行场景、动态连续、实时可靠的数据资源池,应用大数据分析挖掘与应用技术支撑 MaaS 业务中台、MaaS 智能(AI)中台功能服务。从功能结构上来看,MaaS 数据中台主要由 MaaS 数据资源中心和 MaaS 大数据平台构成。

MaaS 数据资源中心发挥智慧支付高频、强黏性、全场景连接、互联互通优势,通过智慧支付工具、票卡识别终端等智慧支付大数据采集系统,汇聚、整合 MaaS 出行应用服务的全出行方式、全出行链场景、多功能应用服务的各类数据,构筑以智慧支付为主要抓手的 MaaS 服务大数据仓库;同时,利用 MaaS 数据中台对外标准化接口和多源异构数据仓库技术,对接联通交通运输运营商、出行服务商、通信运营商、政府机构等 MaaS 服务产业链各方信息化系统,共享票务信息数据、客运数据、线网线路数据、位置信息数据、政府开放数据等。

MaaS 大数据平台建立数据采集、数据预处理、数据仓库、数据存储、数据分析挖掘、数据主题应用、数据可视化、数据安全保障和数据共享的一体化数据管理服务体系。具体来讲,通过数据库调用、API 数据接口、网络爬虫等采集方式整合多源异构数据,如智慧支付数据、票务数据;为保证 MaaS 数据质量,MaaS 大数据平台利用数据清理、数据集成、数据变换、数据规约等数据预处理方式,解决数据标准不一、“脏”数据等问题;搭建分布式混合存储结构的数据仓库,实现多源数据标准化存储,提升数据分析挖掘应用效率;应用统计分析、分类统计、聚类分析、预测分析等数据分析挖掘工具,通过报表、可视化展示方式为公众出行、企业运营、政府监管决策提供数据依据。与此同时,基于大数据 API 接口实现数据共享交换、构建数据安全保障体系,确保数据不丢失、不滥用、不篡改、不泄露。

2.MaaS 业务中台

MaaS 业务中台是基于智慧支付的 MaaS 服务功能运营支撑系统,与 MaaS 数据中台、MaaS 智能(AI)中台相互衔接、相互支持,从运营维护、营销服务、用户管理三方面,为建立完善、运营维护和监测跟踪以“协同化”运营服务、一体化票务服务、账户化支付融合、一站式出行服务、一票式出行模式和协作式监管服务为主要内容的场景化 MaaS 服务体系提供业务运营支持。MaaS 业务中台由 MaaS 运营支持中心、MaaS 服务营销中心、MaaS 用户服务中心构成。

(1)MaaS 运营支持中心

MaaS 运营支持中心是 MaaS 服务得以提供和正常运营的"生产车间",汇集支付、票务、数据、规划、运维、监测、安全警示等多项系统,以数据支撑决策、智能辅助运营为保障,整合调配资源、统筹规划出行,奠定"一个账户、一次支付、一张票卡、一次安检、无缝换乘、多模式、定制化、共享化、一站式"的"点到点""门到门"的智慧化出行服务基础。

(2)MaaS 服务营销中心

MaaS 服务营销中心是 MaaS 服务得以推广和应用的"营销策划部门",负责 MaaS 产品服务设计、运营维护、营销推广、商业变现等,基于智慧支付的 MaaS 服务大数据平台的"用户画像""精准营销"及"需求分析和偏好挖掘"模块化功能,面向 MaaS 服务运营商、服务提供商、入驻商户、平台用户提供产品服务定制、信息精准推送、广告引擎和展位、营销分析等智慧化出行营销服务。

(3)MaaS 用户服务中心

MaaS 用户服务中心是为 MaaS 服务平台运营主体对 MaaS 用户实施信息管理、运营维护、价值开发、客服服务的"客服保障部门",从用户注册登录、账户动态提醒、用户订单管理、用户信用管理、用户客诉管理、用户周期性管理等多方面服务用户智慧化出行,提高用户出行效率,改善用户出行体验。

3.MaaS 智能(AI)中台

MaaS 智能(AI)中台是面向智慧支付、智慧票务、智慧交通、智慧站场、智慧旅游、智慧出行提供智能化技术和工具的 AI 服务系统("智慧出行大脑"),解决 MaaS 服务订单响应缓慢、服务组织效率不高、运营成本高昂等问题。MaaS 智能(AI)中台分为三层,分别是 AI 平台层、AI 服务层、AI 产品层。

AI 平台层以 MaaS 数据中心为服务对象,提供智慧出行开源框架学习、网络优化、算法整合和在线训练、特征工程 BI 分析等 AI 基础设施;AI 服务层以 MaaS 运营支持中心为服务对象,提供智慧支付票证识别、车辆车牌识别、语言合成、词法分析、智能派单、智能风控、智能服务集成等通用 AI 服务和 AI 能力支持,保障 MaaS 服务后端整体系统化、流程化运行;AI 产品层以 MaaS 营销服务中心、用户管理中心为服务对象,提供智能客服机器人、产品服务智能合成、虚拟现实场景体验、营销沙盘模拟、用户流失预测、绩优销售预测等 MaaS 服务前端智慧化服务支撑。

5.1.3 应用服务层(SaaS)

应用服务层(SaaS)是基于智慧支付的 MaaS 服务平台核心层,依托云平台开放架构和可拓展性、可兼容性数据 API 接口,连接、汇聚和整合公交、地铁、城际轨道、道路客运、铁路、民航、水运、出租汽车、共享汽车、自动驾驶/新能源车辆、站场枢纽等交通运输服务提供商以及ICT提供商、地理地图服务提供商、交通电子支付及票证服务提供商、身份认证服务提供商，消费电商等出行服务及配套服务资源，建立场景化MaaS出行服务体系，提供协同化运营、一体化票务、账户化支付融合、一票式出行模式、一站式信息服务和协作式监管服务，从出行用户需求出发，实现出行规划、票务服务、支付清分、数据共享、信息服务、服务评价等业务一体化。

1.协同化运营

基于智慧支付的MaaS服务平台价值目标之一在于鼓励公众树立"共享""绿色"出行理念，根据出行需求和习惯偏好，提供可供用户选择的交通方式和出行模式，即"按需出行服务"。为解决当前出行服务存在订单协同响应不足、运营衔接不畅等问题，协同化运营服务体系，在建立运营协调机制的基础上，构建需求协同响应机制、编制协同运营计划、共享交换运营数据、运营安全保障机制和运营调度机制，提供需求订单分发、订单响应反馈、运营计划衔接、时刻表编制、订单实施跟踪、联程智能协同等功能服务，优化出行运力资源配置和科学组织能力，提升出行服务资源利用率，改善出行服务能力、质量和效率。

2.一体化票务

MaaS服务的基础和关键是实现票务一体化，通过单一平台对接集成不同交通方式票务信息数据，提供票制票价及优惠补贴标准、票务预订、票务支付、票务生成、票务查验、票务清分、票务核销、票务改退、票务客服等一体化票务服务。票务一体化不仅是指一体化的票务服务流程，而且是指一体化票卡产品体系。从票卡形态上来讲，MaaS票卡包括交通一卡通、乘车码、电子票证、eID(公民网络电子身份标识)以及其他身份认证票卡；从票卡应用出行模式来说，MaaS票卡分为单一出行方式票卡、多式联程联运票卡、出行+消费套票；从用户出行空间范围来看，MaaS票卡主要有市内公共交通票卡、城际出行票卡、跨境出行票卡。

3.账户化支付融合

基于智慧支付的MaaS服务平台的另外一项价值目标在于改变各交通方式票务支付相互独立、预付费、用户多次支付的传统服务模式，建立基于统一平台、统一账户的一体化支付体系，以MaaS平台注册账户为基础，提供集成一卡通支付、乘车码支付、NFC支付、银行卡支付、现金支付、积分支付等多元化支付方式，满足不同出行场景下的支付需求，实现全出行链一次支付和跨交通方式、跨空间区域统一清分结算服务。另外，MaaS平台提供了两种支付方案，即出行套餐和现收现付。出行套餐是指MaaS平台根据用户出行需求将多种出行方式捆绑，统一按照里程、时长、积分等费用测度标准，按照周、月、季度、年等时间维度授予用户账户支付额度；现收现付是指用户每次出行都要支付相应的服务费用。

4.一站式信息服务

一站式信息服务是基于智慧支付的 MaaS 服务的重要组成部分,通过兼容对接各交通方式票务信息系统、运营服务系统,实现数据共享互通和信息无缝对接,按需提供出行规划与票务预订、实时信息查询、支付动态跟踪、出行体验评价等方面信息订阅、信息查询、信息分享、信息评论服务,最大限度地帮助 MaaS 用户提高出行效率、出行质量,改善出行服务体验。一站式信息服务按照全程出行阶段,可以划分为出行前信息服务(如票务预订信息、出行规划信息、线路推荐信息、约车信息等)、出行过程中信息服务(如 LBS 信息、路况信息、定位导航信息等)和出行后信息服务(如出行服务评价、积分信息、订单完成信息等)。

5.一票式出行模式

一票到家、一票联程是 MaaS 服务的重要特点和优势,是真正意义上实现无缝换乘、"门到门"一站式出行的基础服务,是各交通方式票务信息互联互通的根本体现。为满足出行公众便捷化、个性化、多元化出行需求,基于智慧支付的 MaaS 服务平台整合各种运输方式的信息资源,推进铁路、公路、水路、民航联网售票系统建设,完善公众出行信息互联互通、共享交换机制,为用户提供一体化、便捷化的综合出行信息服务,从而建立以"一票式"为典型特征的市内出行、一票式城际出行、一票式跨境出行、一票式单式联程出行、一票式多式联程、一票式定制出行等出行模式体系。

6.协作式监管服务

为确保基于智慧支付的 MaaS 服务平台健康平稳运行,需从 MaaS 平台运行性能监测、MaaS 服务运营安全管理、MaaS 服务信息数据安全、MaaS 服务质量评价、MaaS 服务资质认证、绿色消费积分、公众及企业信用管理等方面,建立一套既兼顾不同交通方式差异,又符合 MaaS 出行发展需要的一体化监管服务体系,转变传统出行服务监管模式,增强政府监管智能化水平和监管能力,为基于智慧支付的 MaaS 出行服务创造新的监管服务环境。

5.1.4 用户终端层

用户终端层是基于智慧支付的 MaaS 服务平台为公众出行、企业运营、政府监管直观地提供交互性终端体系,如 App、小程序、公众号、线下自主终端、站场枢纽网点、客服中心热线等。依托统一平台,为 MaaS 用户提供交通电子支付、票务预订服务、出行规划、信息查询、导航定位、候车换乘提示、业务客诉等多元化应用服务,支持公交、地铁、城际轨道、高速铁路、民航、水运、共享汽车等旅运资源及第三方出行生活服务平台接入,构建以 MaaS 服务为核心的"点到点""端对端"一站式出行服务,未来将与餐饮、购物、娱乐等其他城市功能整合起来,共同打造智慧城市。

5.1.5 安全保障与标准规范层

安全保障与标准规范层可为基于智慧支付的 MaaS 服务平台提供必要的安全保障体系与标准规范体系。安全保障体系是为了确保 MaaS 服务平台的各类硬软件基础设施与各项出行服务体系的正常运转而提供的单点登录、身份认证、系统访问、权限控制、角色配置及网络安全、软件安全、数据安全、备份安全、物理安全、负载均衡、反向代理、数据缓存、冗余备份等全方位保障服务；标准规范体系是为了提升 MaaS 服务平台运营效率和优化 MaaS 服务数据共享融合功能，而制定的统一的标准规范体系，包括接口标准、接入规范、代码规范、数据格式、日志记录、异常预警、故障管理和配置管理等。

5.2 MaaS 服务平台技术体系

根据基于智慧支付的 MaaS 服务平台所实现的功能和所提供的服务可知，平台技术架构由三部分构成，分别是基础层技术架构、平台服务层技术架构、应用系统技术架构，如图 5-2 所示。

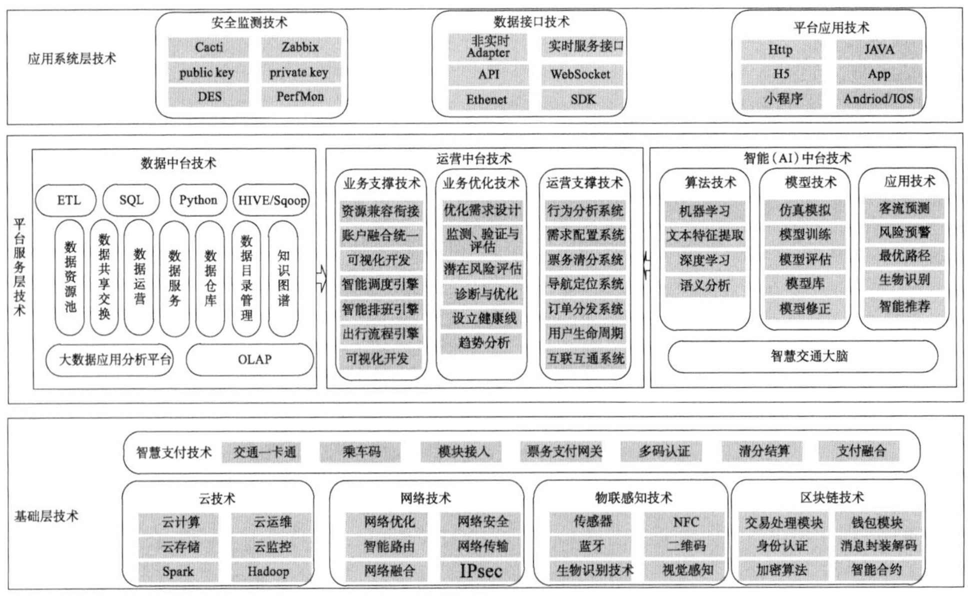

图 5-2 基于智慧支付的 MaaS 服务云平台技术架构

5.2.1 基础层技术架构

基础层技术架构是整个平台技术架构的基石，由云技术、网络技术、物联感知技术、区块链技术及智慧支付技术构成。云技术为平台运营、服务提供、内外部连接提供云服务环境，如云平台（Hadoop、Spark）、云计算、云存储、云运维、云监控等；网络技术保障平台通信和数据传输，由网络优化、网络安全、智能路由、网路传输、网络融合、IPsec 等共同构成网络技术体系；物联感知技术是平台服务的触手和“感知神经”，由传感器、NFC、蓝牙、二维码、生物识别技术、视觉感知等形成系统的触端感知体系；区块链技术是分布式数据存储、点对点传输、共识机制、加密算法等计算机技术的新型应用技术，提供交易处理模块、钱包模块、身份认证、消息封装解码、加密算法、智能合约等；智慧支付技术基于智慧支付的 MaaS 服务云平台首先以客户需求为导向填补电子支付能力，其次以云计算和大数据能力为基础，引入各类新型智慧出行 MaaS 服务。

5.2.2　平台服务层技术架构

平台服务层是支撑 MaaS 功能应用的核心引擎和系统中枢，由 MaaS 数据中台、MaaS 运营中台和 MaaS 智能（AI）中台等关键功能支撑系统共同构成。

1.MaaS 数据中台技术架构

参照数据常规处理技术流程，MaaS 数据中台技术体系主要有数据采集技术（批量数据迁移 CDM、实时数据接入 DIS、数据库实时同步 Dsync、日志数据采集 log）、数据预处理技术（SQL、ETL）、数据存储管理技术（Sqoop、Hive、元数据管理、数据仓库、数据目录管理）、数据分析（Python、商务 BI、智能报表、OLAP）、数据挖掘技术（聚类分析、时间序列飞行、机器学习、知识图谱等）和数据可视化技术（Echart、PowerBI 等）。为适应综合交通数据海量、多源异构等特征，并适应快速增长和非结构性交通数据需求，基于智慧支付的 MaaS 服务平台采用 Hadoop 系统作为底层支撑系统，因为 Hadoop 系统是一种开源分布式计算的平台，可以对海量的综合交通出行信息数据进行分布式处理，通过分布式的文件系统及分布式的编辑模型作为核心组件信息，发挥扩展性、高效性以及经济、稳定特征优势，对海量的交通数据信息进行挖掘处理分析，提供数据管理、数据应用支撑服务。Hadoop 的核心组件主要是 HDFS（分布式文件系统）、Mapreduce（分布式编程模型）、Hbase（分布式存储系统）、Hive（数据仓库）及 Zookeepe（分布式协调服务系统），其中 HDFS 申诉性与容错性非常高，即使用户将其部署于低廉的硬件也不会影响其以数据流形式访问系统数据，数据吞吐量高。Mapreduce 适用于超过 1TB 的大型数据集合的并行运算，且允许多个用户同时在不熟悉分布式系统模型细节时完成并行程序的开发。Hbase 分布式数据库存储系统具有随机访问、实时存储和读取、非结构式大容量存储等优势。以 Hadoop 为基础构建的 Hive 数据库系统可通过结构化数据机制进行 Hadoop 系统数据整理、查询和分析。Zookeepe 系统可通过分布式应用设计实现各类用户交通信息协调服务，分担分布式应用程序的信息协调任务。

2.MaaS 运营中台技术架构

基于智慧支付的 MaaS 服务平台中台系统作为一种提供业务支撑、业务优化和业务运营的战略性、体系性业务架构，不仅包括业务支撑技术，还包括业务优化技术、业务运营技术，其核心价值在于将智慧出行服务运营能力 IT 化、将智慧出行服务业务能力资产化，如图 5-3 所示。

运营中台技术

业务运营技术体系
行为分析系统
需求配置系统
票务清分系统
导航定位系统
订单分发系统
用户生命周期
互联互通系统

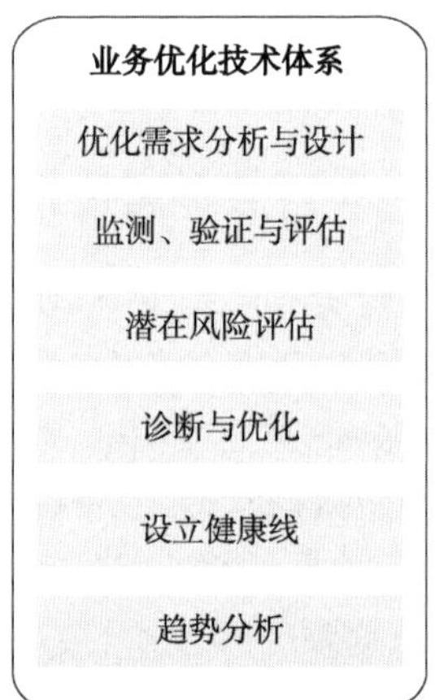

图 5-3　基于智慧支付的 MaaS 服务平台中台系统

(1)业务支撑技术体系

业务支撑技术体系是指运营中台技术的底层，为业务优化、业务运营提供基础设施保障。业务支撑技术体系包括出行资源标准衔接、支付账户融合、智能调度和排班、出行智能规划、信息数据共享等内容。出行资源标准衔接技术作用在于解决各交通出行产品服务、技术技能、系统平台之间标准兼容和通畅衔接问题，建立出行服务协同、资源共享、数据互联、信息互通、监管联动的业务标准衔接体系。支付账户融合主要是指支付账户融合和支付工具融合，支付账户融合功能在于解决各交通出行服务支付入口相互独立、平台账户各异所造成的出行不便问题，通过建立覆盖全出行链的统一账户，基于统一平台入口提供便捷化支付服务；支付工具融合是指融合交通一卡通、乘车码、生物识别支付等智慧支付技术，汇聚多国、多形态币种支付，提供集成式支付服务，实现出行支付消费体验趋于统一。智能调度和排班技术是指在整合出行服务资源和出行服务需求的基础上，应用 AI 技术，引入时间、距离、需求优先级、驾驶员服务评价、路况等因素，建立需求端(出行用户)与供给端(出行服务提供商)匹配算法模型，为供给端提供出行需求预测、调度运力、制定和调整排班等智慧化运营管理服务。出行智能规划是指应用机器学习、神经网络、蚁群算法等智能算法，加入实时路况、轨迹速度、多维度时间编码信息、环境和突发事故等动态编码信息以及用户驾驶习惯、对路线熟悉程度等因素，建立出行线路智能规划模型、出行方式组合智能规划模型，针对用户设定的出发地、目的地、行程设置，给出最合适的路线、更精准的用时、更契合需求的出行方式。信息数据共享技术是业务支撑技术体系的核心，是运营中台系统支撑建立 MaaS 服务体系的关键，包括信息传递技术、信息存储技术、信息安全技术、信息标准化、信息定位和描述技术、信息转换技术、信息融合技术，配以建立 MaaS 服务信息共享机制，进而解决出行信息分散、共享效率和精细化程度低、信息服务标准化程度差等问题。

(2)业务优化技术体系

业务优化技术体系是指为促进 MaaS 服务的组织协调、流程顺畅、功能效率提升，所建立的从优化需求分析与设计——监测、验证与评估——潜在风险评估——诊断与优化——设立健康线和趋势预测的业务优化流程。优化需求分析与设计是指在分析 MaaS 系统性能需求的基础上，建立出行服务质量与效率指标体系，用可度量的指标来描述 MaaS 业务性能与出行需求响应状况，指导业务运营改善；监测、验证与评估是指对协同化运营调度、一票式票务清分、多样式支付融合、标准化数据资源、一站式出行信息和联动式安全监管等关键业务系统进行全面的监测或离线测试，分析评估系统，并发现潜在的风险与问题；诊断与优化是指针对 MaaS 服务系统潜在系统风险与问题，采用接口优化技术、系统兼容升级技术协调交通出行服务提供商或 MaaS 服务运营商优化系统衔接、提升系统服务协同能力；设立健康线和趋势预测的业务优化是指为 MaaS 服务系统建立健康基线，设定健康标准与监测基础，以便支持 MaaS 服务系统持续优化，基于历史运行数据预测业务系统性能趋势，调整 MaaS 服务运营健康基线。

(3)业务运营技术体系

业务运营技术体系是面向出行用户提供一票式票务清分、多样式支付融合、标准化数据资源、一站式出行信息和联动式安全监管等系统化运营服务的运营中台支撑系统。运营支撑技术体系由出行服务行为分析系统、出行需求订单分发系统、出行需求配置系统、出行服务票务清分系统、出行导航定位系统、MaaS 用户生命周期运营系统和出行服务互联互通系统构成。出行服务行为分析系统是依据用户行为分析的要点建立用户漏斗分析、用户留存分析等分析功能，利用 RFM 模型和聚类算法进行用户特征分类，利用 xgboost 算法进行用户出行预测；出行需求订单分发系统是指在用户提出出行时空需求后，系统将需求信息数字化、出行服务资源供需匹配形成用户出行需求订单，分别发至出行服务提供商、出行用户；出行需求配置系统是将用户出行需求、习惯和偏好与出行服务资源、供给资源和供给能力进行匹配，提升出行供需资源匹配效率的应用系统；出行服务票务清分系统是将各交通方式、各出行服务模式的票务支付数据提交给清分中心，通过清分中心的数据采集子系统、数据验证子系统、账务清分子系统、对账子系统、结算子系统、报表统计子系统和清分规则管理子系统提供统一清分结算服务；出行导航定位系统是基于内置 GPS 模块与 IMU（惯性测量单元）模块设计组合导航算法并在 MaaS 出行服务体系下开发具有地图浏览、位置搜索、路线规划、实时定位等功能，适用于 PC 端、移动端的导航软件，以此提供出行地理地图信息服务；MaaS 用户生命周期运营系统是指为导入期、成长期、成熟期、休眠期、流失期的 MaaS 用户提供吸新、留存、促活、增值、召回等运营服务的应用系统；出行服务互联互通系统是指跨区域、跨交通方式、跨部门、跨层级和跨系统提供支付方式兼容、出行信息共享、票务数据互通、安检互认等出行服务的底层支撑系统。

3.MaaS 智能（AI）中台技术架构

MaaS 智能（AI）中台技术集成 AI 算法、AI 模型和 AI 应用技术等技术体系，应用智慧交通大脑、智慧支付等具体场景智慧化技术，支撑建立基于智慧支付的 MaaS 服务应用体系。

（1）智能（AI）中台技术体系

该体系所引入的 AI 算法主要有机器学习、文本特征提取、语义分析、深度学习、神经网络等；AI 模型技术主要有仿真模拟、模型训练、模型评估、模型评估、模型修正等；AI 应用技术主要有出行客流预测、风险预警、最优路径、生物识别、智能推荐等。例如，MaaS 平台利用语音识别、语义理解、图像识别等 AI 核心基础能力服务，为交通运输企业、旅游企业，提供智慧出行运营管理服务，实现各出行服务企业低成本高效率的转型升级；MaaS 平台整合综合交通出行服务运营数据、票务支付清分结算数据、用户信息和出行历史数据，通过对用户喜好和习惯进行大数据分析，生成用户画像，为 MaaS 平台用户提供智能化、个性化、精准化出行服务打下基础。

（2）智慧交通大脑

智慧交通大脑是一种网络式、分布式平台系统，建设分布式云平台实时处理技术体系，实现多源异构交通大数据的分布式存储、计算、资源管理调度以及数据共享和数据开放；建立数字交通触觉技术系统，将交通出行数字化，借助 MaaS 资源和技术完善数据汇聚体系；构建数据融合与大规模交通网络计算技术体系，实现对大规模交通出行网络的计算分析；建立交通管理和出行服务技术体系，实现交通资源精准调整与调配、出行智慧化服务。智慧交通大脑分布式云平台实时处理技术体系，引入海量数据分布式存储技术，搭建分布式计算、流失计算、内存计算多种先进数据计算引擎，针对不同场景采用不同的计算模型，以数据搜索技术、数据统计分析技术、数据关联技术、数据挖掘技术面向用户提供数据开放共享和个性化应用服务;数据触觉技术体系是智慧交通大脑运算与分析的基础,由交通出行数据信息实时汇聚技术、数据信息回传质量技术体系、交通大脑地理地图信息数据库技术构成,形成交通运行、出行服务状态泛在感知、精准感知和综合感知;超级计算能力是智慧交通大脑的"脑核"部分,既能够校核验证多源数据,保障融合数据结果可靠,又能够构建交通出行历史特征库和仿真模型,为智慧出行决策提供知识储备和算法支撑;交通管理和出行服务技术体系通过对用户精细化数据的实时分析和模拟计算,构建智慧分析、判断、决策和实时响应的智慧交通大脑,构建安全、便捷、高效、绿色和经济的 MaaS 出行服务体系。

5.2.3 应用系统技术架构

MaaS 应用系统技术是面向出行公众、出行服务企业及其行业监管部门提供界面可视化、数据可监测、应用可交互和需求可响应的出行服务前端应用技术,包括数据接口技术、安全监测技术和平台应用技术。

1.数据接口技术

MaaS 数据接口技术是指 MaaS 系统服务端与应用端数据调用的通信通道技术,常见的数据接口技术有 API 技术、Adapter 接口技术、软件开发工具包(Software Development Kit,SDK)接口技术、WebSocket 接口技术、Ethernet 接口技术。

API 是连接外部系统与中后台系统、后台不同系统之间的连接点,是前端调用后端数据的通道,是支撑功能服务应用、实现跨系统连接的一种约定。API 包括外部接口、内部接口(上层服务与下层服务接口、同级接口)。SDK 是一系列程序接口、文档、开发工具的集合,包含接口文件和库文件、帮助文件、开发实例和实用工具等内容。Adapter 接口是连接 View 控件和数据源的桥梁,可以实现数据源的数据显示到 View 控件中、访问数据源,这类接口有很多的实现类和子接口,如 ArrayAdapter、ListAdapter、SimpleAdapter 等。WebSocket 接口技术是用于浏览器和服务器之间交互通信的技术,即允许服务器主动发送信息给客户端,与此同时实时接收响应,实现了浏览器与服务器全双工(full-duplex)通信。Ethernet 接口技术,中文称"以太网接口",是网络数据连接的端口,该接口类型分为传统以太网接口、快速以太网接口两种。目前,常见的接口通信方式有同步请求/应答方式、异步请求/应答方式、会话方式、广播通知方式、事件订阅方式、可靠信息传输方式、文件传输、可靠信息传输等。基于智慧支付的 MaaS 服务系统对接口安全、传输控制提出比传统出行服务平台更高的要求,为确保接口的安全,应当根据 MaaS 系统接口连接特点和 MaaS 出行业务特色,制定专门的接口安全技术实施策略,以保证接口的数据传输和数据处理安全性。基于智慧支付的 MaaS 系统接口安全控制内容包括安全评估、访问控制、入侵检测、口令认证、安全审计、防恶意代码和加密等。

2.安全监测技术

MaaS 系统安全监测技术是指应用于保护 MaaS 系统安全,监测系统运营状态的系列监控、检测、密钥技术,常见的监控、检测技术有 Cacti、Zabbix Nagios、DES、Perfmon 等,密钥技术有公钥(Public Key)和私钥(Private Key)两种。

Cacti 是一款基于简单网络管理协议(Simple Network Management Protocol,SNMP),使用 PHP 语言开发的检测系统性能与监测流量的软件系统,监控对象有 Linux、Windows 服务器、路由交换机等;Zabbix 是一种高度集成的企业级开源网络监控解决方案,具备主机性能监控、网络设备性能监控、数据库性能监控等监控功能,能够利用灵活的可定制警告机制,允许用户对事件发送基于 E-mail 的警告,能够利用存储数据提供杰出的报表及实时的图形化数据处理,实现对 Linux、Windows 主机的 7×24h 集中监控;Nagios 是一种监视系统运行状态和网络信息的监视系统,包括可监视网络服务(SMTP、POP3、HTTP、NNTP、PING 等)、监视主机资源(进程、磁盘等)、服务监测并发处理、异常信息通知功能等;DES(Data Encryption Standard,数据加密标准)技术是一种加密和解密密钥相同的对称性数据加密技术,密钥超度 64 位(bit),可实现 MaaS 系统一键加密和加密后的解密功能;Perfmon 是 Windows 自带的系统监控工具,可以监视 MaaS 系统运营状态下操作系统 CPU 使用率、内存使用率、硬盘读写速度、网络速度影响程度。

3.平台应用技术

平台应用技术分为原生应用(Native App)、轻应用(Web 或者 H5)和混合应用(Hibid App)。原生应用,又称本地应用,UI 体验好,但更新复杂,如苹果 App;轻应用多是基于浏览器的 H5 应用程序或基于第三方开放平台应用的小程序,如微信平台小程序、支付宝平台小程序;混合应用多应用于体积较大的 App,如百度、京东和淘宝等手机 App。小程序,缩写 XCX,英文名 Mini Program,是一种不需要下载安装即可使用的应用。它实现了应用"触手可及"的梦想,用户扫一扫或搜一下即可打开应用。

5.3 基于智慧支付的 MaaS 服务平台服务应用体系

基于智慧支付的 MaaS 服务平台构建了以支付工具、智慧支付场景化服务设施为主要构成的数据采集体系,汇聚融合支付、票务、交通、出行、用户等数据,分析挖掘 MaaS 用户出行偏好、出行特征规律,从用户出行需求角度出发,面向个性化需求出行用户个体提供定制化出行服务、面向共性化需求出行用户群体提供集体化出行服务。

5.3.1 面向公众的出行服务应用

1.应用流程指引服务

MaaS 服务平台应用终端提供手机 App 为用户使用,同时用户也可在网页端进行操作。该平台能够实现多种交通方式的联合运输,包含地面公交,共享汽车、共享单车、共享停车,地铁、出租汽车和网约车等。通过该平台可实现行程预订,快捷方便的支付,获取实时路况信息,MaaS 用户能根据自己的需求来购买合适的出行服务,实现出行全过程的无缝衔接。

MaaS 平台的使用步骤,如图 5-4 所示。

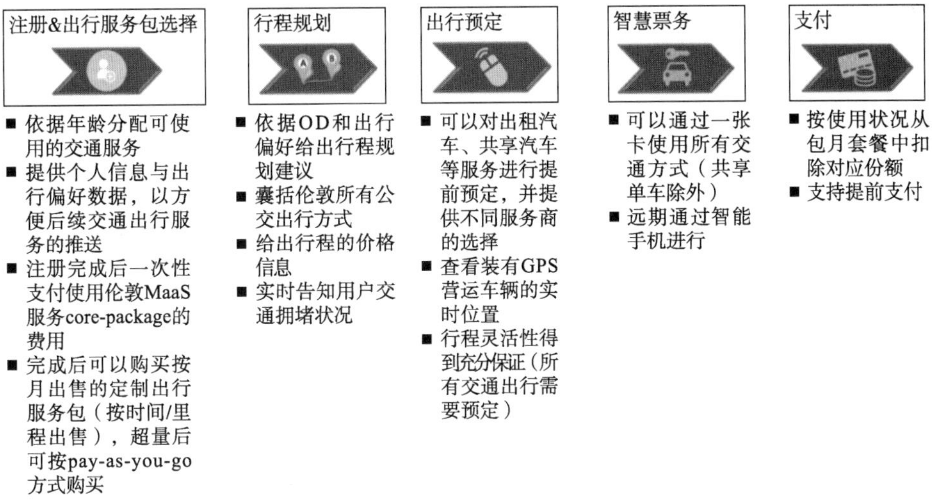

注册&出行服务包选择

- 依据年龄分配可使用的交通服务
- 提供个人信息与出行偏好数据，以方便后续交通出行服务的推送
- 注册完成后一次性支付使用伦敦MaaS服务core-package的费用
- 完成后可以购买按月出售的定制出行服务包（按时间/里程出售），超量后可按pay-as-you-go方式购买

行程规划

- 依据OD和出行偏好给出行程规划建议
- 囊括伦敦所有公交出行方式
- 给出行程的价格信息
- 实时告知用户交通拥堵状况

出行预定

- 可以对出租汽车、共享汽车等服务进行提前预定，并提供不同服务商的选择
- 查看装有GPS营运车辆的实时位置
- 行程灵活性得到充分保证（所有交通出行需要预定）

智慧票务

- 可以通过一张卡使用所有交通方式（共享单车除外）
- 远期通过智能手机进行

支付

- 按使用状况从包月套餐中扣除对应份额
- 支持提前支付

图 5-4　出行即服务平台使用流程

(1)注册并选择出行服务模式:理论上,MaaS 平台注册只限于成年人,对于未成年人,需要限定出行模式。通过填写年龄、性别、家庭状况、健康状况、是否残疾、是否有驾驶证、驾龄等相关信息,让平台了解出行者偏好。出行服务模式指出行服务是按次收费还是按月等模式的收费。

(2)行程规划:一旦用户注册成功并选择了相应出行服务模式,随后出行时服务平台会要求用户选择出发地和目的地并填写相应信息(如可忍耐等待时间、出行预算、偏好的出行模式等)。平台会根据相关出行信息将行程进行分解并制订出行计划供其选择。

(3)出行预订:预订系统是出行者和运营商都会参与的平台,用户只需一键预订,不同的运营商便会收到订单信息,用户无须因为一次出行包含不同交通模式的服务而多次下单。

(4)支付服务:出行即服务平台支持一键式付款,用户仅需一次支付即可将支付全程多种交通方式的费用。平台的付费模式相当灵活,用户可以按月或年提前预存,也可实时支付。

(5)使用出行服务:当用户在开始享受出行服务时,用户只需一个账户即可随时访问各种交通模式。

(6)出行服务评价:用户与平台在出行服务结束后将进行互相评价,为用户及运输服务供应商建立信用评价体系。

2.出行规划服务

出行的便捷性、经济性、可靠性、舒适性和安全性是MaaS用户在各种出行方式和出行模式下最关注的内容。在纷繁复杂的交通出行环境下,路况、天气、交通管制、运营排班、用户出行偏好等各类因素影响着用户出行。出行规划服务流程如图5-5所示。

(1)出行方案预定

出行方案预定是MaaS平台最基础的功能,预订系统集成了所有可用的运输供应商,因此用户不再需要单独与不同运营商进行预订。当用户的行程中出现了需要预定的运输方式,如定制公交、自动驾驶车辆、出租汽车、共享汽车,系统App内提供“预订”按钮,用户可以在其中预订他们的旅程。系统会将不同运输方式的时间和价格都呈现给用户,以便他们作出决定。用户行程预定后,系统将用户行程进行分解,并分别向各运输服务商提交订单,进行预约。接收各阶段预定信息并整合反馈给用户,无问题则提示预定成功,并向用户展示具体流程;若其中某一阶段或多阶段服务预定失败,则为用户发送提示信息并提供备选方案。

(2)出行线路规划

出行用户向App输入出发地、目的地等基本信息和优选持续时间、预算和模式等高级信息,MaaS平台将根据用户提供的旅行信息将行程进行分解,每一个阶段的行程都提供可用的出行服务供用户选择,并对路线选项进行相应的排序,匹配最适合用户的路线。出行计划可选的运输方式包括地面公交、无人驾驶车辆、出租汽车、网约车、轨道交通、共享单车、共享汽车、民航、铁路、长途客运等,如图5-6所示。

对于具有多个运营商的出行服务,行程计划能够基于用户的个人数据推荐最佳选项,但同时保持其他选项可见。行程计划提供交互式地图,为所有站点提供全面的位置信息覆盖。用户可以被告知到特定站点的距离、持续时间和方向。在出行规划和出行进行阶段,用户可以了解实时交通状况。系统将提供可行的替代模式或路线的建议,以应对任何延误、取消和其他意外中断的风险,以便维持运输效率。系统与在线地图进行集成,针对地图的API接口进行二次开发,将地图的行程规划功能与换乘功能集成在系统中,实现行程规划功能,具体包括以下几个方面:

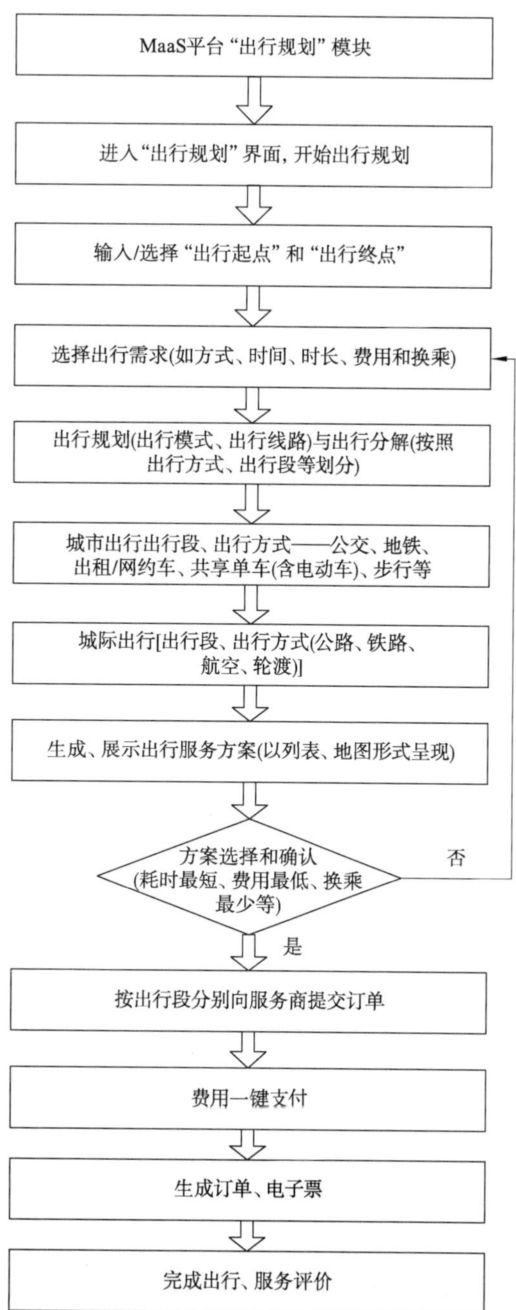

图 5-5 MaaS 之出行规划服务流程

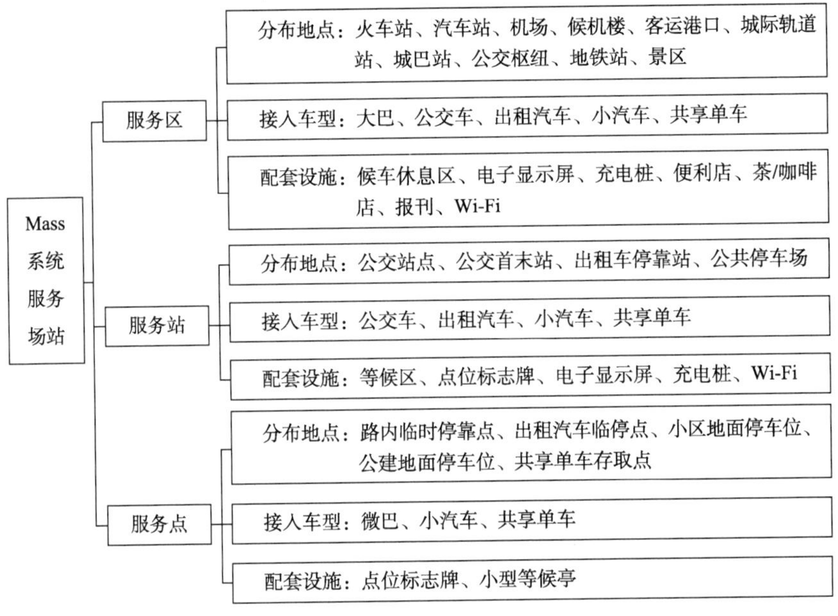

图 5-6　MaaS 系统服务场站

①能够根据用户出行需求进行路径规划，支持用户自主选择出行方式（自驾、共享交通），可根据不同的关注点（如时间短、消费少、换乘少等），进行路径的选择与自动切换。

②针对公共交通出行，系统自动提供轨道、客运、公交、地铁、巴士、网约车等换乘信息。

③针对共享汽车的需求，系统自动提供车辆取送地点、租赁费用、行车路径、行车里程、行程时间、通行费用、公路路况、气象、充电站等信息。针对城际交通出行，系统自动提供民航航班、铁路车次、长途客运班次及相应的站点信息。

（3）出行规划方案和确认

根据分解的各个行程段的规划与预订信息，行程总体的方案，包括路线、交通方式、换乘地点、行程时间和费用等，统一展现给出行者，由出行者确认后提交。成功完成预订服务后，将全部行程单一并发给出行者。

3.票务支付服务

（1）智能票务服务

以移动终端 App、小程序作为登录使用 MaaS 一体化票务服务入口，全出行链各交通方式客运服务的购票、付款、取票、登乘换乘、改签、报销等繁杂手续都可通过 MaaS 平台以最简单、快捷的形式完成。同时，对于有不同出行场景票务信息查询需求的用户，MaaS 平台进行链接或 Web 嵌入，用户可根据行程实时获取班次、余票等信息。MaaS 平台智能票务服务另一项重要应用在于实现出行服务一票式,这里“票”既可以指纸质票、交通一卡通、身份证件等实体票卡,也可以指电子票证、NFC 虚拟卡、二维码、eID 等虚拟票卡。以“一码式”出行为例,MaaS 平台将出行者预订的每段行程视作一项“出行商品”,并将几个“商品”组合成出行套餐,出行者购买出行套餐后生成出行订单。MaaS 平台根据出行订单在每段行程中分别生成相应二维码,并将各二维码拼接封装一个动态二维码,且将内含的乘客身份标识和出行使用交通工具的信息推送至运输工具检票终端,乘客刷二维码后即确认已完成这段行程。

(2)聚合支付服务

平台建立多元化支付工具汇聚、多种类支付渠道融合、多形态票种选择的智慧支付服务体系,将接入各大银行的支付接口以及支付宝、微信等第三方支付平台。支持用户现收现付以及在账户内充值购买出行套餐两种支付方式。如果用户购买了出行套餐,并且出行计划包括在他们的套餐中,那么在使用时可不必支付任何费用。如果用户没有购买预付费出行套餐,或者超出他们的出行套餐,根据服务类型,可使用现收现付服务,每次使用时将支付相应金额。

(3)一键支付和分账服务

用户需要在系统内注册账户来获取运输服务,通过整合各类交通运输模式,让用户只需要一次点击就可以选取所有交通服务,并且通过一个账户即可支付这些服务。MaaS 系统后台自动将费用支付给不同的运输服务提供者。出行结束出行者完成支付后,根据与合作商的协议,完成费用分账和自动支付各合作商的费用。

4.出行导航定位服务

与出行地图、导航服务平台对接,以导航电子地图数据库、地理信息系统引擎、地图匹配、人机交互界面、无线通信模块和定位模块共同构成 MaaS 平台定位导航系统。一方面,平台根据用户输入的出行起讫点和选定路线进行实时定位、记录出行轨迹,以电子地图形式跟踪,呈现用户出行所在位置,并提醒用户已出行时长、出行距离和换乘中转,播报预估到达目的地耗时、距离和即将到达站点;另一方面,平台根据用户出行行程变化自动调整线路导航,高效、快捷地协助用户到达预先设定的出行目的地。

5.定制化、个性化服务

(1)定制出行服务

依托大数据平台的建设和运营,全面整合慢行系统、公交、地铁、出租车、共享汽车、城际轨道等城市内和城市间主要交通出行方式票务支付数据,深度分析挖掘乘客的出行时空规律、出行偏好,构建面向个性化、定制化、多元化交通出行服务的个体用户画像和群体用户画像,以用户出行服务需求为导向、以运力高效组织衔接为保障,提供具体场景化服务、一站式综合出行服务。

(2)信息精准推送服务

MaaS 平台根据用户的个人偏好通过 LBS(基于位置服务)商圈信息服务、信息主动推荐技术向 MaaS 出行公众精准推送交通、气象、时政等信息,如在旅游业务层面,可以与景区合作,发布景区优惠套票;在精准营销领域,可以与各大商圈进行合作,发布线路途经的商圈优惠套票,通过带动景区与商圈的人流,谋求交通运输业的发展,挖掘跨领域商业合作的价值。这些建立在大数据基础上的个性化推荐可以更好地服务于用户,促进平台发展,提高用户黏性。

6.配套服务和增值服务

配套服务系统可为用户提供出行地区的住宿、餐饮、购物及旅游等服务支持。一是餐饮服务,用户可以预订行程中餐馆的餐位并点餐,系统根据到达时间向餐馆提交订单,用户到达后即可直接用餐,节约在途时间。二是购物服务,配套系统将接入行程途经地点的线上购物平台及线下商场,满足用户产生的购物需求。三是住宿服务,用户可以预订行程中转地的酒店,到店凭订单号或二维码等凭证录入个人信息即可快速入住。四是旅游服务。旅游服务则支持景区信息、旅游资讯、旅游攻略等内容的发布,使用户在出行之余还可体会当地的人文及自然景观。

7.评价与反馈服务

(1)信用评价

用户出行后,对于运输产品或者运输工具所提供的服务使用 App 进行评价,评价自动计入运输服务商的信用评价记录。同时,系统可以对用户的诚信度和行为进行评价,系统自动记录用户的诚信记录。对信用好的用户可以进行补贴奖励。出行者可对出行的各个行程的服务质量进行评分,系统自动将评分纳入各个行程段的相关服务商的应用记录。系统同时也可以对出行者的信用进行评分,纳入出行者的信用记录。

(2)会员积分

MaaS 平台建立统一标准的会员服务体系,实行会员积分激励策略和会员等级化管理。账户会员在消费完成出行服务订单后可享有积分激励,依据一次行程服务的时长、里程、运输工具、金额给予会员积分累计,然后按照会员积分累计量按从小到大将 MaaS 用户分为普通会员、白银会员、黄金会员、白金会员、钻石会员、黑金会员。会员积分设定清零周期,会员在会员积分存续期内可享有“积分兑换”“生日红包”“VIP 服务”“优惠套餐”“免费升舱”“快速通道”等会员权益。MaaS 平台会员分享服务、邀请新会员加入也会有积分激励,积分可换购平台服务和商品。

(3)客诉管理

出行用户完成出行旅程、确认支付、结束订单交易后,可在客户端“服务评价”

模块,围绕需求响应及时准确、客运组织协调协同、票务一体化、支付便捷、出行服务体验、平台操作体验等主要方面进行评价,在“客诉反馈”模块提出联程客运服务的存在问题意见和改进建议。例如,出行公众投诉出行服务提供商,MaaS平台可及时联系双方进行处理,并将结果反馈给投诉者,系统将投诉记录在案并纳入出行服务评价。

8.出行模式服务

MaaS平台的高度一体化需要城市及城际所有运输服务供应商之间的合作来实现,其中城市运输包含了地面公交,轨道交通,出租汽车/网约车、共享单车,共享汽车;城际运输包含了民航、铁路及长途客运等。为了使用户出行实现无缝衔接,各个模式的交通服务供应商需要和MaaS平台签订合同,在能提供出行服务的同时提供相关资料。

1)绿色出行服务

(1)地面公交服务

地面公交不仅是单一的常规公交线路,还包括日班、夜班、社区地铁接驳线、高峰快线、商务专线、节假日专线、旅游观光线等多种响应式公交服务形式。多种公交运行方式通过运行时间接驳协同、运量运力协同,实现干支线协同、快普线协同。通过预约公交服务,乘客可体验“发起需求、订购座位、在线支付”的一站式服务。地面公交接口提供运营时间表、价格信息、站点位置。

(2)轨道交通服务

轨道交通作为大运量、快速准时、集约高效的公共交通方式,可弥补地面公交运量短缺的短板。轨道交通接口提供运营时间表、价格信息、站点位置。

(3)出租汽车/网约车服务

出租汽车/网约车接口结合用户定位信息,可提供价格信息、车辆信息、预订信息、车辆类型方面的信息(如对电动车辆的奖励信息)、特殊服务的相关信息(如泊车服务)等。

2)共享出行服务

(1)共享单车服务

共享单车灵活性强、排放低、支出少,可减少拥堵和能源消耗,支持多种交通方式换乘,有利于解决公共交通“最后一公里”衔接问题。系统与共享单车平台进行对接,共享单车接口提供价格信息、停放点位置和可用车辆信息、健康信息(如热量消耗、排放减少信息)。

(2)共享汽车服务

共享汽车可满足多人次出行且对于出行舒适度及效率要求较高的用户,共享汽车接口提供注册的要求、价格信息、车辆信息、预订信息、车辆停放点及可用车辆信息、可持续方面的信息(如对电动车辆的奖励信息)、特殊服务的相关信息(如单向服务)。微型通勤服务能有效应对道路拥挤问题,服务提供不受空间限制而且有助于绿色环保。根据 Markets & Markets 预测小型机动车、小型电动汽车、自行车及滑板车等微型通勤车形态,将成为 MaaS 出行服务市场上增速快的共享出行服务。

(3)智能停车服务

用户选择共享汽车自驾新能源车辆服务时,为用户提供停靠点车位信息(如停车场位置、数量、规模、空余停车位、是否有人工服务);若停靠点车位已满且无人工服务,则在出行服务预订时提示用户。停车场将继续在交通运输生态系统中发挥关键作用。MaaS 平台被广泛采用所带来的机遇将在很大程度上取决于位置、停留时间和 MaaS 引入的出行选择性水平。这使得停车场成为一个投资领域,需要深入的行业知识来识别具有吸引力的资产,在高需求生成的位置可以称为"特许经营区域"。

3)联程出行服务

(1)民航服务

乘坐飞机出行凭借其运行速度快、舒适度高的优势一般被人们当作中远途出行的首选方案,系统接入各大航空公司票务系统,为用户提供航班时刻表、价格信息及余票情况、乘员定额、航班型号等信息。

(2)铁路信息服务

铁路具有准点率高、覆盖面广、价格亲民、出行便捷等优势,尤其是高铁近年来高速发展,已成为中近距离出行优先考虑的方式。系统将接入铁路售票系统,为用户提供列车时刻表、车次信息、车型信息、余票信息等。

(3)长途客运信息服务

长途客运在部分中小城市及区县的中短途出行可作为铁路及航空的补充方式。系统接入长途客运售票系统,为用户提供车次时刻表、余票信息、车辆信息等。

(4)航运信息服务

部分船舶通航地区需要接入航运票务信息系统为用户提供相关服务,信息主要包含航运班次信息、船舶信息、余票信息等。

9.特殊人群出行无障碍服务

出行无障碍服务旨在为残障人士提供更有针对性的出行信息服务,推动信息无障碍智能创新,彰显人道主义情怀,实现真正的出行无障碍。

(1)电子导盲

该功能可采集区域内盲道建设情况,在重点地区铺设特定图案的盲道砖,并导入高精度地图内,通过图像识别技术实现周围地理信息精准识别和导航。视障人士可全程通过语音控制进行操作，系统则通过语音及振动等方式为其提供导航服务，可提供公共交通、出租汽车乘降点、车辆到达时间及道路交通情况等出行信息。

结合移动互联网和智能手机的视频、语音等基本功能，视障人士通过手机摄像头将面前需要辨认的，或者需要阅读的东西拍下来，发出需求后，发送通知给助盲志愿者，志愿者可在第一时间通过视频聊天的方式为其辨认镜头前看不到的“问题”。

(2)轮椅无障碍导航

该功能可提供区内搜索、查找和标记服务，显示轮椅容易通过的地点，结合轮椅通行地点和相关通行情况来进行导航。这些信息在地图中通过以下四种颜色区分。

①绿色：轮椅无障碍。入口和地点附近无台阶，卫生间无障碍。

②橙色：部分轮椅无障碍。入口有一阶台阶，大部分地方没有台阶，无法以轮椅进入卫生间。

③红色：轮椅有障碍。入口有阶梯，附近不方便轮椅进入。

④灰色：未知状态，需要后续补充信息。

(3)电子围栏

该功能使用户随时随地准确定位，可预防残障人士意外走失。定位器系统与手机连接后，在运营商网络覆盖的地区就知道身在何处。通过24h不间断统计分析地理信息，让监护人随时了解被监护人的精确位置，被监护人离开监护人最大距离或超出正常活动范围时，自动将报警信号和地理坐标位置推送给监护人，使监护人能够及时采取应对措施。

5.3.2 面向交通企业的运营服务应用

1.订单分派

MaaS平台从订单系统中获取出行需求，包含出发地点、目的地点、出发时间、人数、出行条件，进行组单，并计算最佳接客路线，发送给各交通方式客运服务承接平台和驾驶员，订单系统统计订单、派单、行程单、费用信息，形成订单热力图。根据订单热力图，结合实时运力和路线推荐，评估订单生成可行性，反馈订单状态结果。比如某些运力不足的时间内，只推荐包车方式；运力富余时，推荐多条路线、多条件拼车，最大限度地提升交通工具的利用率；线路推荐系统从运营系统中获取出行方式、出行时间、计价模式等，约车失败后，从出行时间和出发地点两个维度重新推荐线路给乘客。

2.智能调度

通过服务聚合、管理打通各运输公司和第三方服务平台，根据用户出行需求订单进行智能化运力调度，即基于 MaaS 平台的调度机器学习算法，自动生成优先级顺序的运力排班计划，实时根据出行公众需求和路况等调整班次，实现不同交通方式客运服务基础设施、客运服务运营组织、人—车—路(站)智能化、网联化、协同化。智能调度包含智能排班和实时调度两方面内容。智能排班是指 MaaS 智能(AI)中台基于人、车、路况、气象、成本绩效等多因素，所提供的自动排班计划、有效工时分解、计划指标对比、客流与排班配车和时刻表编制服务；实时调度是指基于 MaaS 智能(AI)中台通过各类物联传感系统和智能算法，所提供的线路车辆实时监控、突发事件预警、事件影响出行时刻和时长预测等。

3.规划运营

平台融合各交通方式运营主体、运输工具、班次计划、运力调度以及出行需求、客流量等数据，提供运力供求匹配分析、运力资源结构分析、运力配置调整分析、载客率分析、运力衔接效率分析、运力可达性分析、准时性分析等。平台通过出行供需时空匹配状况分析，为交通规划建设部门和交通运输服务企业提供站场、线网、线路建设布局与调整优化提供支持。例如，基于客流及线网优化模型，对线网进行优化，同时构建对应的线网评价体系，不断反馈及优化模型，提升优化准确率，如基于客流的再造线网评价、基于 OD 客流换乘中转接驳的线网调整等。

4.客运监测

MaaS 平台通过用户终端为各交通方式客运服务企业提供客运服务数据监测服务，监测用户访问量、日活、月活、使用情况、用户画像，监测出行量分布态势、线路热度、联乘套餐热度；监测客流高峰、运力瓶颈预警；监测用户需求反馈，增强线路优化。同时，搭建线网评价、线路评价、客运服务评价指标体系，监督客运服务质量。线网评价指标主要有各交通方式线网路网比重、运力利用率、线路重复系数、站点覆盖率、线网联通率等；线路评价指标主要有线路长度、通达度、拥堵率、非直线系数、换乘线路数等；客运服务评价指标主要有便捷性、拥挤度、舒适度、经济性等。

5.用户画像

用户生命周期管理的关键在于用户标签、用户画像，MaaS 服务大数据技术为用户生命周期管理提供更科学、更有效的保障，为产品服务设计、业务模式创新、精准营销奠定基础。MaaS 服务大数据平台融合智慧支付清分结算数据、公共交通出行数据、消费行为数据等提供个人用户画像和群体用户画像功能，通过分析和挖掘 MaaS 用户的出行特征、消费特征及习惯偏好，为 MaaS 出行个体用户、用户群体赋予标签和行为特征描绘，从而为各交通方式客运服务企业以及相关出行服务提供商有针对性地发掘用户隐性需求，开展精准营销、定制产品服务提供帮助。

6.精准营销服务

在5G网络条件下,引入场景体验主导型服务、"虚拟现实服务"(VR)和"增强现实服务"(AR)、连接与互动型服务,面向用户提供覆盖自主出行、共享出行、公共出行等全出行生态服务场景的基于定位的精准营销、基于需求偏好的位置信息推送服务;为企业商户提供产品营销管理服务,提供用户精细化运营能力,构建个人用户画像、用户群体画像,利用LBS地理围栏技术、主动推荐技术,实时触发精准信息推送,为MaaS平台用户提供位置周边营销信息、订阅信息主动推送服务,一方面提升平台商户运营效率,另一方面精准命中用户需求。

5.3.3 面向主管部门的监管服务应用

1.MaaS运营状态监测

服务监测是一种主动的监督管理,是对平台运营主体、各交通方式客运服务企业、出行用户的监测。对平台运营主体的监测主要有:平台运营状态监测、资源整合配置监测、需求订单响应和分发监测、多模式出行规划监测、票务支付及清分结算监测、信息数据安全监测等;对各交通方式客运服务企业监测主要有运力调度监测、时刻表执行监测、客流管控监测、生产安全性监测、服务可靠性监测、换乘便捷性监测等;出行用户监测主要有用户需求监测、用户出行行为监测、用户消费特征监测、用户异常行为监测等。

2.场景化政务民生服务

政务服务以民生服务为核心,民生服务包括教育培训服务、医疗保障服务、交通出行服务、社会保障服务等多个领域、多个方面。以基于智慧支付的MaaS服务平台为入口,发挥智慧支付天然场景入口优势,构建面向场景化民生服务的政务服务体系,充分体现便民、惠民、利民政务服务理念;以智慧支付终端为抓手,全面透彻感知、融合各场景下的政务服务数据,利用大数据技术为社会公众衣食住行游娱购决策提供数据支撑服务。例如,整合智慧支付、智慧交通等行业监测数据,面向居民提供交通出行路况信息、出行线路规划、出行客流变化等便捷出行、高效出行服务。

3.MaaS票制票价及补贴

根据交通、物价等票价监管政府部门出台的MaaS服务产品定价方案和票价补贴优惠政策,建立票价动态监测模块,反映各交通方式、各出行组合模式客票定价现状和票价市场化波动变化。

4.MaaS运营安全监管

平台推行"安检互认"制度和高兼容性的安检标准,共享各交通方式、各出行阶段安检信息,实现全出行链"一次安检"平台;平台设立运营安全服务标准规范,从平台准入制度、安全监管制度、安全评估制度、信用积分制度四个方面保障出行服务运营安全;平台建立跨交通方式、跨空间区域、跨部门、跨层级、跨系统的运营安全协调、协同保障机制,明确安全责任划分和归属。

5.MaaS 行业治理决策应用

平台通过对出行服务行业运行状况、出行服务企业运营状况、用户出行服务消费行为状况等多角度、多维度监测,为政府实施行业监管、制定行业政策、提高决策效率和决策质量提供支撑。发挥智慧支付充当各类场景连接“纽带”和“桥梁”作用,为打通政务系统独立或孤立状态,实现政务系统互联互通、政务数据共享与交换奠定基础,进而为利用大数据技术加强政府监管、治理和决策能力,推进政务治理体系建设和治理能力现代化提供数据支撑。以基于智慧支付的 MaaS 服务为依托,利用大数据分析挖掘算法模型、AI 技术,通过数据可视化展现产业、企业、社会秩序、居民生活动态,为政府实施行业监督管理、行业治理、社会管理和政务决策提供数据支撑。

6.MaaS 信用监督管理

平台提供信用记录、信用评价、信用信息共享、信用等级查询等一系列信用管理功能,监督管理出行服务市场主体、出行消费者的信用行为。信用记录功能在于从注册登记、身份认证、资质审核、履约行为、内外失信记录、黑名单等方面记录出行服务供求双方信用信息;信用评价功能在于根据市场主体、用户的信用记录和履约行为数据,按照一定指标对各方信用程度高低实施评估、度量;信用信息共享功能在于与各行业领域、全国地方的信用信息共享平台互通,共享交换市场主体、消费者信用信息;信用等级查询功能在于为帮助出行服务决策而提供信用信息查询服务。

第6章　基于智慧支付的MaaS服务体系构建

智慧支付包含丰富的内容和巨大的价值作用,它是一种支付工具,提供有别于现金、支票等传统支付形态的交通一卡通、NFC虚拟卡、二维码、生物识别支付、数据货币等支付产品服务。依托“云大物移智”(云计算、大数据、物联网、移动互联网、人工智能)等现代高新信息技术,从数据、运营、管理、服务等方面促进不同运输模式间的整合,构建运营协同、票务互联、信息互通、数据互换、安检互认、监管联动的跨交通方式、跨区、跨境出行服务体系,实现“一票到底、零距离换乘、无缝衔接”,为居民提供便捷、高效、安全、经济、绿色、个性化的联程客运服务。

6.1　基于智慧支付的协同化运营调度服务

6.1.1　协同化运营调度服务体系架构

当前,现代交通出行方式种类丰富、业态多样,城市公交、城市轨道交通、出租汽车(含网约车)、单车(含共享单车)、轮渡等城市交通和公路、铁路、民航、水运等城际交通共同构成一套复杂而且利益群体众多的交通体系。在MaaS出行服务发展的背景下,整合各交通方式资源跨交通方式协作和协调各交通方式背后运营主体之间利益群体是实现“协同化”运营服务的基础,因而需要建立一个既能满足各方利益诉求,又能相互辅助、相互支撑的运营调度机制。

智慧支付以交通一卡通、乘车码、生物识别支付、电子票证、数字货币等多种形态,应用于交通出行票务支付,智慧支付数据记录和反映着用户出行需求、出行偏好,与各交通方式运营调度数据融合,实现交通出行供给与需求高效匹配、各交通方式相互关联协同,形成MaaS协同化运营调度体系建设的基础支撑。用户在MaaS服务平台应用终端完成联程出行票务预订支付后,后台系统根据用户需求自动生成出行服务订单和电子票证,并将出行订单信息数据分发给用户、交通运输服务提供商。MaaS出行服务平台整合票务支付数据、用户支付账户数据、出行行为历史记录数据、交通运输运营任务和排班数据,匹配交通运输服务供给能力和用户出行需求,形成跨交通方式协同化运营调度方案,合理配置运力资源,提升用户出行效率和出行质量。

基于智慧支付的协同化运营调度体系是围绕MaaS理念,在制度协调、组织协调、设备协调和信息协调的基础上,构建的以需求协同响应、运营计划协同编制、运营数据共享交换、运营安全协同保障等为核心运营服务功能的新型运营调度机制。解决运力分散、经营分割所造成的出行服务需求响应不充分、运营衔接低效、重复安检等问题,提供全出行链"一张订单、按需调度""高效衔接、可靠可控""信息对称、数据同步""安检互认、一致管理"的便捷出行服务。基于智慧支付的协同化运营调度体系体现出智慧出行的"按需服务、个性化、信息化、智能化"的基本特征,其目标就是对接协调、联动包括公交、地铁、道路、城际轨道、铁路、水运等多种交通方式在内的交通运输运营服务提供商,借助互联网、大数据、云计算、物联网等信息技术,汇集、整合多元化、多场景出行服务资源,提供"安全、便捷、高效绿色、经济"的出行服务。协同化运营调度体系总体框架如图6-1所示。

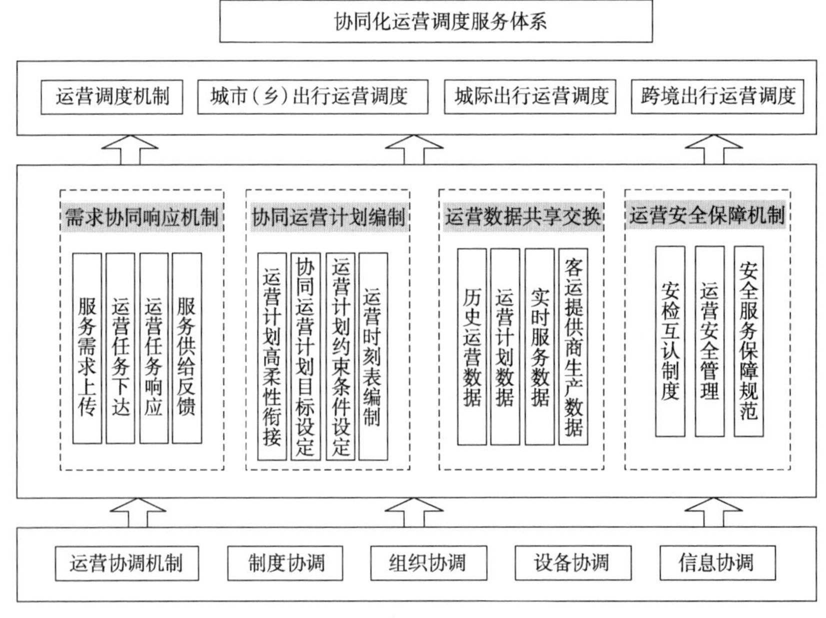

图6-1 协同化运营调度体系总体框架

6.1.2 基于智慧支付的协同化运营调度服务内容

基于智慧支付的协同化运营调度服务内容从协同响应需求至协同提供服务过程主要包括需求协同响应机制、协同运营计划编制机制、运营数据共享交换机制、运营协调及调度优先级机制和运营安全保障机制。

1.需求协同响应机制

MaaS服务是一种根据用户出行需求,将各种交通方式出行服务供给资源进行高效整合、优化配置，由不同交通方式运营主体协同完成出行订单的出行服务活动。在 MaaS 服务模式下，交通出行服务提升由交通出行服务提供者向用户需求主动响应者转变，交通出行服务对象由客运服务被动接受者（乘客）向基于无缝换乘、“一票式”等个性化、多元化出行服务需求的用户转变。MaaS 服务需求协同响应机制，是以用户出行需求为出发点，根据用户出发时间、出行时长、出行起讫点、交通方式、换乘次数等出行需求数据，并结合不同交通方式运力调度、时刻表等供给侧数据，协同编制跨交通方式运营排班计划，各交通方式运营主体协同组织和调配运力资源，共享运营调度数据、共同管理出行服务安全，面向用户提供定制化、个性化的出行解决方案。

MaaS 服务需求协同响应机制包含协同响应用户需求和协同提供服务两个环节。MaaS 系统收集和整合用户出行需求数据，生成、分发出行服务需求订单，各交通方式运营主体在需求响应协同、运营计划衔接、运力组织协同、时刻表衔接、换乘安检衔接、信息数据协同等协同机制作用下，作出接受、拒绝或无力提供相应出行服务的反馈，MaaS 系统确认和向出行用户反馈订单是否成功生成。订单生成后，各交通方式运营主体根据运营任务组织、调度运力资源和执行出行服务任务，如图 6-2所示。

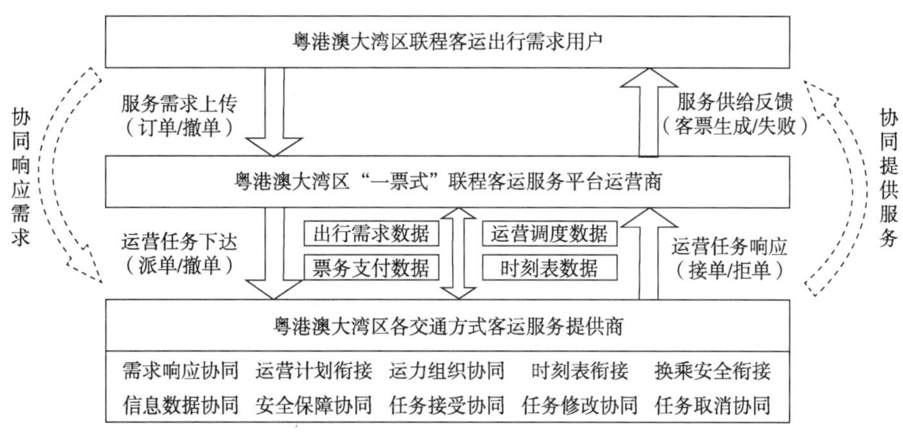

图 6-2　MaaS 出行服务需求协同响应机制

MaaS 服务需求协同响应以 MaaS 平台作为协同响应出行需求、协同提供出行服务的媒介和桥梁，连接 MaaS 服务需求用户和 MaaS 服务提供商，会同其他出行服务提供商协同支撑，向用户出行需求作出一致性、计划性反应和活动安排。这里所提到的其他出行服务提供商具体包括：提供基础的通信服务以及计算资源与存储资源云服务的 ICT 服务商，提供定位导航服务、地理地图信息数据和空间信息数据 API 接口支持的空间信息服务商，提供后台系统接口、功能引擎、大数据采集和分析挖掘等系统技术服务的后端技术服务商,提供出行用户信用状况评级、信用支付等新型支付模式和NFC支付、二维码支付、生物识别支付等多元化支付方式的智慧支付服务提供商,提供用户基本身份认证识别服务以及人脸识别、人体步行姿态识别等功能服务的身份认证服务商等。高柔性衔接和ICT服务商——提供基础的通信服务以及计算资源与存储资源云服务;空间信息服务商——定位服务、提供地图数据、API接口支持;后端技术服务商——大数据处理技术、平台开发、数据集成;支付服务提供商——参与乘客信用评分,提供移动支付、闪付、先享受服务后付款等服务;身份认证服务商——提供基本身份认证识别服务以及人脸识别、人体步行姿态识别等功能。

2.协同运营计划编制机制

MaaS服务的一大特点在于跨交通方式的协同化运营。要保证多元化交通方式高质量、高效率和低误差率衔接,为用户提供"高效衔接、无缝换乘"的出行服务,其关键是各交通方式客运运营计划高柔性衔接和协同运营计划科学编制,从而解决用户出行服务需求和客运服务提供商出行服务供给的不平衡问题。

1)运营计划高柔性衔接机制

高柔性是实现MaaS服务的优势特点之一,它使得出行服务提供商在实现运营成本最低的同时,也能达到用户满意度最高的成效,突显MaaS服务在出行服务需求响应、交通资源配置、出行规划方案、定制化出行等方面相较于传统交通运输模式具备更大的优势。具体体现在:第一,无论是市内出行还是城际出行,无论是单一交通方式出行还是多元化交通方式组合出行,MaaS服务供给侧衔接机制的"高柔性",可将各类交通方式和各种出行模式整合在统一的服务体系和功能框架内,基于出行用户的个性化需求、偏好习惯和出行服务资源运营调度、排班计划,灵活、高效地设计和实施出行规划方案、出行产品设计、用户运营管理、客服服务,体现MaaS服务组织形式灵活多变、快速适应市场需求的优势。第二,出行用户往往是理性的,在出行方式、出行模式选择和决策时,往往会综合考虑全出行链的时间成本、费用成本等,从现代出行服务来讲,安全、便捷、高效、绿色、经济是用户出行行为的基本需求,出行服务已由"走得了"向"走得好"转变。MaaS服务需求侧衔接机制的高柔性,可依托互联网与信息技术,整合配置、灵活调度各交通方式出行服务资源,为出行者提供甚至主动推荐覆盖完整用户全出行链的一套出行方案。第三,考虑到出行用户个体的差异性,MaaS服务是以用户个性化需求为出发点,通过大数据技术区分不同出行目的和出行要求的用户群体,构建个人用户画像、群体用户画像,可以有针对性地提供定制化、多样性的出行方案,与此同时,制订满足用户出行方案的出行服务运营计划。MaaS服务运营计划柔性衔接机制如图6-3所示。

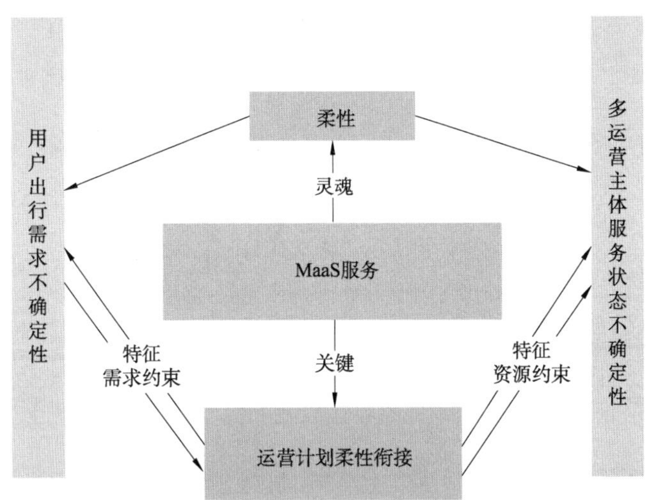

图 6-3 MaaS 服务运营计划柔性衔接机制

2)协同运营计划的编制

MaaS 体系中涉及跨交通方式、跨区域、跨运营主体、跨系统运营衔接,利益主体多样、出行环境复杂,需考虑各种不确定因素、柔性需求(表 6-1),协同导致有序、有序保障高效,编制具有高柔性的协同运营计划对整个体系的高效运作显得尤为重要。MaaS 服务体系下的协同化运营调度,不仅要求运营计划在出行方式衔接、出行时间衔接方面具有高柔性,而且需要各交通方式的运营计划协同优化。建立协同运营计划编制机制,强化各出行服务部门之间信息互通、数据共享和响应协同,保证多元化交通方式协作运输和高效接驳,降低出行服务成本、提升出行服务效率和增强用户出行便捷性。例如,以多交通方式组合总运营成本最低、时间柔性和需求柔性最大为目标,以混合时间窗、车辆数量、车型种类、续航里程等为约束条件,构建 MaaS 服务协同优化机制。

MaaS 柔性需求 表 6-1

出行服务不确定因素	柔性需求
用户出行方式选择差异性	需求柔性
多变天气导致的需求变动	需求柔性
用户对行程时间的要求	时间柔性
实时交通状况不确定性(交通管制、信号限制、恶劣天气等)	时间柔性

(1)协同运营计划编制的目标

MaaS 服务协同运营计划目标体现在以下三个方面:从 MaaS 服务整体运营效

益出发,总体运营成本应保证最低;从各交通方式运营衔接高效出发,出行服务时间应保证柔性最大;从出行者个性化需求、出行偏好特征出发,应保障用户需求柔性最大。

如图6-4所示,MaaS服务兼顾出行服务提供商、出行用户利益,从运营成本、时间柔性、差异化需求三个方面设定协同运营计划目标。

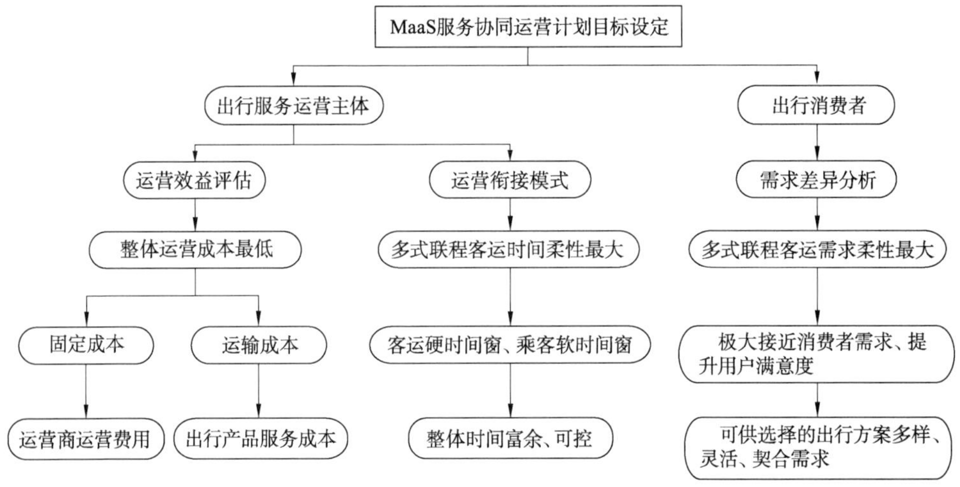

图6-4　MaaS服务协同运营计划目标设定

首先,出行服务运营成本由固定成本和运输成本两部分构成,为确保MaaS整体运营成本最低,出行服务提供商应当优先选择出行服务日常运营费用最低且运输成本最低的单一交通方式出行模式或多种交通方式组合出行模式。

其次,在多种交通方式组合出行模式下,无缝换乘、高效衔接是MaaS服务的重要特征和目标。MaaS服务从最小化用户出行等待时间、最大化出行用户抵达时间准点率两个方面,树立多式联运的最大化时间柔性目标,对出行用户的出行线路和换乘衔接进行规划布局。

最后,MaaS服务是一种出行需求和出行供给高效组合、有效匹配的智慧出行模式。由于受出行用户自身出行习惯、收入水平以及对于舒适性、安全性、经济性、通达性等方面因素的综合影响,出行者个体出行需求存在显著差异,因此MaaS服务需要将需求柔性最大化纳入协同运营计划目标,尽可能贴近出行用户个性化需求,提升出行用户满意度,提供更为灵活和多样的出行方案供用户选择。

(2)协同运营计划编制的约束条件

协同运营计划的编制不仅要考虑树立协同运营计划的目标,更要考虑实现该目标的约束条件。按照约束对象的不同,影响MaaS服务协同运营计划编制的约束条件可以分为限制 MaaS 服务需求响应能力的因素、限制 MaaS 服务衔接能力的因素和限制 MaaS 服务需求满足能力的因素。限制 MaaS 服务需求响应能力的因素主要有交通工具数量、交通方式种类、交通方式运力、出行服务时空范围等；限制 MaaS 服务衔接能力的因素主要有车次衔接硬时间窗、车次衔接运能匹配、车辆续航里程、能源补给、通行权等；限制 MaaS 服务需求满足能力的因素主要有用户对抵达目的地的时间要求、用户对离开出发地的出发时间、用户期望到达时间存在预期范围和可接受范围等软时间窗限制，见表 6-2。

MaaS 服务协同运营计划编制需考虑的约束条件 表 6-2

约束对象	约束条件
MaaS 服务需求响应能力	交通工具数量限制
	交通工具样式种类限制
	交通工具运载能力限制
	客运服务范围空间限制
	客运服务范围时间限制
MaaS 服务衔接能力	车次衔接硬时间窗限制
	车次衔接运能匹配限制
	车辆续航里程限制
	能源补给限制
	通行权限制
MaaS 服务需求满足能力	抵达目的地时间限制
	离开出发地时间限制
	期望到达时间预期范围和可接受范围

3.运营数据共享交换机制

在传统客运服务体系中，各交通方式相互独立、封闭运营，出行用户需求数据、出行服务企业运营数据、票务支付信息数据等信息数据不通，导致整个交通运输服务体系难以形成优势互补、响应协同、安检互认、票务一体化的运营机制，资源配置不当、组织效率低下问题突出。随着物联网、大数据、云计算、区块链等现代信息技术的发展和应用，出行服务运营信息数据实现跨交通方式、跨区域、跨部门、跨系统共享交换。在 MaaS 服务体系下，各出行服务提供商协同运营成为可能。

基于智慧支付的 MaaS 服务大数据，是以智慧支付产品数据、终端数据、清分结算数据为基础，融合各交通方式、各出行配套服务提供商运营生产数据、时刻表数据、票务数据、安检数据等，构建覆盖全出行链、囊括各交通方式的多源异构综合交通大数据，为出行服务企业提供运力资源配置优化、调度组织高效、需求响应精准等支持。基于智慧支付的MaaS服务大数据按照不同分类标准，可以分为以下几类：一是按照数据是否实时变化，可以分为静态数据和动态数据。静态数据，如运营线路基础信息及服务计划信息、停车设施信息等；动态数据，如车辆位置动态信息、实时调度信息、道路实时拥堵信息及各交通工具满载情况等。二是按照数据分析挖掘的数据来源不同可以分为历史数据和预测数据。历史数据，如早晚点统计数据、交通量变化统计数据等；预测数据，如交通工具行程时间预测信息、交通量变化预测信息与出行时间预测信息等。三是按照用户特征数据种类不同，可以分为生活特征数据和消费特征数据。生活特征数据，如各交通方式、各出行模式的起讫点出行数据（OD出行数据）、用户偏好数据等；消费特征数据，如票务支付数据、交通一卡通支付数据、交通电子支付清分数据、票务支付折扣和优惠信息数据等。

另外，需要注意的是，MaaS服务体系中各交通方式因相互之间协同等级不同，运营数据协同共享权限也各有不同。如表6-3所示，在城际MaaS服务中，民航与高铁（含城际轨道）具有强协同性，能够通过运营系统对接解决各交通方式运输计划数据传输和数据集成共享问题，保障数据时效性、数据交换效率，满足城际协同化运营，如空铁联运等，对历史数据、运营计划、实时数据等信息数据共享交换需求；城市MaaS服务系统由城市交通骨干系统、城市交通共享系统两部分构成，相对于城际MaaS服务，运营计划制定和调整更具有灵活性，一种交通方式运营计划的调整对于另一种交通方式影响不大或不产生影响，但是这要建立在城市各交通方式更广泛数据共享的基础之上。也就是说，在MaaS服务体系中，越是有较高灵活性的交通方式，数据协同共享要求也就越高。

MaaS服务体系各交通方式协同运营数据的共享权限 表6-3

分类		协同关系	协同方式		数据			
			计划层面	运行层面	历史数据	运输计划数据	实时服务数据	企业生产数据
城际运输系统	民航	服务对接	获取运输计划	实时发站信息、到站信息	是	可能	可能	—
	高铁	服务对接	获取运输计划	实时发站信息、到站信息	是	可能	可能	—

续上表

分类		协同关系	协同方式		数据			
			计划层面	运行层面	历史数据	运输计划数据	实时服务数据	企业生产数据
城市骨干系统	地铁	服务对接	获取运输计划	实时发站信息、到站信息,能力使用信息,预报信息	是	是	是	—
	骨干公交	接受协同	获取运输计划	实时位置信息,能力使用信息,预报信息	是	是	是	是
城市共享系统	定制公交	接受协同	获取运输计划	实时位置信息,能力使用信息,预报信息	是	是	是	是
	共享汽车	接受协同	获取运力配置计划	实时位置信息,能力使用信息,预报信息	是	是	是	—
	共享单车	接受协同	获取运力配置计划	实时位置信息,预报信息	是	是	是	—

4.运营协调及调度优先级机制

MaaS 服务的一个重要目的就是将城市公共交通、公路、民航、铁路、水运等各种交通方式融合于同一体系内,打破体制机制壁垒和“信息孤岛”现象,改善交通运输资源配置模式和出行信息资源共享交换模式,实现业务协同运营。实现业务协同运营的重要条件就是建立跨交通方式、跨区域、跨部门、跨层级、跨系统的运营协调机制和运营调度优先级机制。

(1)运营协调机制

实现 MaaS 服务的一个关键点在于整合各交通运输硬软件资源、体制机制市场主体。以粤港澳大湾区一票式联程客运服务为例,其运营协调的目的在于:既要克服出行服务不同领域、不同区域因粤港澳三地的系统差异、标准规范差异、体制机制差异所造成的客运服务体制机制壁垒,更要实现各交通方式客运出行服务运营组织互联互通服务“硬联通”“软对接”。既要做到各客运方式在时间上的完美连接,也要做到空间上的换乘便捷;既要满足常态化运营需求,也要应急联动保障机制。因此,MaaS 服务运营协调机制应用粤港澳大湾区一票式联程客运服务运营协调机制,需要在制度协调、组织协调、设备协调和信息协调制度、组织、设备、信息等四个方面完成分工与合作建立,如图 6-5 所示。运营制度协调是指制定和遵守统一的监管制度,建立和执行统一的标准规范,按照统一的票务支付清分结算规则等提供协同化运营服务;运营组织协调是指协调各交通方式运营主体"协同响应用户出行方式、出行模式需求,高柔性配置和组织相应的出行服务资源,协调编制运营计划表和安排运力资源调度";运营设备协调是指协调各交通方式运营主体的"出行服务基础设施按照统一标准规划布局,出行产品服务供给能力与用户具体需求相匹配,各交通方式硬软件设备高效衔接";运营信息协调是指各交通方式运营主体"共享运营数据、互通实时信息、共同遵守保密和数据安全协议"。

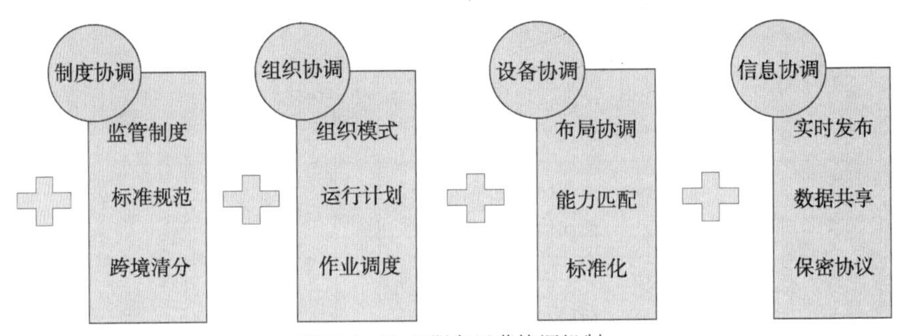

图 6-5　MaaS 服务运营协调机制

(2)运营调度优先级机制

因受出行需求、交通状况、运距长短、时间可靠性及气象等因素的影响程度不同,不同出行模式的运营组织和协同难度各有不同,导致 MaaS 服务体系下各交通方式运营调度优先级存在差异。

如图 6-6 所示,城际交通方式优先级显著高于城市交通方式。例如,在"城市+城际联程出行"模式中,城市常规公交、城市地铁、出租车、共享单车/汽车等城市交通方式处于配合地位,承担向高铁、城际铁路、城际道路提供城际出行输送和接驳大规模客流的任务,该模式下城际出行与城市出行高效衔接,相对于定制类、预约类出行服务运营计划更具有稳定性、规律性特征,但灵活性、柔性不足。

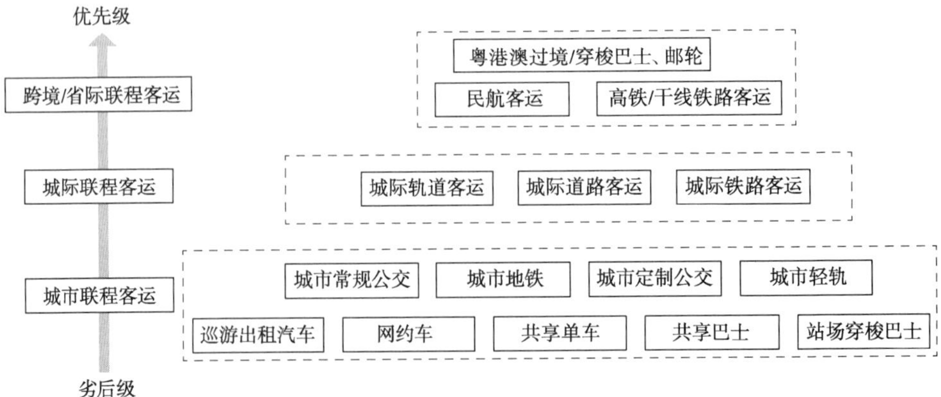

图 6-6　MaaS 服务体系下各交通方式运营调度优先级划分

另外，由于定制类、预约类出行在运营计划安排和运力组织调度上具有灵活性、强弹性和高柔性优点，能够及时、准确和有效响应用户个性化出行需求，因而该类交通方式优先级显著低于传统交通方式。

5.运营安全保障机制

(1)安检互认制度保障

各交通方式都建立起属于自身领域的安检标准规范，由于安检等级不同、安检数据不通，在多元化交通方式组合出行中重复安检问题屡见不鲜，影响了旅客出行效率和出行体验。例如，旅客因安检时间过长错过班次，造成行程延误；换乘中转安检，将给换乘乘客尤其是携带大件行李和行动不便的乘客带来极大不便。不仅如此，重复安检会增加安检人员重复劳动、安检基础设施重复建设，增大安检成本，也会因为安检降低旅客的流动速度造成人员聚集安全隐患。推行安检互认制度，可以获得大于各交通方式客运服务独立安检时的经济和社会效益，实现“范围经济”。因此，MaaS 服务应当建立运营安全协同化保障机制，共享安检信息数据、实现“单向免安检”。目前，常见的安检互认制度分为以下几种：同类交通方式安检互认、跨交通方式安检互认、跨境出行安检互认。目前，国内部分地区已在推行跨交通方式安检互认制度。例如，2019 年春运期间，为快速疏散到达客流，深圳北站与深圳地铁实施铁路出站与地铁进站互检互认模式，铁路与深圳地铁在深圳北站高铁 A2 出口联合开设绿色通道，旅客可免安检直接到达地铁进站口。此项模式建立前，粤港澳大湾区如我国大多数地区一样，尚未能实现安检互认，不同交通方式的客运安检标准相互之间存在显著差异，这给粤港澳大湾区居民出行带来极大不便。体现在：换乘中转安检，将给换乘乘客尤其是携带大件行李和行动不便的乘客带来极大不便；各交通方式、粤港澳三地安检等级不同、安检信息未共享易造成安检不能互认，出行不畅。粤港澳大湾区推行安检互认制度，应当首先从构建联程客运空间的密闭性、实现粤港澳三地各交通方式安检信息共享互通和安检标准统一入手。即为免除二次安检的换乘乘客提供专用通道，在现有的场站布置中可能需要更改安检区域来实现联程客运空间的密闭性。目前，粤港澳三地客运之间、各种交通方式之间关于禁止和限制携带物品的规定仍然存在一些细微差异。实现粤港澳大湾区各交通方式客运安检标准的统一是实现联程安检互认制度的前提和基础。

(2)运营安全管理保障

为保证 MaaS 服务安全，需要各交通方式出行服务提供商之间及安全监管部门之间建立运营安全管理协同保障机制，既要保证 MaaS 服务供给安全、明确界定跨交通方式出行过程中各方安全责任，也要确保 MaaS 服务安检监管部门高效衔接、管理协同，如图 6-7 所示。目前，出行安全管理大多数倾向于采用集中管控方式，其有效性需建立在信息广泛整合、互联互通的基础上，但是，MaaS 服务的各方参与主体相互独立，采用集中控制模式实现 Maas 服务安全运营协同保障存在较大难度，统一标准规范是实现 MaaS 安全运营协同的主要途径。MaaS 服务运营安全管理统一标准规范的具体内容如下：首先，在 MaaS 服务提供商准入机制中，制定 MaaS 服务运营安全标准，经过 MaaS 服务平台运营主体安全评估许可后，方可接入 MaaS 平台体系和参与 MaaS 服务；其次，制定 MaaS 服务安全监管制度和技术标准，尤其是针对风险较高的出行方式和出行模式，建立统一的风险管理系统和应急响应系统，形成 MaaS 服务在不同场景下多方式协调的应急预案；再次，建立定期安全评估制度，形成一套完整的 MaaS 服务安全评估指标体系和评估规范；最后，以现行法律和法规为基础，建立、完善 MaaS 服务信用评估监督体系，如利益相关者信用积分制度、诚信黑名单制度，进而规范交通运输企业、MaaS 平台运营商、信息数据服务提供商、行业监管部门和出行用户的行为，保证运营安全。

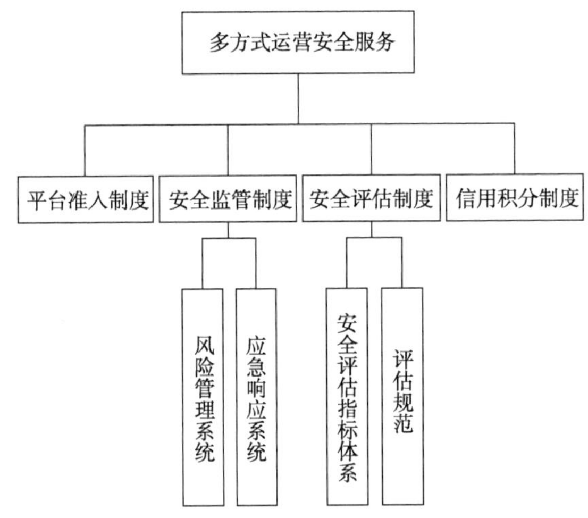

图 6-7　MaaS 服务运营安全管理标准规范

6.2　基于智慧支付的一票式票务清分服务

6.2.1　一票式票务清分服务架构

MaaS 平台跨领域、跨区域汇集各交通票务支付服务提供商交通电子支付数据，按照统一的技术标准、统一的转码和编码要求，提供兼容多种支付方式、融合多类票务形态的一票式出行服务。出行一票式是 MaaS 服务的重要内容之一，是指用户在完成出行规划之后，MaaS 系统根据空间地理信息数据、各交通方式运营班次计划数据、实时票务信息数据自动生成覆盖用户出行链、贴近用户出行需求偏好的出行票务订单，用户选择和完成支付后即可生成票务凭证。一票式具有票务流程简化、便携易带、可按出行需求定制等诸多优点。基于智慧支付的一票式票务清分服务以智慧支付平台为入口，整合各交通方式运营主体票务支付系统，共享票务信息数据、智慧支付数据，面向 MaaS 出行用户提供综合交通出行一票式服务入口、一体化票务服务，面向出行服务提供商提供票务支付数据统一管理、综合交通票务统一清分结算服务。本书引入 MaaS 出行新理念对传统的客运票务清分服务体系进行重新划分和整合，以搭建一体化票务清分服务系统、设立票证服务合作机制、建立票务产品体系为主要内容，构建 MaaS 服务新模式下一票式票务清分体系总体框架，如图 6-8 所示。

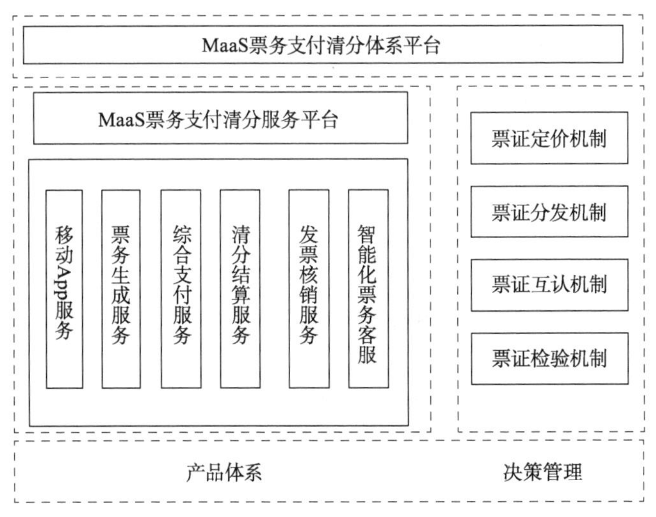

图 6-8 MaaS 服务一票式票务清分体系总体框架

6.2.2 基于智慧支付的一票式票务清分服务内容

1.一体化票务服务系统

一体化票务服务系统，是指通过标准化各交通方式票务支付、清分结算系统和票务终端系统数据格式与信息化系统接口，整合城市公交、地铁、公路、高铁、民航、水上巴士等交通方式的班次、时刻、余票数量等信息，用户在系统客户端中输入出行起讫点、偏好出行方式、出行时间、购票预算等需求信息后，即可生成包括多项服务费用的 MaaS 服务订单。一体化票务服务系统，一方面，既可降低票务代理费用，也可以提供高水平的、相对标准化的票务服务，形成规模效益，避免平台重复建设造成的资源浪费；另一方面，可高效整合用户出行需求，为用户提供统一标准的、统一版式的 MaaS 票务产品，让用户根据实际需求自行选择并下订单；系统按照统一的接口标准对接各交通方式票务系统，同步、实时更新票务信息数据，打通各交通方式票务支付，以“一卡通”“一码通”和“联程票”形式实现各交通票务集成。另外，系统对各交通方式票务系统进行统一管理、制定标准统一的票务运营模式、实施统一的票务清分结算。

(1)购票服务

一体化票务服务系统整合各交通方式运营数据和用户出行需求数据，按照用户最终选择的出行规划路线，自动组合、分发票务订单，用户完成订单支付后，即可生成相应票务。票务订单既可以是单程票务订单，也可以是联程票务订单，用户凭借票务订单或由此兑换的票证可在选定的行程计划内一票出行，各交通方式服务提供商根据 MaaS 平台分发的票务订单制定出行服务运营计划表、组织运力和安排调度。

在整个购票服务过程中，按照出行用户需求生成票务是购票服务的核心。票务生成主要由票务生成服务、票务生成技术、票务生成服务平台三方面要素构成。票务生成服务打通了各交通领域票务互通的障碍，实现不同交通方式之间的有序衔接，包括基于大数据技术生成的定制出行票务、联程出行票务；票务生成服务技术是指采集整合用户出行需求数据、各交通方式运营数据，应用数据分析处理技术进行数据验证和核验处理，基于各交通运营商提供的票务实时数据会为出行用户规划合理出行方式、出行模式和出行线路等出行方案，用户选定最佳出行方案和完成支付后，即可生成出行票务；票务生成服务平台是指提供票务生成服务的外部支持环境和终端设备，如票务信息系统、票务数据系统、应用终端等，如图 6-9 所示。

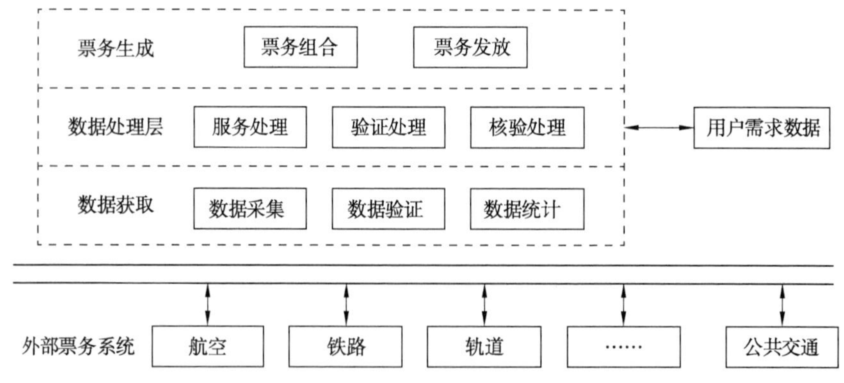

图 6-9　MaaS 服务票务生成服务系统平台示意图

(2)票务支付

票务支付是出行用户确认购买 MaaS 服务的最后一环，如图 6-10 所示。

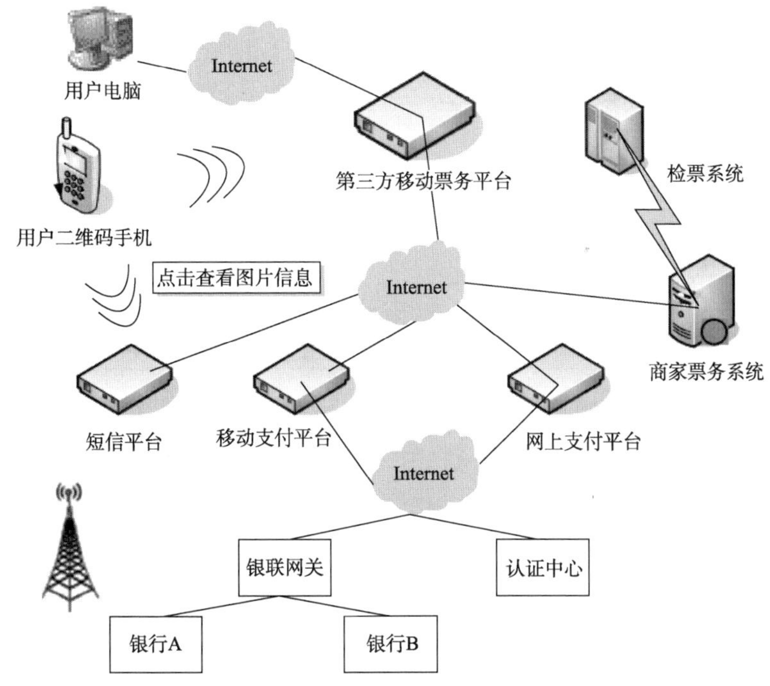

图 6-10 MaaS 服务综合支付服务系统平台示意图

按照支付模式的不同,票务支付可以分为交通一卡通支付、NFC 支付、二维码支付和生物识别支付等。随着智慧支付技术的发展,票务支付模式呈现出如下趋势:由有形卡支付向虚拟卡支付转变,进而向无卡化支付升级;由离线支付向在线支付转变,进而向移动支付升级;由不记名向实名制转变,进而向生物识别升级;由单一支付交易向聚合支付服务发展,进而向生态服务升级;等等。

按照支付方式是否整合,票务支付可以分为单一支付和聚合支付。单一支付是指 MaaS 用户采用交通一卡通支付、NFC 支付、二维码支付和生物识别支付等多元化支付方式中的一种进行支付的方式;聚合支付是指融合不同标准、不同形态的支付方式于同一平台,提供覆盖多种支付方式、集多种支付渠道为一体的票务支付。MaaS 在大多数情况下是多种交通方式组合出行的模式,所对应的票务支付模式应当为兼容城市出行交通方式、城际出行交通方式的票务支付。按照票务支付终端的不同,票务支付可以分为短信支付平台、移动支付终端、网上支付平台、第三方票务支付系统、金融系统(银联、银行、认证中心)等。

(3)票务清分结算

MaaS 票务清分结算服务是由 MaaS 平台运营主体建立 MaaS 票务清分结算中心,对接各交通方式票务支付清分结算系统,在统一的服务费用收益分配规则下,统一处理各交通方式运营主体票务和支付交易业务数据,统一向各交通方式运营主体提供作为其清分结算依据的清分结算报表,完成清分对账和资金结算。

从系统架构来看,MaaS 票务清分结算系统主要有数据采集子系统、数据验证子系统、账务清分子系统、对账子系统、结算子系统、报表统计子系统以及系统配置管理子系统和系统监控管理子系统。除此之外,MaaS 票务清分结算系统还包含外部系统和清分规则管理子系统,这里的外部系统是指清算银行和票务清分结算系统,如图 6-11 所示。

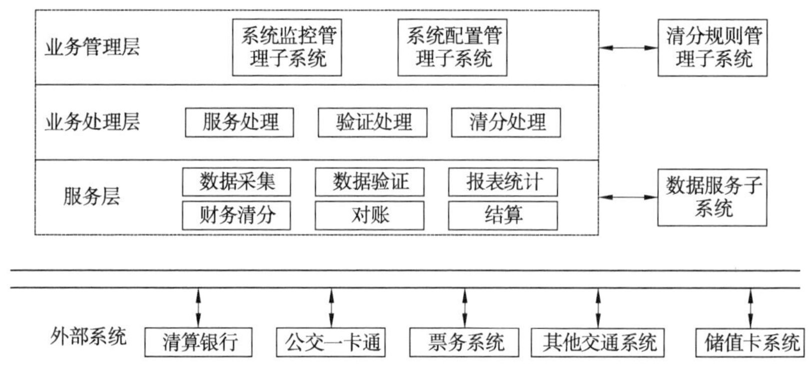

图 6-11　MaaS 服务票务清分结算系统平台示意图

从票务清分结算流程来看,首先,MaaS 票务清分结算系统通过 Web Service/DCS 接口接收各交通方式票务支付系统上传的交易数据,解析数据并写入日志/源文件;其次,对交易验证码(Transaction Authentication Code,TAC)、交易记录字段、黑名单等数据进行合法性验证,凡是通过验证的数据将根据交易类型写入当日期交易数据表中,数据表包括查询、进站、出站、购票、补票、退票、储值等交易数据;再次,将未通过验证的数据计入交易错误表并上传,标记校验状态为非合法,返回数据错误警示给业务数据源;最后,校验业务日期至当前日期的所有数据交易表数据的重复性;查询该数据,更新该数据的校验状态为重复数据,并返回重复数据给业务数据源。

(4)票务核销服务

MaaS 票务核销服务是指 MaaS 平台运营主体建立统一的 MaaS 服务电子发票开具平台,与各交通方式票务系统、电子发票平台对接,融合服务项目、交易量和交易金额、税目和税率等发票数据,生成标准化发票信息,向各交通方式服务提供商分发发票核销数据,向出行用户统一出具发票。MaaS 票务核销具有中心化对接、发票信息统一采集、电子发票统一开具等特点。中心化对接是指各交通方式服务提供商票务核销系统与 MaaS 票务核销服务系统互通,共享发票信息数据,协同完成出行服务票务核销;发票信息统一采集是指 MaaS 票务核销服务系统采集票务信息数据、票务支付清分结算数据、用户管理数据等票务核销所需数据，生成标准化的发票信息数据，统一分发给参与 MaaS 服务的各交通方式运营主体，实现票务电子发票统一开具。MaaS 服务发票服务系统平台示意图如图 6-12 所示。

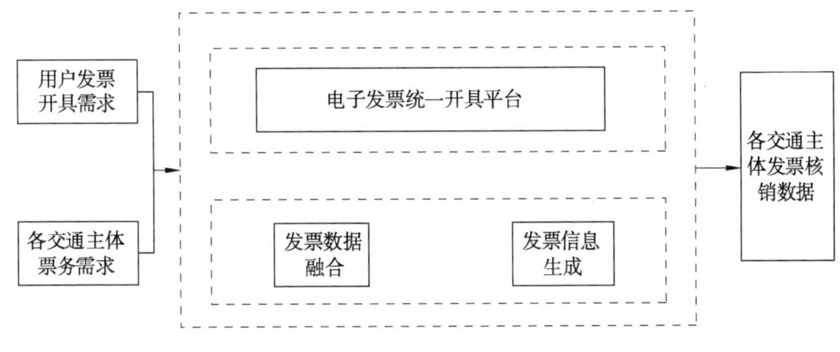

图 6-12 MaaS 服务发票服务系统平台示意图

(5)智能化票务客服

MaaS 智能化票务客服是指引入人工智能建立智能化票务客服管理平台，为用户 MaaS 出行提供购票、支付、结算、票务核销服务咨询和问题解答、客诉解决的终端系统。该系统首先对客户文字咨询进行预处理(包括咨询无关词语识别、敏感词识别等)，然后在三个不同的层次对客户咨询进行解析——语义文法层理解、词模层理解、关键词层理解。结合用户常见问题设置用户问题提交、问题识别、自动查询、自动回复等功能，一站式解决各交通方式票务客服不同的交通主体因投入成本和提供服务不均等导致的各客服服务水平不一问题。

2.票证服务合作机制

(1)票证定价机制

在传统出行模式下，各交通方式票证价格制定大多数采用政府指导价与市场调节价相结合的模式。例如，道路班车客运(含旅游班线客运)票价实行政府指导价，由政府物价部门制定上限票价，道路客运服务经营者在票价上限范围内，基于市场需求制定执行实施客运服务票价。在 MaaS 服务模式下，MaaS 服务票价制定由于涉及不同交通方式服务提供商、不同交通方式所对应的不同票务定价规则，票证定价应当充分考虑各方的平等、公平和正当利益，在遵守各交通方式票证定价规则的基础上，实施协议定价或按成本收益定价。

(2)票证分发机制

票证分发机制是一种将 MaaS 服务票务订单任务分解，分配于各交通方式服务提供商的体系。具体来说，MaaS 服务票务系统在获取用户出行需求信息后，将出行服务任务进行分解，优先按照出行方式、出行模式对出行需求进行区分，然后向符合时间、位置、价格等约束条件的 MaaS 服务提供商派单,按照出行需求和服务供给匹配原则确定派单是否成功。

(3)票证互认机制

MaaS 平台统一对接各交通方式票务系统,推进城市公交、地铁、道路客运、水运、民航、网约车等常用的票证电子化,全量归集、共享出行用户票务信息数据,从票证形态、票证版式、票证防伪、票证检验等方面建立统一标准,采用统一的技术架构、统一的业务系统,实现 MaaS 票务在所有交通方式领域的互认使用,确保用户 MaaS 服务票务唯一性、格式一致性,实现跨区域、跨交通方式互认,一票式出行,优化用户出行体验。建立 MaaS 服务票务互认联盟也是实现 MaaS 服务票证互认的重要路径。

(4)票证检验机制

各交通方式服务提供商可通过诸如扫描 MaaS 二维码等方式,在线核验、网站查询等人工核实 MaaS 票务真伪,包括 MaaS 平台在内的所有出行服务提供商应为跨空间区域、跨交通领域票证查验提供便利。票证查验人员对 MaaS 票务要素存在疑问时,可结合查验身份证、电子身份认证等方式予以判定。

3.票务产品体系

MaaS 服务虽然是一种利用现代信息交互技术实现票务与支付相融合的现代化出行服务,但是 MaaS 票务产品与传统出行方式票务产品类似,种类丰富、模式多样。MaaS 服务票务产品可兼容多种交通方式票务系统、支持跨交通方式出行,可根据个性化出行需求生成特定的票证。

MaaS 服务票务产品按照票务形态的不同可以分为纸质票、IC 卡、二维码、电子票证等;按照出行模式的不同可以分为单一交通方式票证和联程票证;按照票价计量方式的不同,可以分为计时票和计程票;按照票证有效期的不同,可以分为日票、月票、年票;按照票价是否变动,MaaS 服务票务产品可分为固定价格票和浮动价格票。固定价格票以"一票制"为主;浮动价格票主要有以交通工具行驶里程作为基本计费单位的计程票、以交通工具行驶时长作为基本计费单位的计时票、按交通工具是否跨区作为计费依据的分区票制以及其他票,如服务等级票,见表 6-4。

MaaS 服务主要票制种类及应用 表 6-4

票制类型	主要分类	解释说明	特点	应用举例
固定票制	一票制	不管乘客从哪里下车,只要上车,票价就要按照规定票价投币,所有乘客均相同,不计乘车路程长短	设备较少,票务管理简单	市内公交

续上表

票制类型	主要分类	解释说明	特点	应用举例
浮动票制	计程票制	里程计程票制:按里程计价,按照乘坐距离远近收费	有效兼顾长、短途乘客需求;系统复杂程度高,必须依托高效自动化设备	地铁、城际高铁、火车、飞机
	计时票制	分段计程票制:规定里程为基本计价单位,累计加价	便于乘客适用,利于企业管理;在同一区段内,乘坐不同站数,收费相同	出租汽车、网约车
	分区票制	按使用交通工具时间长短收费	操作简单、所需的人工及设备小,但对乘客的素质要求较高(没有检票设备)	共享单车、共享汽车等
	其他票制	交通区若干,同区出行费用相同,越区额外付费	分区方式比较复合;详细研究出发地和目的地的出行量和出行结构	城际公交
		服务等级票制:根据出行服务质量级别收费	满足乘客差异化服务需求	直达快车、跳站公交和区间公交
		运营成本票制:根据出行服务运营成本计费	与出行服务提供商投入服务成本有关	
		日票、月票、年票和套票等票制:与乘客出行次数特征有关的优惠票价	与乘客出行特征有关	旅游套票
		特殊群体优惠票制:面向不同特殊群体提供不同票价优惠	与乘客的类型和属性相关	交通一卡通老人卡、学生卡

6.3　基于智慧支付的多样化支付融合服务

6.3.1　多样化支付融合服务架构

随着现代化通信信息技术发展,智慧支付凭借随时、随地、便捷、易用的独特优势以及已培养起来的用户使用习惯,成为现代客运模式由交通运输向出行服务升级的重要推手。基于智慧支付的多样化支付融合服务,是以MaaS服务交通电子支付清分结算系统为基础,融合交通一卡通、NFC虚拟卡支付、二维码、生物识别支付,支持人民币、港元、澳门元等多币种支付以及积分支付,基于统一支付账户提供跨区、跨境和跨交通方式支付服务。统一支付账号、全交通方式支付聚合是MaaS服务的重要特征,也是MaaS服务运营主体提供综合交通出行服务的钥匙。

建立以支付互联互通、支付产品、支付清分结算和聚合支付与场景化服务入口为主要内容的MaaS服务交通电子支付综合服务体系是构建基于智慧支付的MaaS服务体系的重中之重。

6.3.2 基于智慧支付的多样化支付融合服务内容

1.MaaS服务交通电子支付互联互通体系

智慧支付凭借刚需、高频次、全场景、天然流量入口等优势特点,在构建统一高效、互联互通、数据共享的MaaS服务方面发挥基础性保障作用:第一,智慧支付作为MaaS服务的支付方式,为MaaS服务交通电子支付服务提供基础设施保障;第二,智慧支付工具及其配套终端可直接触达各交通方式,充当协调各交通方式"硬联通""软对接"的纽带和桥梁,为智慧出行建设和服务提供平台入口支撑。

MaaS服务交通电子支付互联互通体系兼容多种交通方式票务支付标准,融合一卡通、NFC虚拟卡、二维码、生物识别支付、积分支付及电子货币等多元化支付形态,基于统一支付账号提供跨交通方式、跨区域、跨境出行一卡通、一码通和一票通支付和统一清分结算服务且支持多种货币支付结算的服务体系,实现全品类交通方式、全出行流程一卡(码)通行、一票到家和无缝换乘,如图6-13所示。以粤港澳大湾区交通电子支付互联互通体系规划为例,它是依托全国交通一卡通互联互通广东省平台,以交通运输部全国交通一卡通标准为基础建立粤港澳大湾区交通一卡(码)通互联互通标准,按照"统一规划、统一管理、统一品牌、统一标准、统一密钥、统一清算"原则,提供覆盖公交、地铁、公交化城际客运等交通场景且享有统一票价优惠政策的交通一卡通、乘车码、联程套票等票卡产品服务,支持人民币、港币和澳门元跨境支付和跨境清分结算。

2.MaaS服务票务支付产品服务体系

MaaS服务是一种按需服务,其面临的出行用户需求可谓复杂多样,因而MaaS服务票务支付产品服务具有种类丰富、可定制等显著特征。基于智慧支付的多样化支付融合服务系统从出行用户的出行方式和出行模式选择出发,按照政府指导、市场化定价以及效率优先、兼顾公平额度原则,为MaaS服务用户提供面向特定人群的均等化票务支付产品、联程客票和联程套票产品、客运公交化票务支付产品,打造一站式票务支付入口和以票务支付数据为基础的特色增值服务。

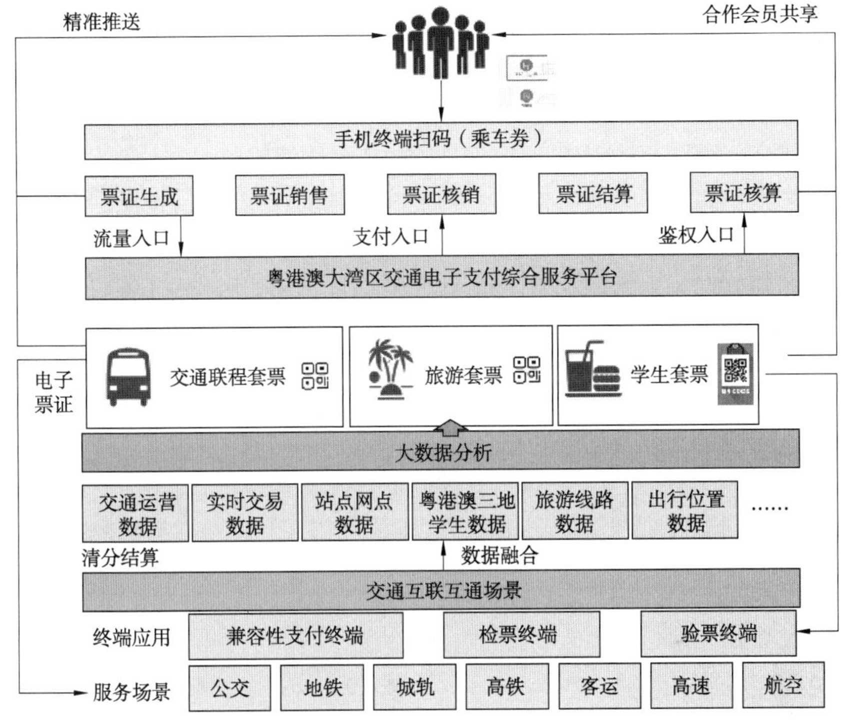

图 6-13　粤港澳大湾区交通一卡(码)通互联互通系统

(1)MaaS 服务均等化票务支付产品

面向学生、老人、军人及优抚对象等特殊群体,提供可享有特定优惠补贴、免费待遇的特定票卡(证),如学生卡、老人卡、特殊人群出行优惠卡券等。

(2)MaaS 服务联程客票和联程套票

联程客票是指 MaaS 服务用户在整个出行过程中,无须改签、购票操作直接换乘相同交通方式或其他交通方式的有效票据。联程客票分为同类交通方式联程客票、跨交通方式联程客票。目前常见的同类交通方式联程客票有火车联程票、飞机联程票,常见的跨交通方式联程客票有空巴通、空铁通、公铁联程票等。针对跨交通方式出行、个性出行生活等具体场景,提供“交通+旅游”联程套票、“交通+生活”联程套票及其他定制联程套票。

(3)MaaS 服务公交化产品服务

为满足城际客运公交化服务需求,基于统一票务支付标准提供与城际轨道客运公交化、城际道路客运公交化相匹配的城际交通一卡通、城际乘车码和城际电子客票,实现“城市公共交通+公交化城际客运”联程出行“一票式”。

(4)MaaS 服务一站式票务支付入口服务

基于统一入口,聚合 NFC 虚拟卡、乘车码、生物识别支付、电子货币和积分支付等多元化支付方式,集成发卡/生码、充值、支付、清分结算、客服和支付核销全业务链,提供支付账号授权、MaaS 服务鉴权认证和 MaaS 服务智慧支付。

(5)以 MaaS 服务票务支付数据为基础的特色增值服务

整合粤港澳大湾区交通电子支付数据、交通基础设施数据、联程客运数据等数据提供交通大数据服务;基于用户数据提供等价化会员服务和精准推送服务;将出行规划、信息查询、位置服务、预约信息化服务等接入交通电子支付综合服务平台,实现人与场景的连接,打造一站式出行闭环服务,如图 6-14 所示。

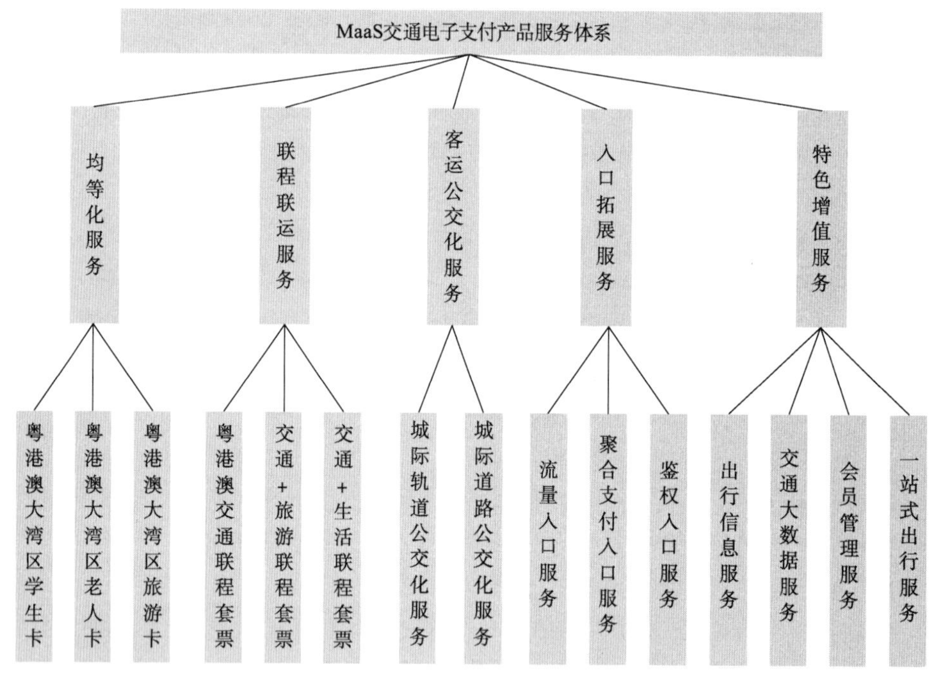

图 6-14　MaaS 服务交通一卡(码)通产品服务体系

3.MaaS 服务票务支付清分结算服务体系

MaaS 服务票务支付清分结算系统是基于智慧支付的 MaaS 服务系统提供跨交通方式、跨区域一卡通、一码通、一票式出行的核心系统。它是 MaaS 服务运营主体统一与各交通方式出行服务提供商之间签订清分结算协议,按照约定对清分结算周期内的票务支付交易数据汇总轧差生成清分结算报表,同时对交易数据的有效性、合法性、完整性进行甄别和判断;其中,结算是指 MaaS 服务提供商按照结算周期与交通方式出行服务提供商的资金核算了结。MaaS 服务票务支付清分结算系统按照服务流程可以分为清分结算管理、清分结算接口管理、清分结算业务服务。

(1)MaaS 服务票务支付清分结算管理

MaaS 服务票务支付清分结算管理主要由 MaaS 服务体系中各交通方式出行服务提供商清分结算信息管理、清分结算明细管理和结算单管理构成。各交通方式出行服务提供商清分结算信息管理所涉及的信息有清分结算周期、清分结算方式、支付账户清分结算信息等;清分结算明细管理是指对 MaaS 服务票务支付订单的生效、消费完成所包含的数据进行管理,这些数据主要包含票务支付金额、资金渠道服务费、各交通方式出行服务提供商利润分成等,明确划分资金的归属;结算单管理是对 MaaS 服务体系中各交通方式出行服务提供商在一定结算周期内的所有清分记录汇总轧差所形成的报表。

(2)MaaS 服务票务支付清分结算接口管理

MaaS 服务票务支付清分结算接口是 MaaS 服务票务支付清分结算系统与各交通方式票务系统交互对接的入口,通过调用清分结算接口每一条数据记录,在清分结算周期后对各交通方式进行结算。清分结算接口的设计主要包括用户支付账号、票务支付终端、票务支付金额、票务支付人群、商户费率等参数字段。

(3)MaaS 服务票务支付清分结算业务服务

MaaS 服务票务支付清分结算业务服务按照交易类型分为自主式清算结算和代理式清分结算。

自主式清分结算是指 MaaS 服务体系下各交通方式通过 MaaS 服务票务支付清分结算平台统一开设的账户自主完成自主交易的清分结算模式,账户主要包括自有账户资金子账户、脱机子账户、代金券子账户以及平台内的票务代理商账户和 MaaS 服务系统充值、积分账户。MaaS 服务票务支付自主式清分结算的数据在 MaaS 服务票务支付清分结算系统内集中处理、统一管理,但是 MaaS 服务运营主体的一级清分结算和各交通方式出行服务提供商之间的二级清分结算过程中不进行对账。代理式清分结算是指 MaaS 服务体系下各交通方式票务支付服务系统统一由 MaaS 服务票务支付清分结算系统集中代理清分结算。清分结算业务流程分为三步:自动生成清分结算报表、交易资金划拨、生成对账单。自动生成清分结算报表是指 MaaS 服务票务支付清分结算平台按照与各交通方式出行服务提供商的票务支付清分结算协议,将清分结算周期内的交易资金汇总轧差生成清分结算金额报表数据;交易资金划拨是指 MaaS 服务票务支付清分结算平台按照设定的结算方式,按照清分结算金额报表数据,在约定的结算周期内,自动将清分结算报表中的金额划拨至各交通方式出行服务提供商账户;生成对账单是指 MaaS 服务票务支付清分结算平台在完成交易资金划拨后,提供给各交通方式出行服务提供商以供核对结算金额是否正确的依据。

4.MaaS 服务聚合支付与场景服务入口服务体系

(1)多元化支付方式聚合入口服务

依托 MaaS 服务交通电子支付互联互通体系,聚合现金或积分支付、银行卡支付、交通一卡通、二维码(电子票证)、生物识别支付、信用支付等多种支付方式,整合通卡公司、银行和第三方支付等多样支付渠道,面向 MaaS 服务用户提供统一的支付入口,实现一站式支付。多元化支付方式聚合入口服务包括但不限于支付通道服务、集合对账服务、技术对接服务、支付服务引导、会员支付账户服务、作业流程软件服务、运行维护服务以及终端提供与维护等内容。随着智慧支付的快速发展,支付场景越发丰富和多元化,聚合支付是大势所趋,聚合支付服务将在 MaaS 服务中发挥出更大的作用。

(2)一站式出行场景服务集成入口服务

由于支付服务与 MaaS 服务各场景深度绑定,智慧支付已成为传统交通运输服务向智慧出行服务转型的关键一环。发挥多元化支付方式聚合入口作用,整合覆盖全品类交通方式出行服务提供商、票务代理、空中下载技术(OTA)、吃喝玩乐游购娱等 MaaS 服务体系全细分领域,可为 MaaS 服务出行用户提供一站式、全场景的出行服务解决方案。例如,提供覆盖票证预订、票证生成、票证购取、票证检验、票证核销、票证清分结算及电子发票等一系列环节的票务一体化服务;发挥出行场景服务入口作用,为粤港澳大湾区联程客运用户出行提供囊括出行规划、个性化定制出行、出行线路推荐、交通导航、食宿预定、出行服务反馈评价等内容并贯穿于出行前、出行中、出行后各类场景的一站式出行服务;发挥场景化综合服务平台入口作用,为粤港澳大湾区联程客运用户提供用户会员管理、积分化服务、精准营销、定制信息推送等高品质、个性化、场景化增值服务。

6.4 基于智慧支付的标准化数据资源服务

6.4.1 标准化数据资源服务架构

基于智慧支付的标准化数据资源服务由 MaaS 服务大数据标准规范系统、大数据资源池、大数据中台和大数据共享与应用系统四部分构成,如图 6-15 所示。MaaS 服务大数据标准规范系统以建立 MaaS 服务统一的数据标准规范、数据目录规则为主要内容,提供综合交通数据库标准化管理服务;MaaS 服务大数据资源池汇聚公交、地铁、轻轨、城际轨道、城际道路、铁路、民航、水运等多种交通方式的客运服务数据、线路线网数据、站点枢纽数据、票务支付数据、地理位置信息数据、政府部门开放数据及用户账户信息数据等,构筑 MaaS 服务大数据的底层根基;MaaS

服务大数据中台是 MaaS 服务大数据中心的核心系统，提供 MaaS 服务各环节、各场景大数据的采集整合、预处理、数据脱敏、数据质量审核、数据仓库、数据存储、数据分析挖掘和数据可视化服务的数据化引擎；MaaS 服务大数据共享与应用系统是提供数据跨交通方式、跨区域、跨部门、跨层级和跨系统数据共享的 API 服务和出行前、出行过程中与出行后场景化服务应用。

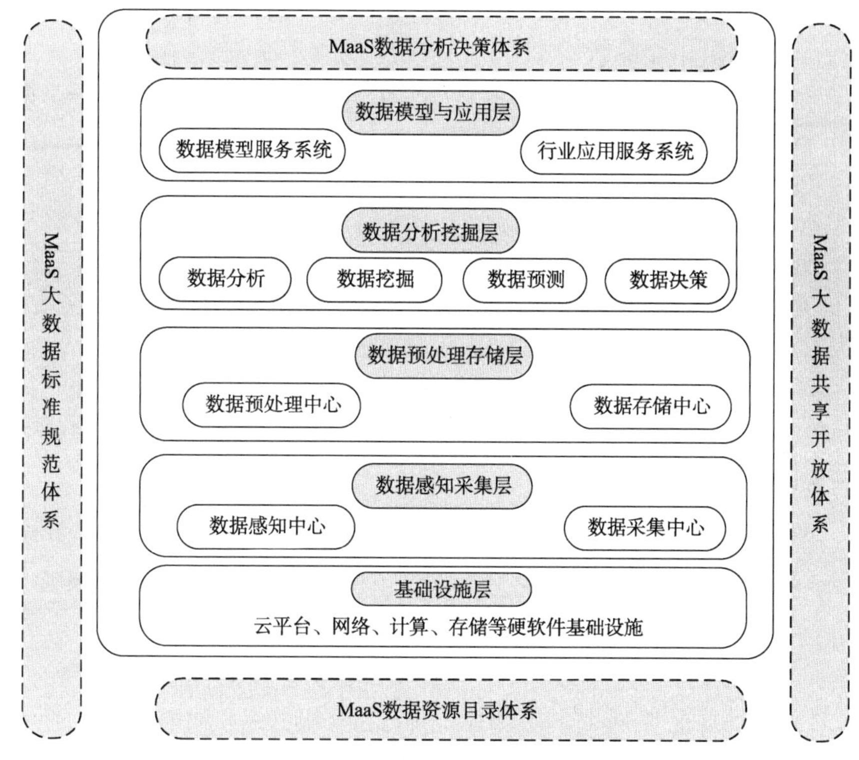

图 6-15　MaaS 服务数据资源体系总体框架

1. 四个体系

（1）数据资源目录体系：数据资源目录、数据资源目录管理系统。

（2）数据资源标准规范体系：数据标准规范建设原则、数据标准规范体系具体内容。

（3）数据资源共享开放体系：数据共享体制机制、数据共享治理系统。

（4）数据资源分析决策体系：数据分析决策平台和数据分析决策应用体系。

2. 五个层级

（1）基础设施层：包括计算设施、存储设施、网络设施、硬件设备、传输设备、感知设备、系统集成、终端设备等软硬件基础设施。

(2)数据感知采集层:以感知网络和感知设备为基础,借助各种监测手段和监测设备,感知、采集、整合 MaaS 服务场景中的人、车、路、环境等交通出行要素数据,搭建中心化 API 接口,共享交换信息数据,形成立体化、全方位、多领域的数据感知采集网络体系,为 MaaS 服务数据分析和挖掘奠定基础。

(3)数据预处理存储层:数据预处理系统负责对 MaaS 服务数据目录体系数据、共享交换数据进行清洗、集成、转换、离散和规约,识别和处理原始数据中的错误数据、重复数据、不完整数据、不符合要求的“脏”数据;数据存储系统采用冗余配置、云存储和分布式存储,实现数据规模海量、数据结构空前复杂、数据来源多元化的 MaaS 服务数据。

(4)数据分析挖掘层:搭建支撑各业务应用体系的业务驱动型数据聚合分析 API 接口,运用大数据、机器学习、深度学习等信息技术,提供 MaaS 服务数据的统计分析、聚类分析、监测预测等功能服务。

(5)数据模型与应用层:构建去平台化、工具化、可定制的 MaaS 服务专题、主题分析工具及场景化应用模型,为 MaaS 服务应用提供分析决策模块;面向 MaaS 服务运营主体、交通出行服务企业、出行公众、交通出行主管部门,提供出行需求订单协同响应、联运任务协同调度、运营时刻衔接、出行数据查询、综合支付服务、交通安全评估等综合应用服务。

6.4.2 基于智慧支付的标准化数据资源服务内容

1.数据资源目录建设

(1)数据资源目录

数据资源目录建设是统一集中管理和组织数据资源的有效方式。基于 MaaS 服务大数据标准规范对 MaaS 服务数据资源进行分级分类和数据标准化,便于相关数据的检索定位、控制和管理。为促进 MaaS 服务大数据有序开放和应用,发挥数据价值,按照数据来源渠道的不同,MaaS 服务数据资源目录按照城市公共交通出行数据、城市客运出行数据、交通基础设施数据、行业开放共享数据和其他相关数据五大类设置,如图 6-16 所示。

(2)数据资源目录管理系统

数据资源目录管理系统功能在于以树状形式对 MaaS 服务数据进行编目管理,对数据库内容依据数据种类进行一级编目,依据数据范围、数据格式(如网格数据)等条件进行二级及以下级别编目,所有编目动态生成、自动刷新,反映 MaaS 服务数据库内容的实时变化,实现 MaaS 服务数据资源组织、检索、定位、发现、获取、管理及上下级目录联动,便于 MaaS 服务数据资源的组织、维护和共享交换。它为建立完善的 MaaS 服务大数据中心、数据开放共享体系、数据标准规范体系、数据管

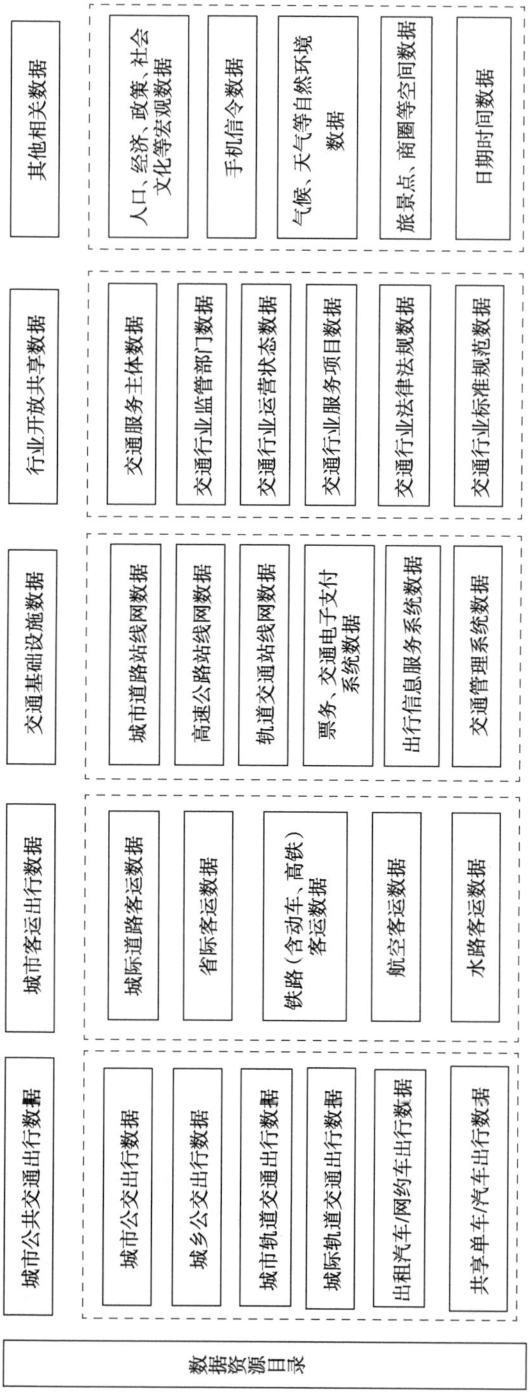

数据资源目录

城市公共交通出行数据
城市公交出行数据
城乡公交出行数据
城市轨道交通出行数据
城际轨道交通出行数据
出租汽车/网约车出行数据
共享单车/汽车出行数据

城市客运出行数据
城际道路客运数据
省际客运数据
铁路（含动车、高铁）客运数据
航空客运数据
水路客运数据

交通基础设施数据
城市道路站线网数据
高速公路站线网数据
轨道交通站线网数据
票务、交通电子支付系统数据
出行信息服务系统数据
交通管理系统数据

行业开放共享数据
交通服务主体数据
交通行业监管部门数据
交通行业运营状态数据
交通行业服务项目数据
交通行业法律法规数据
交通行业标准规范数据

其他相关数据
人口、经济、政策、社会文化等宏观数据
手机信令数据
气候、天气等自然环境数据
旅景点、商圈等空间数据
日期时间数据

图6-16　MaaS平台数据资源目录

理与应用体系、数据质量评价监督体系提供了可靠便捷的工具支持,同时为MaaS服务数据资源整合和共享奠定了良好的基础。鉴于数据资源独立分散、多源异构、标准各异等典型特征,可建立以区域目录、领域目录分类、部门目录分类为核心,以业务、主题、主体、专题分类为辅助,拥有多功能、场景化应用的面向多元化用户需求的MaaS服务数据资源目录管理系统,提供数据资源的用户管理、数据资源申请、数据资源授权、数据目录管理(目录编目、目录发布和目录级联等)、数据质量管理、统一数据流管理和数据资产可视化等服务,如图6-17所示。

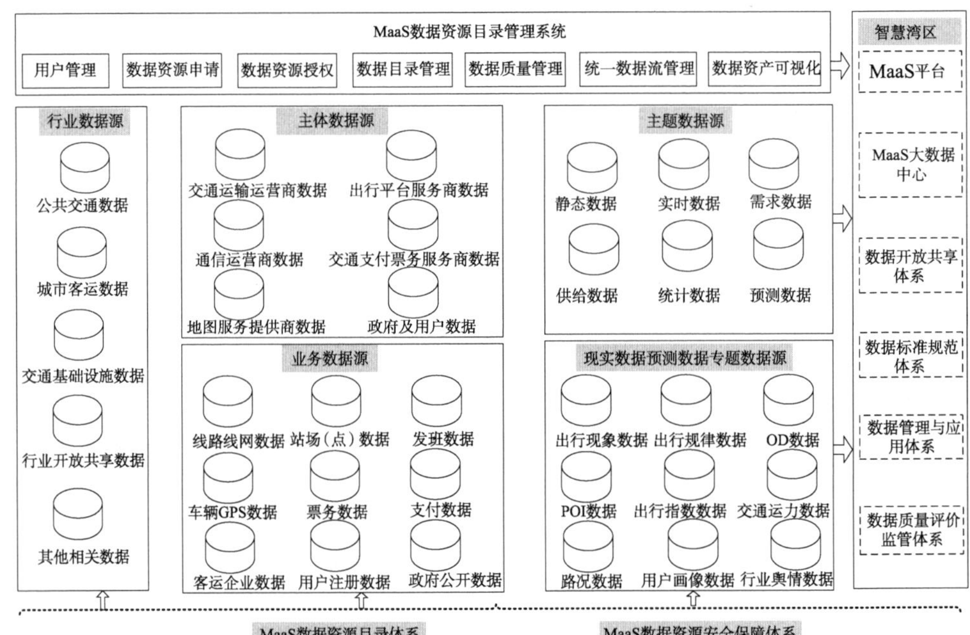

图6-17　MaaS平台数据资源目录管理系统

2.数据标准规范建设

1)数据标准规范建设原则

MaaS强调交通系统的多模式、一站式、门到门、需求响应和未来可持续性。为保证MaaS服务数据资源目录的科学建设、管理及应用,有效支持基于智慧支付的MaaS服务大数据系统的可扩展性,数据资源规范的编制应遵循以下原则:

(1)典型性。MaaS服务数据资源是各交通方式出行服务提供商、交通电子支付服务提供商、交通出行管理部门和出行用户在提供MaaS服务产生或消费MaaS服务过程中产生的数据,其基本内容和质量等各方面的特征应具有交通行业数据资源的典型特征。

(2)科学性。MaaS服务数据资源目录划分方式有章可循;数据采集处理、存储、分析挖掘、应用要满足数据来源明确、数据选取合适可靠、能够用于反映数据相关性和展现现象规律的数据模型、算法模型。

(3)兼容性。MaaS 服务数据资源既要与现有的国家、行业标准保持一致,也要与各区域特有的标准规范相兼容,促进出行服务信息数据跨领域、跨部门共享。

(4)可扩展性。根据 MaaS 服务产业链具体需要,在现有 MaaS 服务数据资源体系基础上进行扩充、完善,实现交通出行数据资源广度更广、深度更深和维度更细。

2)数据标准规范体系内容

MaaS 服务数据标准规范体系是 MaaS 服务数据的基础标准和业务规范,是用于指引 MaaS 服务体系中数据、技术、平台/工具、管理、安全和隐私、行业应用等各类业务系统及数据仓库的建设依据。在全面摸查 MaaS 服务体系的网络架构、数据结构、数据采集、功能特点、数据交换方式等的基础上,针对数据格式不一致、数据质量问题突出、缺少数据共享和业务协同数据支撑、跨交通方式和跨系统数据交换受阻等问题,建立完整、系统、准确、合规的 MaaS 服务数据标准规范体系,达到在 MaaS 数据整合和应用过程中实现统一标准管理、整体数据质量提升、信息共享交换和关联的目的。基于智慧支付的 MaaS 体系由数据分类、数据编码、数据元数据、数据元、数据库设计、数据管理、数据采集、数据交换与共享八个方面的标准规范构成,如图 6-18 所示。

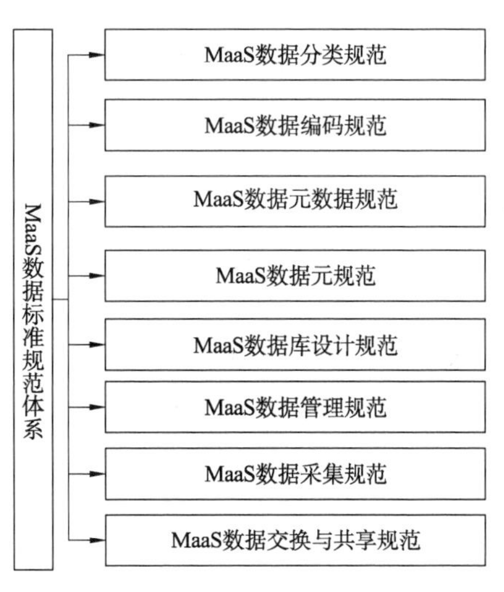

图 6-18　MaaS 平台数据标准规范体系

(1)数据分类规范

数据分类规范包括业务数据、资源数据、电子政务数据、人力资源数据、组织机构数据和科学技术等标准以及交通系统专用数据分类。该规范对 MaaS 服务数据进行分类,旨在通过规范化数据分类,方便数据资源管理,实现数据资源的交换与共享。相关规范同时规定了以促进 MaaS 服务发展为目的,适用于基于智慧支付的 MaaS 服务数据资源的规划、编目、注册、发布、查询、维护和管理的分类原则和方法。

(2)数据编码规范

建立数据编码规范是实现数据处理、数据交换和数据资源共享的重要前提,该规范为 MaaS 服务数据分类而制定统一的编码标准,旨在通过规范化数据编码,实现数据资源的共享。相关规范规定 MaaS 服务数据资源的标识符编码方案,以便为每一项数据资源分配一个唯一不变的标识符,促进 MaaS 服务数据资源跨区域、跨交通方式、跨部门交换和共享。

(3)数据元数据规范

数据元数据规范应规定 MaaS 服务元数据框架、元数据著录规则,并定义交通信息元数据的内容,用以描述 MaaS 服务数据集的标示、内容、管理及维护等信息。相关规范适用于基于智慧支付的 MaaS 服务元数据编目、建库、发布和查询。

(4)数据元规范

数据元规范应规定 MaaS 服务数据元的编制原则和分类,规范数据元的名称、数据类型、格式等属性定义,建立数据元目录及值域的代码集。相关规范适用于 MaaS 服务数据库建立、相关管理信息系统、数据交换系统等设计与开发应用、信息采集、共享和交换。

(5)数据库设计规范

数据库设计规范应规定 MaaS 服务全域数据库设计需遵循的基本原则,明确数据库命名、数据字典设计、性能设计、数据库接口及数据模型定义等标准规范。相关规范适用于基于智慧支付的 MaaS 服务数据中心的建设,并用于指导参与 MaaS 服务的各交通出行服务企业、各区域、各部门的数据中心建设。

(6)数据管理规范

数据管理规范应规定 MaaS 服务行业数据资源管控的基本原则,建立数据资源目录管理体系,明确识别及报告数据质量信息的基本方法。相关标准规范适用于基于智慧支付的 MaaS 服务数据资源运行管理和服务,并适用于数据资源目录体系的建立。

(7)数据采集规范

数据采集规范应涉及 MaaS 服务数据资源采集的总体规格、业务历史数据信息采集规范、档案目录数据采集规范、交通地理信息数据采集规范、交通出行设施数据采集规范等内容。对基于智慧支付的 MaaS 服务各业务应用系统的数据信息采集提出技术性要求。相关规范适用于基于智慧支付的 MaaS 服务数据资源建设、运行过程中的数据采集工作。

(8)数据交换与共享规范

数据交换与共享规范将规定 MaaS 服务数据交换与共享规则、数据交换技术要求和数据交换内容、格式。相关规范适用于 MaaS 服务数据中心的数据交换与共享系统建设与服务,并用于指导 MaaS 服务应用系统的建设,提供标准接口服务规范。

3.数据共享建设

1)数据共享体制机制

MaaS 服务数据共享制度是推进各交通方式、跨区域、跨部门数据共享交换工作的必要前提,是保障 MaaS 服务共享数据安全、引导共享数据目录编制、有效管理共享数据和保障数据共享的重要制度保障。MaaS 服务数据共享体制机制建设具体任务内容如下:

一是完善 MaaS 服务体系中涉及国家机密、企业商业秘密、个人隐私以及数据安全的法律法规与政策制定,如隐私权法、政府数据开放政策、政府数据安全使用政策等,制定符合 MaaS 服务特点和共享数据需求的法律法规和政策。

二是加快 MaaS 服务数据共享数据的编目管理、共享平台数据系统开发、数据安全、数据传递与交换、数据分析与利用等方面技术标准的建设,形成一套相互补充、相互支持、具有可操作性的技术标准规范体系,如数据编目指南、数据接口标准规范、元数据标准、数据库管理指南、数据加密与脱密技术、数据血缘管理指南、水印技术标准等。

三是建立一套有效的 MaaS 服务数据管理机制,包括激励机制、问责机制、监督机制等,将数据共享效果作为绩效考核的一部分。适度的激励政策有助于符合 MaaS 服务体系各参与主体数据共享的意愿,使 MaaS 服务数据共享成为一种良性循环的常态工作。

四是制定可操作的数据共享管理办法,在统一标准的前提下,根据参与 MaaS 服务相关部门的数据特点,制订个性化的解决方案,保证数据共享的顺利实施。

2)数据共享治理系统

MaaS 服务数据共享是一项涉及多个交通出行领域、多种出行服务要素、多方出行服务主体的系统性活动,需要多方共同参与、协同作业。因此,需要从战略层面进行规划,构建具有统筹协调能力的 MaaS 服务数据治理体系,具体如下:

(1)建立由 MaaS 服务体系核心关键部门组成的隶属于 MaaS 服务联盟组织的数据管理委员会,负责制订 MaaS 服务数据共享战略规划,针对数据共享过程中出现的复杂问题进行协商决策。

(2)建立专职的跨区域、跨部门数据共享协调机构,该机构应当被赋予较高的权力,以便推进、落实 MaaS 服务数据共享工作,并对数据共享的全过程进行监督管理;在执行层面,由于数据共享是一项长期工作,MaaS 服务运营主体需要根据具体情况建立专门岗位和专职人员,保证必要的人才与资金投入,制定稳定可行的 MaaS 服务数据共享管理制度,以实现数据共享的可持续发展。

(3)明确 MaaS 服务数据共享各环节参与主体的权利与责任边界,做好痕迹管理,使 MaaS 服务数据共享过程可见、风险可控,责任可以追究。

(4)建设数据共享平台整合 MaaS 服务各参与方目录数据,提供一站式查询服务,扩大数据共享范围,提升数据共享效率,促进数据管理的透明化,真正使数据共享平台成为跨区域、跨领域、跨部门数据交换共享中枢。

4.数据服务应用

1)数据服务应用平台

MaaS 服务大数据分析决策平台整个系统由一平台、两中心、三系统构成,如图 6-19所示。

(1)一平台:云平台中心。充分利用 MaaS 服务平台虚拟化和大数据的高性能、高可用、高扩展的优势,为 MaaS 服务平台提供强大的网络、计算、存储等基础硬软件系统支撑。

(2)两中心:数据采集中心、云数据中心。该中心汇聚 MaaS 服务各参与方,如交通运输主管部门、交通出行服务相关运营服务提供商及交通基础设施数据,整合内外部数据,实现数据的全面融合。按照所采集 MaaS 服务数据类型的不同,数据采集中心功能分为数据库采集、结构化数据采集、非结构化数据采集、半结构化数据采集。云数据中心负责 MaaS 服务数据处理、存储、交换共享、数据资源目录系统和数据标准规范等功能,为进行综合、全面、深入的数据应用和满足交通业务管理、公众数据服务和政府决策的数据提供支撑。

(3)三系统:MaaS 服务数据应用服务系统的总称,由数据支撑服务系统、数据模型服务系统、数据应用服务系统构成。

MaaS 服务数据支撑服务系统运用大数据、机器视觉、深度学习等技术,提供数据的解析、挖掘与共享。在数据融合共享的基础上,依据 MaaS 服务最核心的要素,对人、车、路、环境、管理等进行主题化梳理,形成跨业务库、跨平台的全息大数据服务、海量数据搜索服务、数据监控服务、数据接口服务、数据管理服务、数据可视化服务。如图 6-19 所示。

数据模型服务系统,是面向各级业务,构建去平台化、工具化、可定制的 MaaS 服务专题、主题分析工具及模型,如出行需求分析、不同交通出行方式最优组合分析、联程客运出行线路规划、联程客运出行运力调度等,为 MaaS 服务应用提供模块化分析决策支撑。

数据应用服务系统,是面向 MaaS 服务平台运营服务提供商、出行公众、交通管理部门,充分融合大数据平台的数据支撑服务和数据模型服务,进一步创新和拓展应用手段,建立更加完善、更加智能的联运指挥调度、运营时刻衔接、出行数据查询、综合支付服务、交通安全评估等综合应用服务系统。

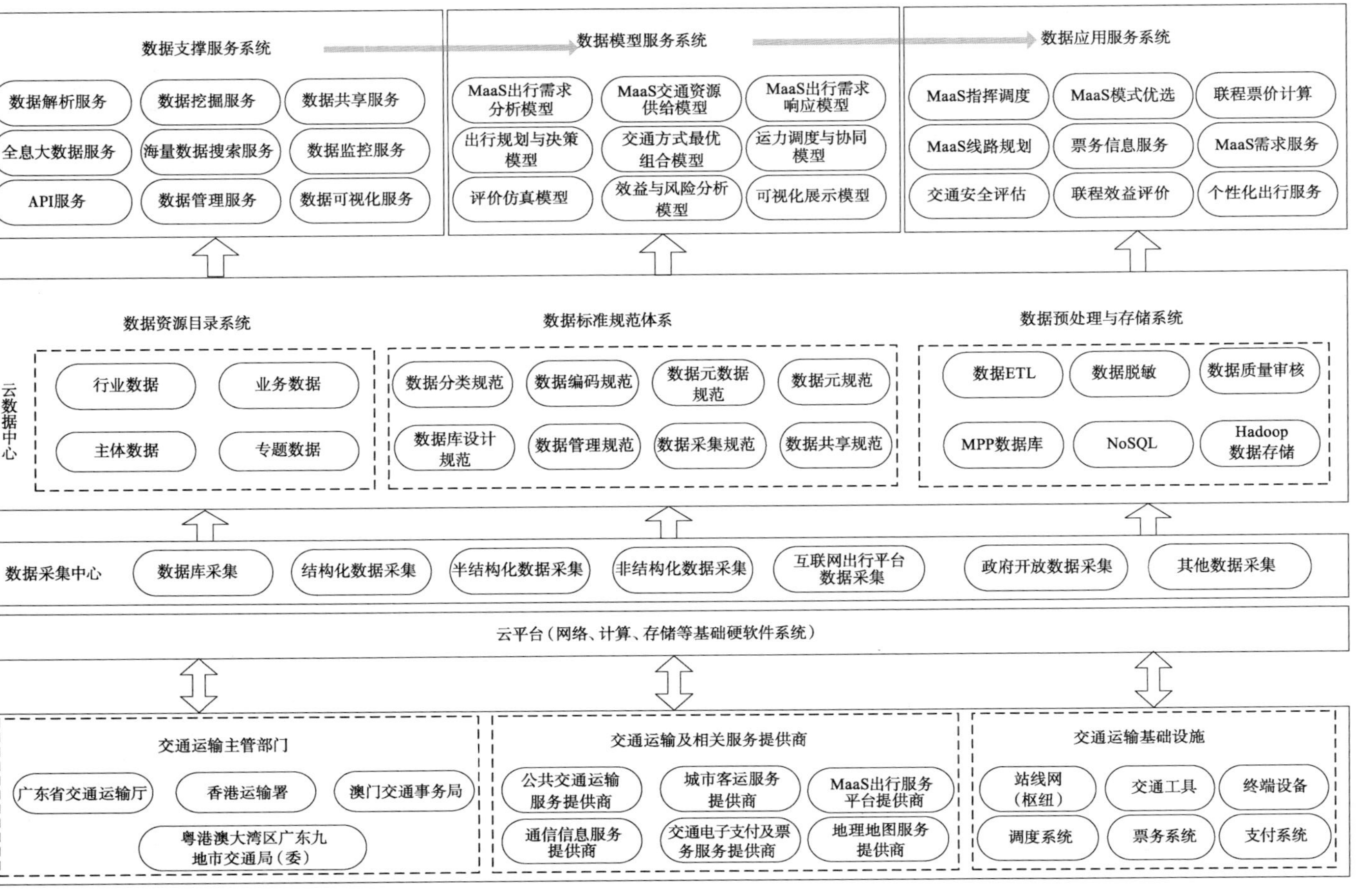

图6-19 MaaS平台大数据分析决策系统

2)数据服务应用体系

(1)MaaS 交通电子支付互联互通

MaaS 交通电子支付业务范围主要是指目前各交通方式出行提供商所提供的单程票卡支付、交通一卡通支付、交通二维码支付、生物识别支付等。不同领域的支付方式差别较大,而且各类交通电子支付系统彼此独立、孤岛式运营导致未能互联互通。基于智慧支付的 MaaS 服务大数据系统是在各类支付技术差异和业务独立的基础上,通过改造各交通方式出行服务提供商客户端软件和多种开放接口、互通各类信息化设施,达到交通电子支付和 MaaS 服务应用的融合,从而满足用户个性化、定制化交通出行需求。基于智慧支付的 MaaS 服务大数据系统可实现从各交通方式领域票务支付服务提供商远程获取智慧支付服务数据,然后将各类数据进行转码归一后创造出归一的交通出行互联互通服务,这种新形式的出行体验兼容全部电子支付,满足 MaaS 服务交通电子支付“同一标准、同一编码”的要求,实现各交通方式的票务支付系统开放接入和互联互通。

(2)MaaS 服务交通布局规划

①MaaS 服务交通网络规划。传统的交通网络规划设计方法和流程缺乏对多源海量数据和数据挖掘方法的利用,而在 MaaS 服务发展的背景下,多模式组合交通出行、多式联运发展迅速,亟须提出新的联程客运网络一体化规划设计技术对 MaaS 服务网络规划设计理论与方法进行提升。因此,我们应研究基于 MaaS 服务数据的交通网络与枢纽一体化规划设计、MaaS 服务规划设计、实现 MaaS 服务体系下不同交通模式间网络的合理分工、优势互补和有机衔接。

②MaaS 服务开行方案制定及优化。MaaS 服务大数据分析决策平台,以客流分析和预测的结果为依据,结合对历史数据的分析和专家经验,为粤港澳大湾区联程客运开行方案制订和优化提供辅助。在对既有 MaaS 服务客流分析及预测的基础上,为新增运力、线路和运力结构调整提供决策依据和模拟评估,根据既有城市公共交通、高铁和城际等不同类型交通出行方式以及特殊时段的出行需求,基于运能配置和客流预测结果,提供适合其各自特点的 MaaS 服务开行方案编制和优化流程。

(3)MaaS 服务供需分析

①MaaS 服务需求分析方面:

a.出行客流规模分析。以 MaaS 服务为主要数据源,按日期、运输工具、线路、方向、区域、席别、票种、渠道等不同类别对票务数据进行加工处理,统计和分析 MaaS 服务需求规模。

b.出行行为特征分析。通过 MaaS 服务的出行时间、出行时长、出行距离、出行方式选择、出行目的等出行特征分析,为合理配置交通出行客运资源、优化客运运力结构,精准、敏捷响应乘客需求提供支撑。

c.出行 OD 分析。基于上下客流量、运行速度、上下车站点、时间延误、车辆满载率等多项基础数据，建立 MaaS 服务出行 OD 矩阵，为客流预测、线路配车和线路线网优化提供参考。

d.用户画像分析。通过对汇聚的海量用户数据执行不同的数据维度分析，进行用户信息标签化，形成每个用户的特征标签集合，对外提供基于用户特征标签的数据服务的过程。MaaS 服务用户画像系统是利用 MaaS 服务用户出行和交易信息，推导出用户的人口属性、出行行为、交易行为、行为偏好等语义标签，为深度利用这些信息、提供更好的 MaaS 服务（如精准营销、个性化定制）提供数据基础。

②MaaS 服务供给分析方面：

a.MaaS 服务运力资源配置和调度。为了实现 MaaS 服务运力资源的有效配置，发挥各种运输方式的技术经济优势和交通网络效能，提升 MaaS 服务水平、效率和整体效益。基于 MaaS 服务大数据，有效利用挖掘的多维度信息耦合乘客和运力需求数据，开展联程联运一体化对接服务；研究基于实时客流需求数据响应的综合运输计划编制技术与客运运力匹配优化技术；研究针对多维度联程客运时空数据的运力资源调度技术及满足多样化需求的运力资源配置技术等。

b.MaaS 服务枢纽换乘衔接。换乘枢纽信息不足引起换乘需求挖掘深度不够，造成资源调配低效、供求匹配不足和协同响应困难，导致枢纽效能无法得到实质性的提升。为实现 MaaS 服务体系下不同交通方式高效衔接，实现乘客零距离换乘无缝化衔接，通过汇集整合各交通方式出行需求数据和运力资源供给数据，评价枢纽站运力分配、调度和衔接的合理性，制定贴合客流到达特性的客运班次，使 MaaS 用户在枢纽无缝换乘、各交通方式高效率衔接。

3）MaaS 服务监测预测与评估

（1）MaaS 服务监测和预测。基于 MaaS 服务大数据，构建集公交、出租、客运、道路运输、站场枢纽、公路等行业监测服务于一体的 MaaS 服务运行态势监测分析系统，为实时掌握 MaaS 服务客流现状及趋势、运力供应和调度情况、快速制定 MaaS 服务决策提供有力的技术支持。

（2）MaaS 服务质量评估。现阶段应用较多的安全可靠性分析评估方法和理论，不同程度上存在着系统可靠度/失效率/维修度等基础数据支撑不足、动态数据维度不够甚至缺失系统性的出行服务安全可靠性评价指标等问题。MaaS 平台通过建立拥堵指数、拥挤指数、舒适性指数、可靠性指数、安全性等指标评估体系对出行服务运行状态进行系统分析，实现对 MaaS 出行服务质量评价量化管理。

（3）MaaS 服务政策评估。利用大数据技术，加强对 MaaS 服务动态运价、差异化收费政策设计、MaaS 服务路网供需能力评估、MaaS 服务大数据交换标准与交易模式、MaaS 服务受限数据全生命周期管理的研究，不仅可以营造有利于 MaaS 服务大数据推广应用政策体系的环境，而且能够实现政策的精准化、差异化和一体化。

4）MaaS 服务出行

（1）一站式便捷出行服务。首先，MaaS 平台囊括公交、地铁、铁路、飞机、轮渡、驾车、网约车、共享单车、火车、飞机等各类出行方式，以交通一卡通、乘车码、电子票证为代表的交通电子支付入口，针对不同出行方式提供全方位、多层次、广覆盖的出行产品和服务，培育出行服务新产品、新业态、新模式，构建支付+出行+生活消费生态圈，为用户出行提供“一站式”出行服务；其次，MaaS 平台具备全品类交通方式大数据整合能力，可提供交通路况、停车位、交叉口延误、公交车、出租汽车、定位导航等大数据，掌握交通全链条的实时信息，为用户提供无缝衔接、安全、便捷、舒适和个性化的出行服务；最后，实现用户出行需求和服务供给高效匹配，促进出行服务效率提升。为满足快捷、少换乘、少步行等出行需求，MaaS 平台通过建立全方位、多模式、全覆盖的 MaaS 服务数据资源体系，逐步打通数据瓶颈、“信息孤岛”，深入挖掘 MaaS 服务数据价值。利用大数据、人工智能、机器学习等技术，构建路径规划、预估到达时间等算法体系，多维度计算出行需求和车主的匹配度，提供用户无缝换乘、交通方式高效衔接的组合出行方案服务。

（2）个性化、定制化出行服务。基于出行用户的票务支付、出行偏好、出行目的、对时间费用的敏感程度等出行行为数据，MaaS 平台对用户线上和线下行为深度洞察，构建全面、精准、多维的 MaaS 平台用户画像体系，帮助 MaaS 服务提供商全方位了解用户，个性化定制、精准推荐最佳出行方案，如出行时段建议、出行方式及费用估算、实时动态调整最佳出行方案。MaaS 平台利用推荐与发布移动端最佳出行方案，在市内出行时，用户可通过 MaaS 平台，实时查询交通出行运行情况、公交及轨道交通的拥挤情况及共享单车等的剩余情况等；以定制出行方案再优化目标，以现有出行方式和出行模式为基础，结合建立覆盖全出行过程的最优出行方案，即在出行前提供最优的出行规划方案，在出行过程中根据出行需求、出行环境等因素变化，动态优化出行方案；在出行后提供一键支付、停车诱导、服务评价以及吃喝玩乐游购娱信息精准推送服务。

6.5 基于智慧支付的一站式出行信息服务

6.5.1 一站式出行信息服务架构

基于智慧支付的一站式信息服务是 MaaS 服务体系的重要组成部分，通过将不同交通运输方式的信息系统、票务系统等与 MaaS 平台进行兼容对接，融合不同交通方式的售检票、查询、支付、账户、出行等综合化信息，围绕用户出行前、出行中、出行后一体化的出行信息服务需求,建立集信息共享交换、信息实时跟踪、信息推送推荐等服务于一体的信息服务系统,全方位、多元化、多层次、一站式按需提供全交通方式、全出行过程、全区域出行信息服务,如票务信息、交通资讯、吃喝玩乐游娱购信息、热点头条信息、天气信息等,解决用户出行场景下存在的信息分散、时效不足、结构不完善等问题,如图 6-20 所示。

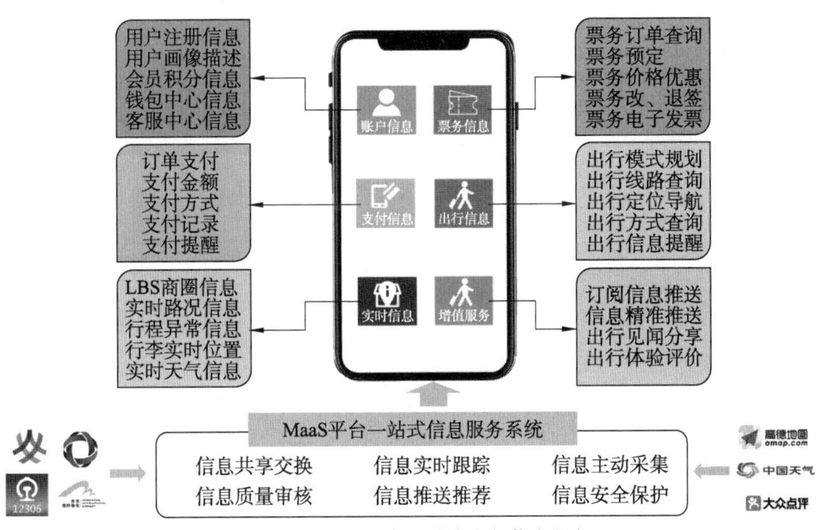

图 6-20 MaaS 平台一站式出行信息服务

MaaS 平台一站式出行信息服务由信息转化/交换层、信息资源处理/分析层、信息应用/服务层组成。信息转化/交换层是基于标准化、规范化数据交换协议、格式和接口,通过信息资源共享中间件实现与粤港澳大湾区各种交通方式、各级交通运输主管部门、各出行服务平台信息系统数据库的连接,实现多系统、跨平台等多源异构综合交通出行数据的转换和交换,建立综合交通出行信息数据库;信息资源处理/分析服务层是在 MaaS 服务出行信息数据库基础上,对信息数据资源进行信息处理、信息鉴别、信息审核、信息融合,生成完整、准确、可靠、合规的待发布信息;信息应用/服务层以用户注册和出行行为信息、实时交通信息、票务信息、支付订单信息、气象信息、增值信息等为主要信息内容,通过 App、小程序等终端渠道提供 MaaS 服务出行信息的管理、发布、共享和查询服务。

6.5.2 基于智慧支付的一站式出行信息服务内容

1.信息查询服务

实时信息查询功能主要是为用户在出行过程中提供实时的信息服务,如托运行李实时位置信息、附近服务点信息、行程异常信息动态提醒等其他辅助信息等。

(1)托运行李实时位置查询

为选择行李托运的乘客提供行李实时位置信息查询,具体包括行李托运条形码编号、日期时间、行李地点和跟踪进度等内容。

(2)附近服务点信息查询

为用户提供附近美食、酒店、景点、银行、医院、超市等服务点信息,按照距离推荐给用户。

(3)行程异常信息动态提醒

用户在行程过程中,若系统发生异常情况(如发车时刻延误、路况拥堵、事故、航班取消等异常情况),行程偏离了用户的出行需求(如时间要求),系统应动态地提醒用户,以便于用户实时获知行程信息,及时变更行程规划。

(4)其他辅助信息提醒

平台可为用户提供天气、地区车辆限号等信息。

2.规划与预订服务

路径规划功能可为用户提供智能出行规划和公铁联运换乘方案。根据用户提供的时间、起始点、目的地等信息以及直达优先、时间短、票价低等深度优化条件,系统可以给出较优的几种公、铁出行搭配方案,使用户可以基于特定情况以及舒适度选择最合适的出行换乘方案,并可以购买相应车票,及早做出合理的行程安排。

对多模式组合出行的用户提供包含公交、地铁、出租汽车、共享单车、轮渡、长途大巴、民航、高铁、轮船等多模式组合的链条式出行规划方案,具体包括各交通模式名称、行程时间、距离和票价,中间换乘路线、时间和距离等内容。此功能还可以提供行李托运服务,用户可自主选择。

3.票务信息服务

平台运营商应与各种交通模式运营商合作,确定退改签业务、票务验票以及电子发票开具等方案,已确保用户可以按约定条款进行票务的退/改签、已下订单所生成的电子车票可通过所有交通模式验票系统、可根据个人选择开具各交通模式或者组合交通模式的电子发票。

(1)MaaS 服务订单查询

在订单查询界面可查询已支付的订单详细信息,包括乘车人姓名、身份证号码信息或护照号码信息、乘车日期、出行链各交通模式信息(乘坐站点、发车时间、行程时间、停靠站、票价等信息)、总票价等信息。

(2)MaaS 服务票务退/改签

用户可根据个人需求,按照条款约定时间进行票务的退/改签业务。

(3)开具电子发票

平台为乘客提供跨交通方式的 MaaS 服务票务发票,乘客可根据个人需求申请开具电子发票。

4.账户信息服务

(1)个人基本信息

为用户提供个人账户名称、登录密码、身份认证信息、常用联系人信息、其他乘坐人信息等信息设置和修改操作,并且能够显示“我的优惠套餐”情况。

(2)优惠套餐

为用户提供优惠套餐服务,套餐类型包括日票、周票、月票、单程票、停车票等各种折扣套餐,以供用户根据个人需求进行选择购买。

(3)钱包中心

钱包中心主要提供支付密码设置和修改、银行卡绑定和解绑、交易记录和收支明细查询。

(4)客服中心

提供人工客服专线和智能人工客服问答等服务,以解答用户各种疑难问题和处理费用纠纷、物品遗失、客户投诉等问题,并且能够显示处理进度,以供用户实时了解事情处理进展情况。

5.出行服务评价

在用户完成行程后,为用户提供出行服务评价,具体包括用户舒适度、便捷性、可靠性、满意度等方面的指标评价。

6.6　基于智慧支付的联动式安全监管服务

6.6.1　联动式安全监管服务架构

为推动 MaaS 服务新模式顺利实施,确保基于智慧支付的 MaaS 平台的正常运营,优化 MaaS 服务制度环境和监管环境,从政策优化、信息安全、信用建设、服务质量、监管标准等方面打造一套能适应 MaaS 服务的新监管服务体系,进一步转变和提升传统的交通运输监管模式,充分发挥互联网、大数据、人工智能等新技术的辅助作用,不断完善政府监管的手段,为 MaaS 服务监管提供高效率、高质量的渠道和工具,如图 6-21 所示。

6.6.2　基于智慧支付的联动式安全监管服务内容

1.服务质量监管

1)评价对象

MaaS 服务质量监管对象是指 MaaS 平台运营主体以及参与 MaaS 服务的各交

通运输企业、互联网出行平台等对出行服务提供商的服务质量进行监督管理。

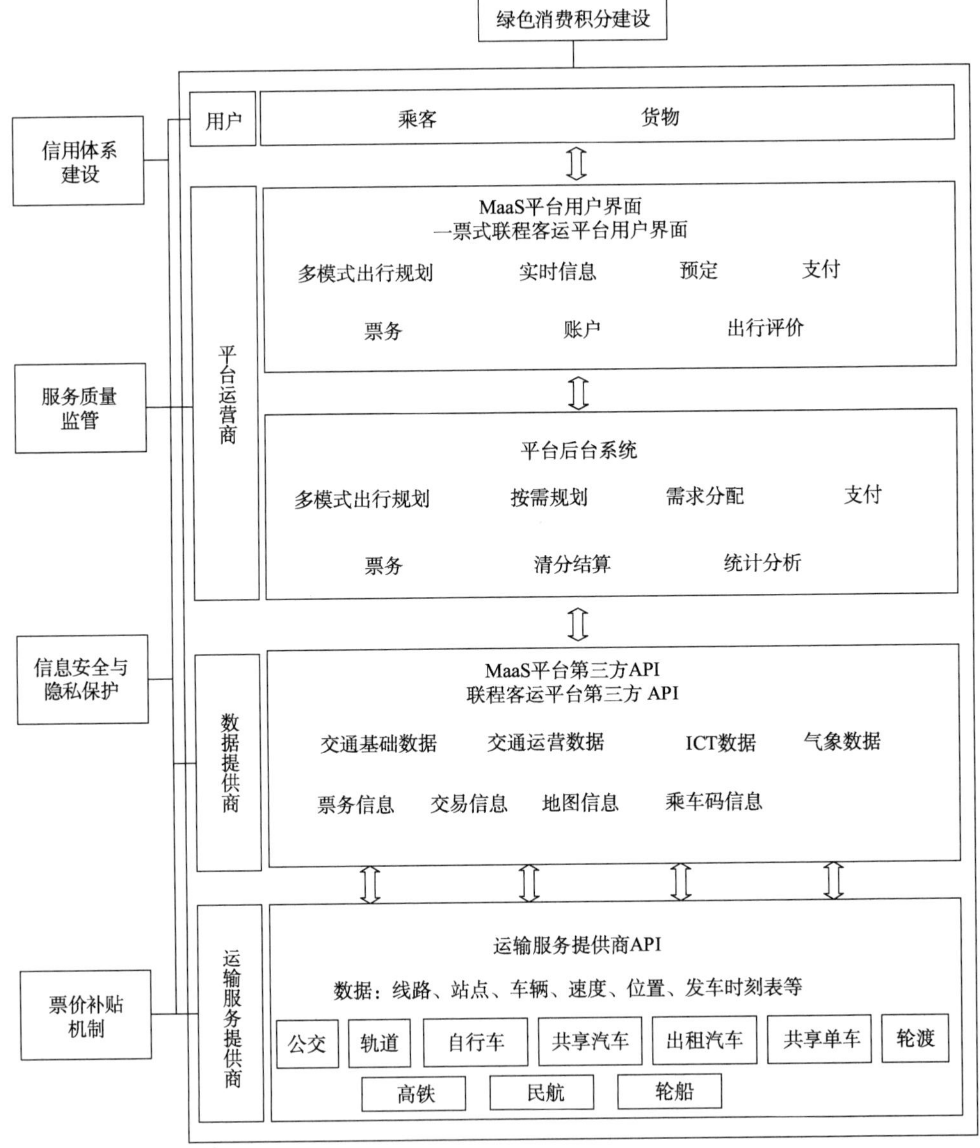

图 6-21　MaaS 平台联动式监管服务体系

2）评价内容（监管指标体系）

MaaS 服务质量监管的内容主要包括企业管理、数据共享、乘客满意度、社会综合效益等方面的指标。

(1)企业管理指标

企业管理指标主要包括平台线上服务能力和线下服务能力。线上服务能力主要包括平台服务器及网络设备的采购或者租赁协议,服务器托管协议或互联网接入协议;平台软硬件及最大处理能力、数据库最大存储能力;面向乘客 App 的信息内容和服务功能;网络应用、数据等所有服务器机房地址、接入地址、IP 地址、用途分工等情况说明;网络与信息系统安全等级保护定级报告、专家评审意见、备案证明及测评报告;后台的用户信息、日志记录、留存技术措施,有害信息屏蔽、过滤等安全防范技术措施等方面情况说明材料。

线下服务能力主要包括安全生产管理、服务质量及投诉管理、信息安全及乘客隐私保护、产品套餐价格公示、乘客投诉处理等方面制度材料。

(2)数据共享指标

数据共享指标主要是指第三方服务平台与交通、银行、税务等行业主管部门监管平台之间的数据接入情况。

(3)乘客满意度指标

乘客满意度指标主要包括实时信息服务提醒、交通运输模式多样性、订单及时响应性、行程时间可靠性、换乘便捷性、票价可接纳程度、票制丰富性、轮椅无障碍服务、电子发票服务、套餐可变更服务等方面的指标。

(4)社会综合效益指标

社会综合效益指标主要包括大众交通客运量、公交新型服务、交通系统运营成本、私家车保有量、道路交通拥堵状况、空气质量等方面的指标。

(5)评价要求

行业主管部门应当定期组织开展一票式联程客运服务质量测评,并及时向社会公布本地区一票式联程客运服务平台公司基本信息、服务质量测评结果、乘客投诉处理情况等信息。

2.信用体系建设

信用监管对 MaaS 服务的发展至关重要,其监管对象主要包括第三方一票式联程客运服务平台运营企业和参与的交通运营商(包括网约车、共享单车、汽车分时租赁、共享汽车等领域)。政府管理部门应建立一票式联程客运服务信用体系,强化信用管理,推进信用记录的共享应用,通过信用体系规范平台规范经济经营者和参与者的行为。

(1)建立市场主体信用记录

各有关部门应当按照职责建立参与 MaaS 服务的企业和驾驶员信用记录,根据权责清单建立信用信息采集目录,在办理注册登记、资质审核、日常监管、公共服务等过程中,及时、准确、全面地记录 MaaS 平台运营主体和其他参与 MaaS 服务的市场主体信用行为，特别是将失信记录建档留痕，做到可查可核可溯。同时将市场主体的信用记录纳入全国信用信息共享平台，将市场主体行政许可和行政处罚等信用信息在全国企业信用信息公示系统上予以公示。

(2)建立健全身份认证机制

严格规定 MaaS 服务应用程序提供者应按照“后台实名、前台自愿”的原则，对注册用户(包括乘客、驾驶员等人员)进行基于身份证、移动电话号码等真实身份信息认证。政府主管部门应对在线提供服务的驾驶员和使用服务的乘客进行数字化身份认证，对驾驶员驾驶行为和乘客出行行为全程监管，保证网上留痕、可追溯。

(3)建立双向信用评价机制

鼓励 MaaS 平台运营主体深入开展双向信用评价，提供交通运营商/驾驶员和乘客信用评价服务。在交通运输商/驾驶员信用评价方面，交易完成后，乘客可对提供服务的运营商和驾驶员的履约情况进行信用评级；在乘客信用评价方面，MaaS 平台运营主体基于用户行为数据对用户进行信用评价，主要包括用户基本信息、履约情况、消费行为偏好、支付、黑名单信息等方面的指标。行业主管部门应对交通运营商/驾驶员和乘客信用评价进行全程监管，同时结合行业管理数据，建立 MaaS 服务信用评价模型，以支撑新业态信用监管。

3.绿色积分建设

支持 MaaS 服务发展，建立绿色消费账户积分管理制度，鼓励个人绿色出行；鼓励企业建立绿色消费账户积分管理系统，通过消费抵扣、服务优惠、积分兑换(如里程兑换、交通票兑换、礼品兑换等)、积分抽奖等多种方式，促进居民良好出行行为习惯，以促进 MaaS 服务的发展。

4.信息安全保护

为了保障 MaaS 服务网络信息安全，维护国家和社会公共利益，保护公民、法人和其他组织的合法权益，促进 MaaS 服务健康发展，MaaS 平台运营主体及参与 MaaS 服务的各方应履行以下责任：严格落实信息安全管理责任，建立健全用户信息安全保护机制，收集、使用用户个人信息应当遵循合法、正当、必要的原则，明示收集使用信息的目的、方式和范围，并经用户同意；建立健全信息内容审核管理机制，对发布违法违规信息内容的，视情采取警示、限制功能、暂停更新、关闭账号等处置措施，保存记录并向有关主管部门报告；依法保障用户在安装或使用过程中的知情权和选择权，未向用户明示并经用户同意，不得开启收集地理位置、读取通讯录、使用摄像头、启用录音等功能，不得开启与服务无关的功能，不得捆绑安装无关应用程序；尊重和保护知识产权，不得制作、发布侵犯他人知识产权的信息；行业主管部门应建立网络信息安全投诉、举报制度，公布投诉、举报方式等信息，及时受理并处理有关网络信息安全的投诉和举报。

5.票价补贴机制

在票价补贴方面,政府管理部门科学制定、严格执行 MaaS 服务产品定价方案和政府支持力度进行票价补贴方案。以公共交通联程客票为例,对于单一联程票,一是只有单一公共交通模式,企业自主对公共交通票价定价,但优惠力度由企业承担,政府部门还是执行现有票价补贴政策;二是存在公共交通模式换乘情况,如公交—公交、公交—地铁、地铁—公交等,政府管理部门可根据实际情况进行换乘优惠政策,对优惠部分根据公共交通运营企业成本规制情况进行票价换乘优惠补贴;对于联程套票,政府管理部门应针对联程客运套票制定票价补贴制度,规定套票的种类。关于具体票价补贴额度根据运营企业成本规制情况进行补贴,如图 6-22 所示。

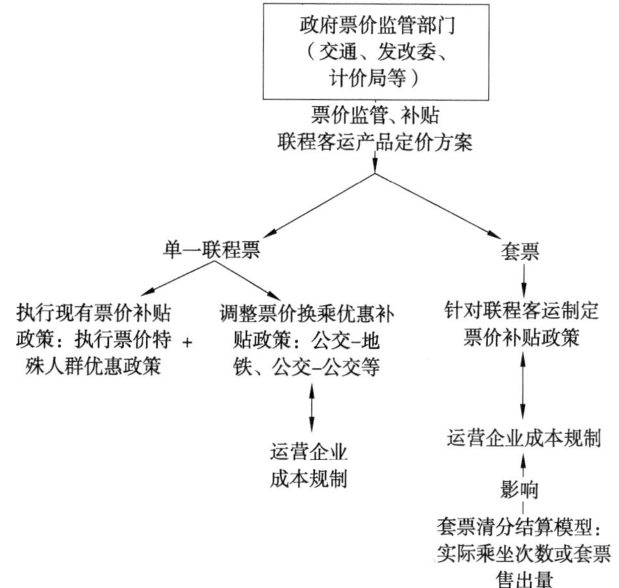

图 6-22 MaaS 服务公共交通联程客票票价补贴机制

第7章　基于智慧支付的MaaS服务生态和运营模式

7.1　基于智慧支付的MaaS服务生态体系

MaaS服务生态体系主要包括MaaS运营服务商、交通运营商、乘客(用户/客户)、政府管理部门等,构成了MaaS运营服务与管理的基础与主体。相关的业务支撑层,主要包括ICT服务提供商、后端技术服务商、支付与身份认证服务商、出行配套服务商及空间信息服务提供商等,这些利益相关者将从信息技术层面支撑MaaS出行服务理念的实现。在此基础上,进一步衍生业务拓展服务,主要包括与出行相关的其他服务供应商,如保险服务提供商、消费者服务平台运营商等。其中保险服务提供商可面向MaaS服务全流程中的各类车辆、运营服务主体、乘客等提供相应的保险服务;消费者服务平台运营商将与MaaS出行服务商进行新商业模式合作,促进出行与消费的深度融合,实现出行服务体系与餐饮、娱乐、旅游、住宿、购物等消费领域的相互赋能。

作为一种新的出行服务模式,MaaS将乘客需求放在首位,根据乘客的出行偏好制定出行服务,参与MaaS运营服务的相关方的角色定位和服务功能:

(1)对于出行用户:通过MaaS平台采集用户的出行习惯和出行偏好数据,据此提供满足出行者需求的服务价值;MaaS为出行者提供参与共享经济服务的机会,使其减少出行费用,增加额外收益。

(2)对于MaaS运营商:设计并提供MaaS产品以满足客户需求,具备民事责任和对外运营能力,具备实时信息和出行规划、支付和票务整合能力。

(3)对于政府部门:政府能够提供有效的出行管理工具和资源,促进对多种出行方式的整合,以满足市民出行需求;能够为交通出行者有共性的出行需求提供集体性服务,为道路的通行空间付费,从市民出行需求的角度考虑,从而作出更为正确的决策;负责制定服务许可、票制票价、财政补贴、信用体系、绿色出行、数据交换、信息安全、隐私保护等相应的法律法规、政策制度及保障措施。

(4)对于数据提供商:提供与交通运营商进行数据交换的机会,为在市场上获得数据分析服务的机会;其数据分析能力能为出行者的出行提供更多的出行服务,为新的市场提供数据分析服务，两者都使其获得额外收益、扩大经营范围。

(5)对于交通运营商：提供运输工具和客运服务，涵盖不同类型的交通运输服务运营商，通过培育和改变市民的出行行为，服务和满足更多市民出行，市民更多的出行带来交通运营商更多的收益，促使更多的交通运营商参与竞争，从而提高出行服务水平，改善交通服务品质。

(6)对于空间信息服务商：针对不同运输方式提供全方位、全天时、全天候的位置信息与地图导航信息服务，包括位置服务商、地图数据服务商等。

(7)对于ICT服务商：提供MaaS平台数据的底层传输通道，通过各类信息通信运营商(如移动、联通、电信等)、计算资源与存储资源云服务提供商(如阿里云、腾讯云、百度云等)提供基础的信息技术服务。

(8)对于生活服务商：提供吃饭、住宿、旅游、娱乐、购物和出行消费服务，如美团点评、携程旅行、去哪儿、途牛旅游等消费服务运营商。

7.2　基于智慧支付的MaaS服务运营模式

7.2.1　多种模式研究

MaaS运营服务参与方的角色定位不同，可以设计不同的运营服务模式，主要涉及政府部门、国企及第三方私人企业等。

1.公办公营模式

(1)模式特征

政府出资并负责平台建设和运营，运营费用由政府全额拨付，平台归政府所有；平台服务具有公共服务属性，可根据联程客运服务市场需求提供数据支持服务。

(2)模式优点

政府绝对控制平台和平台数据，政府牵头可有效解决协调难问题，政府直接提供官方信息服务。

(3)模式缺点

政府独自投资建设，资金压力大且风险高；政府缺乏专业技术人员支撑；公益性服务定位限制平台创收能力；联程客运服务企业获取数据难度较大，不利于联程客运市场化发展。

(4)模式应用条件

政府大力支持和高度重视；政府拥有足够的财力、人力和技术等资源。

(5)政企边界

政府：建设运营平台主体，平台和平台数据所有者，提供信息资源和信息服务，监管指导平台运营，制定行业规范标准。

企业：本模式不涉及企业边界问题。

2.合同外包模式

(1)模式特征

政府采购服务，并招标择优选定建设运营单位；联程客运服务平台归政府所有，政府对平台规划、建设、运营和维护享有主导权和控制权。合同外包模式分为建设外包、建设及运营外包、运营外包、部分环节外包等。

(2)模式优点

政府在利用企业资源的同时还能保持对平台和平台数据的绝对控制；采用项目竞争谈判机制，在实现公共服务目标的前提下以更低成本获取更高效、更优质的服务；借助政府资金和政策支持，扶持处于成长期的联程客运服务提供商，促进联程客运市场发展；依托政府解决跨交通方式、跨部门、跨区域、跨层级协调问题。

(3)模式缺点

政府投资成本高；项目续期时外包商具有较强的谈判能力，项目存在断续甚至停止风险；公益性服务性质，限制外包单位盈利能力，不利于联程客运平台服务创新发展。

(4)模式应用条件

政府具有较强的履约监管能力，项目外包服务要求和标准能够清晰表达，外包市场具有竞争性，市场购买价格低于自建自营成本。

(5)政企边界

政府：平台和平台数据所有者，独自出资建设平台并采购外包服务，监管指导平台运营，制定行业标准和规范。

企业：平台运营服务提供商，向政府收取平台建设运营项目服务费用。

3.公私合营模式

(1)模式特征

政府和多家企业共同出资建设运营半公益性质的联程客运平台运营主体；政府与企业各自发挥各自优势，政府提供资源协调、环节疏通和政策支持，企业提供技术、人员和运营服务保障；营运主体营收来源于平台赞助费、会员费、平台使用费等。

(2)模式优点

公益化服务和市场化运作的良好结合，实现成本、资金、资源和风险共担；政府对平台数据具有所有权，对数据安全和采集应用拥有控制权；依托政府解决跨交通方式、跨部门、跨区域、跨层级资源协调、环节疏通问题。

(3)模式缺点

借助政府在市场中建立壁垒和限制其他市场主体进入,形成不公平竞争,不利于联程客运平台服务质量和效率提升、联程客运行业健康发展。

(4)模式应用条件

政府高度重视和支持;实现跨交通方式、跨区域、跨部门、跨层级数据共享交换;政企边界清晰,建立利益协调机制;政府对平台数据安全和采集应用拥有控制权。

(5)政企边界

联程客运服务平台为政府、企业共同所有。

政府:承担部分建设运营资金;拥有平台数据所有权;监管指导平台运营;制定行业标准和规范;协调资源、疏通环节。

企业:平台建设运营服务提供商,企业提供技术、人员和运营服务保障;提供平台市场化服务并收取相应费用。

4.特许经营模式

(1)模式特征

政府以特许方式授予一家或几家企业享有在一定时期和范围内对联程客运服务平台建设或运营服务进行排他性或垄断性经营权利的行为。特许经营模式分为联程客运平台建设特许经营、联程客运平台服务特许经营。

(2)模式优点

引入社会资本,缓解政府财政压力;可借助市场机制,优化联程客运平台运营服务;可提升企业业务经营自主性和盈利能力;可获得长达30年的特许经营期限。

(3)模式缺点

企业要承担成本投入大、回收期限长和不确定性风险等压力;取得特许经营权和相关财政预算支持相对困难;政府失去对平台数据采集应用及其安全的直接控制。

(4)模式应用条件

政府重点扶持并给予财政支撑,项目可获得盈利,项目提供公共服务、关乎社会民生和共同消费性,项目具有规模经济、范围经济特征。

(5)政企边界

政府:政府授权特权经营并提供财政补贴,监管指导平台建设运营,制定行业标准和规范,协调资源。

企业:平台建设运营服务提供商,拥有平台数据所有权;市场化运营并收取相应服务费用。

5.全私营模式

(1)模式特征

企业独立自主对联程客运服务平台项目进行规划设计、建设、运营和提供服务,拥有平台所有权、平台产品服务(含数据)所有权,提供市场化服务和自负盈亏。该模式收入来源于平台服务费、产品服务交易分成、广告营销推广费、数据服务费及其他增值服务费。

(2)模式优点

项目完全自主建设运营且能够盈利,政府部门财政压力最小。

(3)模式缺点

企业独自承担较大的资金压力和平台建设、运营风险;跨交通方式、跨部门、跨区域、跨层级协调问题突出;政府完全丧失对平台数据控制。

(4)模式应用条件

项目存在较大市场需求,政府无力支持项目建设和运营,企业资源协调和整合能力强大,企业具备雄厚的资金、技术、人力实力和风险承担能力。

(5)政企边界

政府:制定行业标准和规范,监管指导平台建设运营,协调资源。

企业:平台建设运营服务提供商,拥有平台和平台数据所有权,面向市场提供服务和收取相应服务费用,自负盈亏。

7.2.2 主体运营模式

运营模式反映了综合的复杂程度和风险程度。联程客运平台运营商和公共交通机构需要着重考虑运营模式及合作伙伴关系。目前联程客运平台运营模式主要有以下三种。

1.持有人模式

持有人在联程客运服务平台上对自营出行服务(单一品牌)进行整合,而第三方所提供的出行服务必须通过专有 App 单独访问。这种模式通常包括提供长途和短途运输的铁路公司及运营多种公共交通模式的企业。持有模式中,交通客运数据和 API 不向第三方开放,平台运营商开发运营、独自占有联程客运平台和前端应用。实质上,这种模式用户可使用的交通模式种类有限。

2.经纪人模式

联程客运平台运营商对自营出行服务(单一品牌)进行整合的同时,担任第三方出行服务的经纪人(使用第三方品牌)。交通客运数据和 API 对第三方不公开,而是开发一个对第三方开放的 B2B 平台。虽然各交通方式客运服务资源可在平台上进行整合,但第三方服务需要签发单独的车票。这一模式优点是由自由市场进行调节，同时交通管理部门适当监管以确保平台向最优系统发展；缺点是需要公共资金来开发和维护平台。

3.运营商模式

联程客运平台运营商在单一品牌下对自营服务和第三方服务进行整合。该平台完全开放，交通客运数据和API完全向第三方开放，用户可以为每次出行购买一张涵盖各种交通模式费用的车票。联程客运平台运营商充当中介，将用户付出的票费分摊给相关的第三方提供商（分包商）。这一模式优点是为用户提供了更大的便利性和更好的出行体验；缺点是若第三方服务没有按照承诺提供服务，联程客运平台运营商将承担第三方义务和责任风险。

7.2.3 运营主体研究

本节以粤港澳大湾区MaaS服务运营主体组建为例，介绍相关建设运营模式。

1.以企业为主体运营

（1）企业组建目标和定位

根据《粤港澳大湾区发展规划纲要》《交通强国建设纲要》等有关发展联程客运服务任务要求和指示精神，并结合粤港澳大湾区客运具体发展实际，以满足无缝换乘、高效衔接联程联运服务需求为导向，以整合出行服务资源、优化运力资源配置、提升出行效率、改善服务品质为目标，成立粤港澳大湾区一票式联程客运运营服务法人实体企业，搭建服务于粤港澳大湾区居民出行的MaaS服务平台，建立运营协同、票务互联、数据互通、安检互认、信息共享、监管联动的MaaS服务体系，面向大湾区居民提供跨区、跨境出行一票式联程、一卡通服务，构建便捷高效、安全通畅、绿色经济、智慧可靠的湾区客运一站式出行服务生态。

（2）企业性质和建设运营模式

粤港澳大湾区MaaS服务公司是由具有较强资源整合能力、较高市场占有率和品牌知名度、具有一定资本或技术实力的客运骨干企业、互联网企业共同出资并注册成立的，根据出资比例分担风险、分配权益的股份有限公司。

按照“政府推动、企业实施、市场化运营”原则，采取特许经营型PPP建设运营模式，搭建以国有股份为主导、其他社会资本积极参与，利益共享、风险共担的股权合作模式。初创期，按照筹建单位的参与意愿和协商情况，由少数几家有实力的单位牵头发起，率先在广州成立粤港澳大湾区MaaS服务运营企业，条件成熟时可通过增资扩股等形式引入新战略股东。

2.以联盟为主体运营

（1）组建目标和定位

粤港澳大湾区联程客运服务联盟组织，是由粤港澳大湾区主要的客运企业共同发起成立，通过联盟章程和合作协议建立客运企业之间的合作关系，旨在推动粤港澳大湾区客运资源的有机整合，基于共同的市场利益确立客运企业之间的协调机制，为联程客运服务提供协调的平台。联盟属于松散型组织，各运输企业自愿加入，没有法律上的强制约束力。

粤港澳大湾区联程客运产业联盟，从技术、业务、政策等层面建立不同的专业委员会，包括粤港澳大湾区联程客运技术组、业务组、政策组、资源协调组等相关专业性的功能组织。

(2)联盟职责

第一，为粤港澳大湾区联程客运合作提供平台化服务。

第二，为粤港澳大湾区客运企业资源整合提供协商机制。

第三，是对接政府政策、落实粤港澳大湾区政策的重要载体。

第四，是制定粤港澳大湾区联程客运行业标准、业务规则的重要组织。

3.模式比较优势

相比于独立的运营实体，联盟组建的成本更低、效率更高，在各客运企业间更容易形成合作共识，目的是为壮大粤港澳大湾区客运市场的共同利益而形成，以契约关系为合作基础，将运营主体客运服务的外部市场化和市场交易的内部化结合，协同运营联程客运服务，共担风险、共享收益的一种松散型客运联盟。

7.3 基于智慧支付的 MaaS 服务运营评估指标

7.3.1 运营评估指标内容

1.安全性指标

安全性指标是表征 MaaS 服务安全水平的指标，主要通过联程客运服务中不同交通方式行车责任事故死亡率和枢纽客流拥挤度来度量。

(1)行车责任事故死亡率

由于 MaaS 服务会吸引一部分私家车出行的用户转移到公共运输体系中，而公共运输安全水平高于私家车出行。

(2)枢纽客流拥挤度

枢纽是联程运输核心，通过 MaaS 服务可提高枢纽客流集散效能，降低枢纽客流拥挤程度。

2.便捷性指标

便捷性指标是表征 MaaS 服务无缝衔接、零距离换乘程度的指标，主要体现为设施衔接换乘的便捷水平，通过 MaaS 服务涵盖的不同交通方式间平均换乘距离值来度量。

3.高效性指标

高效性指标是表征乘客出行效率和企业运营组织效率的指标。

(1)乘客出行效率

乘客出行效率主要通过乘客从始发地到目的地花费的总出行时间来度量,包括购票、排队、取票、候车、换乘、安检、检票、乘车等时间。

(2)企业运营组织效率

企业运营组织效率主要包括各 MaaS 服务模式间发车时刻表衔接情况、异常情况下企业临时调度应急能力、企业发车计划智能化水平等指标。其中,异常情况下企业临时调度应急能力主要通过异常情况下各交通方式响应时间来度量;企业发车计划智能化水平主要是指运营企业根据乘客需求科学智能地编制或调整发车计划情况。

4.绿色性指标

绿色性指标是表征人们绿色出行和绿色交通发展的指标,主要包括私家车保有量、私家车转移量、定制出行/响应式出行服务普及率等指标。

(1)私家车转移量

私家车转移量是指私家车出行转移到公共出行的用户量,主要通过调查拥有私家车用户选择联程客运服务且城市内出行的用户量来度量。

(2)定制出行/响应式出行服务普及率

定制出行/响应式出行服务普及率主要通过客运服务企业定制出行/响应式出行服务线路的普及率来度量。

5.经济性指标

经济性指标是表征乘客出行成本、联程客运服务系统运营成本和系统综合效益的指标,重点考查人均出行支出费用、联程客运服务系统单位人次运营成本、交通系统客运量、交通系统主营业务收入等指标。

(1)人均出行支出费用

人均出行支出费用指单位乘客 MaaS 服务年均支出费用。

(2)系统单位人次运营成本

系统单位人次运营成本指 MaaS 服务系统平均每运送一位乘客的运营成本。

(3)交通系统客运量

交通系统客运量指不同交通方式的客运量情况,包括城市内交通方式,如公共交通(公交、轨道)、出租汽车、共享汽车等和城际交通方式,如铁路、水运和长途公共汽车等。

(4)交通系统主营业务收入

交通系统主营业务收入指不同交通方式通过主营业务获得的收入情况(不包

括补贴收入)。

7.3.2 运营评估指标体系

为了更好地评价 MaaS 服务发展的先进程度和差距,评估 MaaS 平台服务的经济和社会效益,项目遵守科学性、系统性、可操作性原则,从安全、便捷、高效、绿色、经济五大方面建立 MaaS 实施效果评价指标体系。MaaS 实施效果评价指标体系由目标层、准则层和指标层构成,如图 7-1 所示。

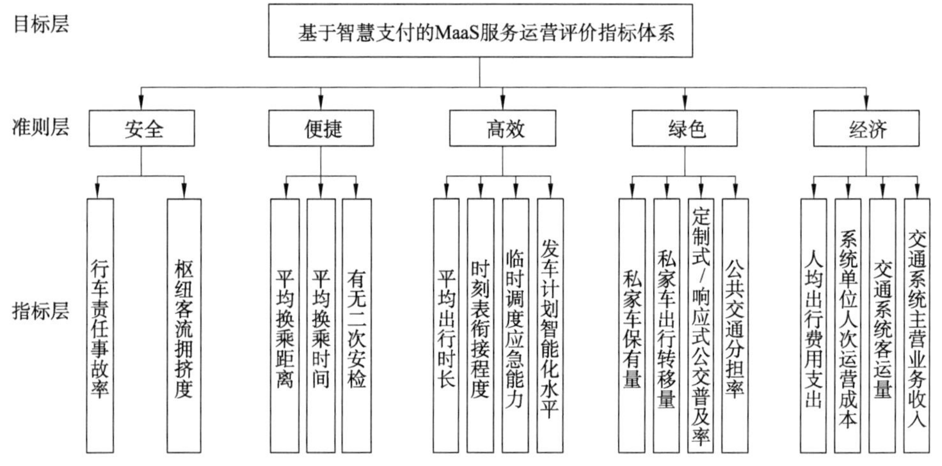

图 7-1 MaaS 实施效果评价指标体系

第 8 章　粤港澳大湾区 MaaS 出行服务探索与实践

8.1　粤港澳大湾区城市出行服务需求现状

8.1.1　粤港澳大湾区广东省客运需求

2018 年粤港澳大湾区广东省 9 市总客运量规模约 111. 17 亿人,其中公共汽电车 56. 72 亿人、出租汽车 13. 69 亿人、城市轨道交通 30. 26 亿人、公共交通客运轮渡 0. 15 亿人;道路客运 6. 44 亿人;铁路 2. 49 亿人;航空 1. 42 亿人,见表 8-1。广州市道路客运、铁路客运规模遥遥领先于粤港澳大湾区广东省其他 8 市;广州市城市轨道交通的客运分担率显著高于公共汽电车;深圳城市轨道交通的客运分担率略高于公共汽电车。

2018 年粤港澳大湾区广东省 9 市客运规模(客运量)　　表 8-1

城市(地区)	公共汽电车(万人)	出租汽车(万人)	城市轨道交通(万人)	公共交通客运轮渡(万人)	道路客运(万人)	铁路(万人)	航空(万人)	各市客运量合计(万人)
广州	228511	60533	302595	1469	25780	13525	8913	641326
深圳	162858	38787	187845	—	6654	8197	5022	
佛山	32316	7108	—	79	5057	658	—	45218
东莞	53622	5233	4605	—	3383	—	—	62238
惠州	18520	5462	—	—	6616	212	—	30810
珠海	31578	13576	130	—	3191	2315	220	50880
中山	18694	3537	—	—	1402	—	—	23633
肇庆	12560	1470	—	—	2893	—	—	16923
江门	8524	1216	—	—	9417	—	—	19157
粤港澳大湾区广东省 9 市小计	567183	136922	302595	1548	64393	24907	14155	1111703

注:数据根据 2019 年广东省统计年鉴和网络整理;“—”表示无相关统计数据。

2018 年粤港澳大湾区广东省 9 市的日均客运量的组成中，广州市占比 43. 98%，深圳市占比 16. 92%，其他 7 市占比总和为 39. 10%（图 8-1），可见广州市及深圳市在粤港澳大湾区交通网络中的重要地位。

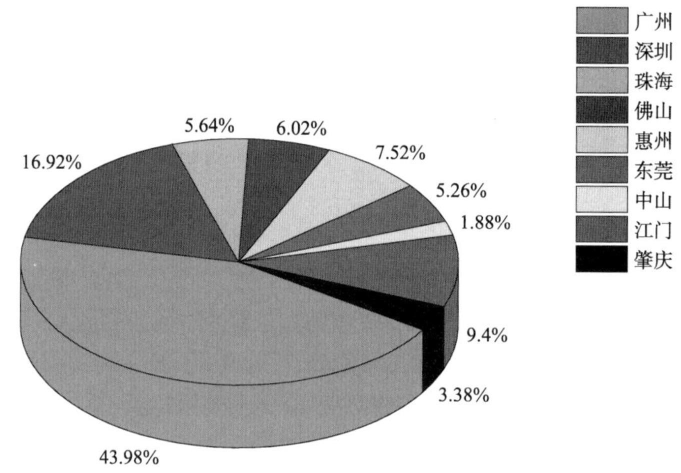

图 8-1　2018 年粤港澳大湾区广东省 9 市日均客运量
（数据来源：根据 2019 年广东省统计年鉴整理获得）

8.1.2　粤港澳大湾区港澳地区客运发展现状

1.香港特别行政区

公共交通方面：香港每天约 90%的市民和访客使用公共交通工具，目前每日逾 1200 万人次使用香港公共交通服务，占出行人次近九成，如图 8-2 所示。2016 年底，专营巴士出行近 410 万人次，占公共交通乘客人次的 33%；轻铁路线，每天服务约 49 万人次，占全港公共交通乘客人次约 3. 9%；公共小巴每日接载超过 180 万人次，占公共交通乘客人次约 15%。

铁路方面：2018 年，港铁在香港专营公共交通工具市场的整体占有率为 49. 3%，而 2017 年为 49. 1%。其中，在过海交通工具市场的占有率为 69. 1%，在往返机场交通工具市场的占有率为 22. 0%。2018 年，港铁所有铁路和巴士客运服务的总乘客量增加 2. 2%，至 20. 445 亿人次；其中本地铁路服务 16. 7 亿人次，日均 457. 5 万人次。由于访港内地旅客人数继续增加，罗湖及落马洲过境服务的乘客量上升 4. 4%，至 1. 174 亿人次。广深港高铁香港段于 2018 年 9 月 23 日正式开通运营，港铁是高铁香港段的项目管理人，并与九广铁路公司订立为期 10 年的高速铁路（香港段）服务经营权协议。2018 年 9 月 23 日至 2018 年 12 月 31 日期间，广深港高铁（香港段）的客运量约 530 万人次，每日约 5. 3 万人次。受惠于经济增长以及广深港高铁香港段的开通,2018 年香港客运业务的总乘客量增长 2.2%,客运业务总收入增加 7.1%,至 194.90 亿港元。

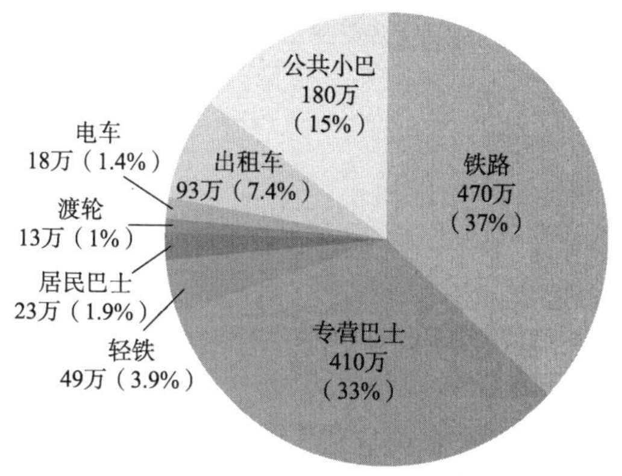

图 8-2 香港特别行政区 2016 年公共交通服务平均每日乘客人次分布
(资料来源:香港特别行政区政府网站)

2.澳门特别行政区

旅客主要通过陆路、水路访澳,陆路、空路客流量已超承载能力。2017 年通过陆路访澳的旅客占比为 57.1%,共 1863 万人次,通过海路访澳的旅客占比为 34.5%,共 1123 万人次,其中,通过陆路进入澳门的游客主要来自广东省,旅客经由拱北口岸和横琴口岸入境,拱北口岸日接待旅客量超 20 万人次,已超过日承载能力;通过海路进入澳门的游客主要来自香港和深圳,澳门海路码头主要为外港和氹仔码头,其中经由外港码头的旅客占 60%以上。2017 年由空路进入澳门的游客占比为 8.4%,主要是通过澳门机场进入,澳门机场年客流量已达 663 万人,超过 600 万人的年承载能力。目前,三种交通途径都具有承载能力不足、道路通行不畅等问题,限制了赴澳旅客数量的增长,未来随着港珠澳大桥、广珠城轨延长线、澳门轻轨、青茂口岸、横琴口岸的竣工,港、珠、澳、广机场改扩建的完成,氹仔客运码头的放开,澳门旅客数量也将大幅上升。

8.1.3 粤港澳大湾区跨境客运出行总体现状

1.粤港澳大湾区广东省 9 市来港出行现状

根据 2019 年香港统计月刊专题文章《2017 年跨界旅运统计调查》,从 2017 年按起讫点划分的平均每日来香港出行的旅客分布区域主要为深圳、澳门。其中,来自深圳的香港出行平均每日旅客规模达 218800 人次/日,约占来香港出行的平均每日旅客总规模的 58.64%;来自澳门的香港出行平均每日旅客规模达 53300 人次/日,约占来香港出行的平均每日旅客总规模的 14.29%。但是,源于深圳之外的大湾区广东省9市来港出行平均每日旅客规模仅占7.77%,见表8-2。

2017年按起讫点划分的平均每日来香港出行的旅客规模区域分布 表8-2

区　域	人　次	百分比(%)
(一)粤港澳大湾区广东省9市	293400	78.64
其中:深圳	218800	58.64
东莞	25700	6.89
广州	19900	5.33
(二)广东省其他地方	8900	2.39
(三)内地其他地方	17500	4.69
(四)澳门	53300	14.29

资料来源:2019年香港统计月刊专题文章《2017年跨界旅运统计调查》。

2.粤港澳大湾区9市来澳出行现状

2018年粤港澳大湾区广东9市及香港来澳门出行旅客规模总计达1536.03万人次,其中,广东省9市来澳门出行旅客规模达903.23万人次,占总来澳旅客规模的58.80%,珠海、广州、佛山是来澳门的粤港澳大湾区广东省9市旅客的前三大来源地;香港来澳门出行旅客规模达623.79万人次,占总来澳旅客规模的41.20%,从单个行政区来看,香港是来澳门的粤港澳大湾区旅客的最大来源地,如图8-3所示。

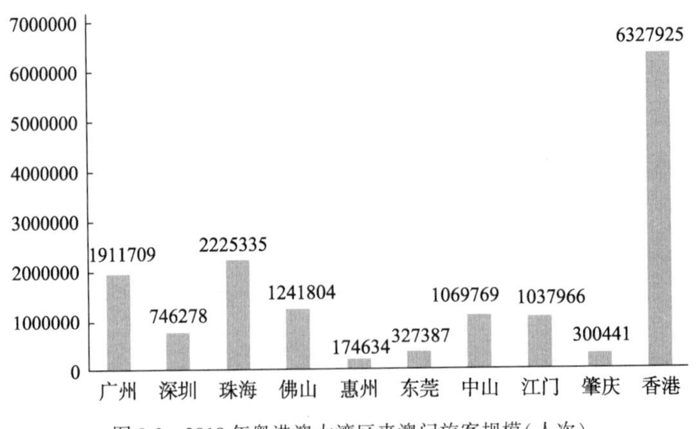

图8-3　2018年粤港澳大湾区来澳门旅客规模(人次)
(数据来源:澳门统计暨普查局数据资料)

从2019年各月份与2018年同期相比来看,粤港澳大湾区广东省9市来澳门旅客规模有显著增长,1—10月来澳门旅客总规模达1250.32万人次,较往年同期增长 304.55 万人次,增幅约为 24.36%。从粤港澳大湾区广东省 9 市来澳门旅客规模月份分布来看,2 月和 8 月是来澳客流的高峰月份,9 月是来澳客流的低峰月份,如图 8-4所示。

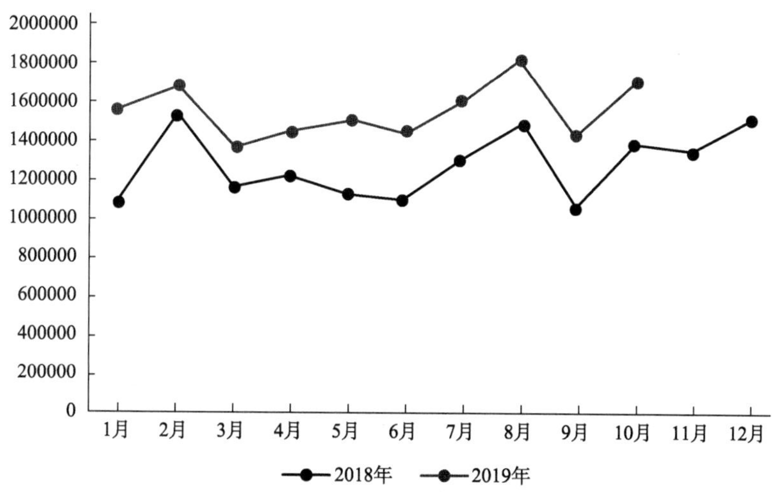

图 8-4 2018—2019 年各月份粤港澳大湾区来澳门旅客规模

3.港澳两地客运出行现状

从 2001—2017 年往来香港与澳门之间平均每日客运出行规模来看,往来于香港与澳门之间的平均每日客运出行规模在 2011 年前保持显著上升趋势,2011 年后往来于香港与澳门之间的平均每日客运出行规模基本维持平稳状态,即 52800~54100 人次/日,如图 8-5 所示。

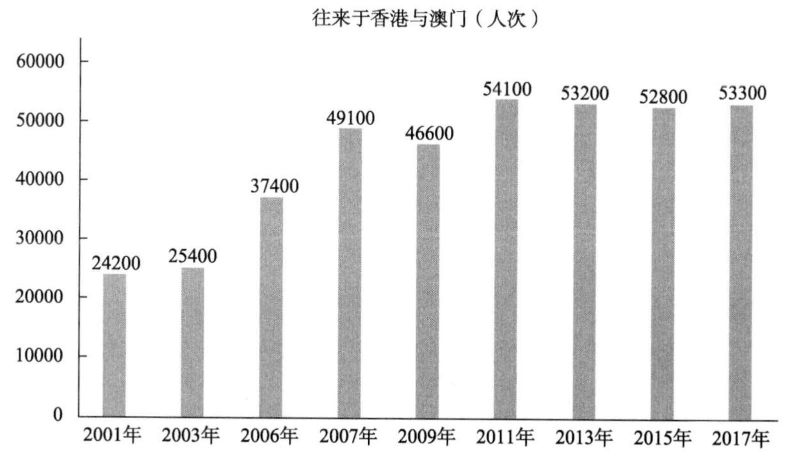

图 8-5 2001—2017 年往来香港与澳门之间平均每日客运规模

(资料来源:2019 年香港统计月刊专题文章《2017 年跨界旅运统计调查》)

4.通过口岸往来粤港出行情况

援引滴滴媒体研究院《珠三角智能出行大数据报告》研究结果，打车前往香港、澳门并通过深圳地区口岸和珠海地区口岸的乘客主要是广东省本地居民，通过深圳地区口岸的广东省本地居民来源城市，按照客流规模由大到小依次是广州市、东莞市、汕尾市、惠州市、佛山市、汕头市；通过珠海地区口岸的广东省本地居民来源城市，按照客流规模由大到小依次是广州市、深圳市、中山市、佛山市、江门市、东莞市、湛江市，如图 8-6 所示。

排名	深圳地区口岸	珠海地区口岸
1	广州市	广州市
2	东莞市	深圳市
3	北京市	中山市
4	上海市	佛山市
5	汕尾市	北京市
6	惠州市	江市市
7	成都市	东莞市
8	武汉市	湛江市
9	佛山市	长江市
10	汕头市	武汉市

图 8-6　打车前往港澳通过口岸的客流来源分布

5.粤港澳大湾区跨境出行平均每日跨境客运规模

随着内地及澳门与香港的社会经济联系更趋紧密，跨界旅运量在过去年间持续增长。根据香港规划署《北往南来 2017 年跨界旅运统计调查》报告，平均每日有 72 万人次的跨界旅客行程，较 2007 年的平均每日 54 万人次增加超过三成，如图 8-7所示。

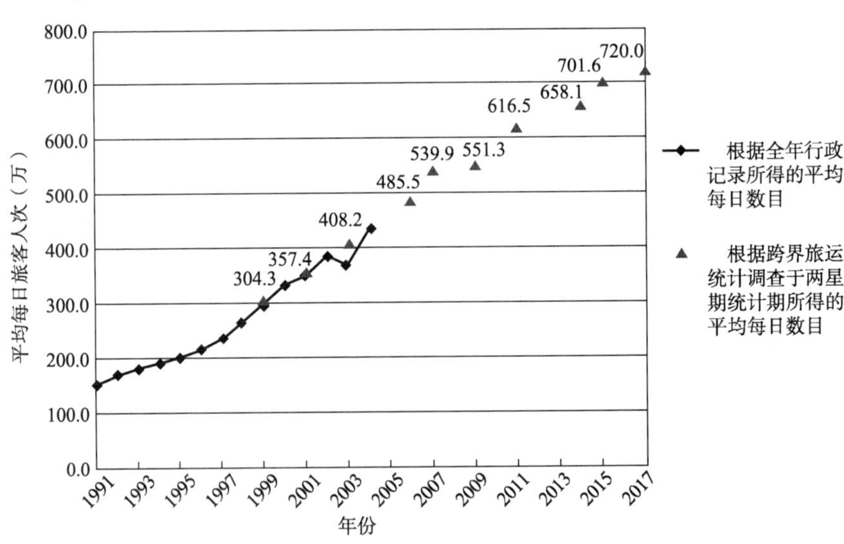

图 8-7　粤港澳大湾区跨境出行平均每日跨境旅客人次

居于内地的香港居民的行程比例由 2015 年的 15.5% 上升至 2017 年的 17.5%，实际数目亦由 2015 年的平均每日 10.08 万人次上升至 2017 年的 11.66 万人次；来自内地的旅客的行程数目由 2007 年平均每日 7.68 万人次增加至 2017 年的 21.66 万人次。这类人士的行程所占的比例亦由 2007 年的 15.6%增加至 2017 年的 32.5%。往来香港及澳门的旅客行程较多的为香港居民，2017 年香港居民占所有旅客行程的 50.6%，较 2015 年的 59.7%有所降低。而这类人士的行程实际数目亦由 2015 年的平均每日 31500 人次下跌 14.4%，至 2017 年的 27000 人次，如图 8-8 所示。

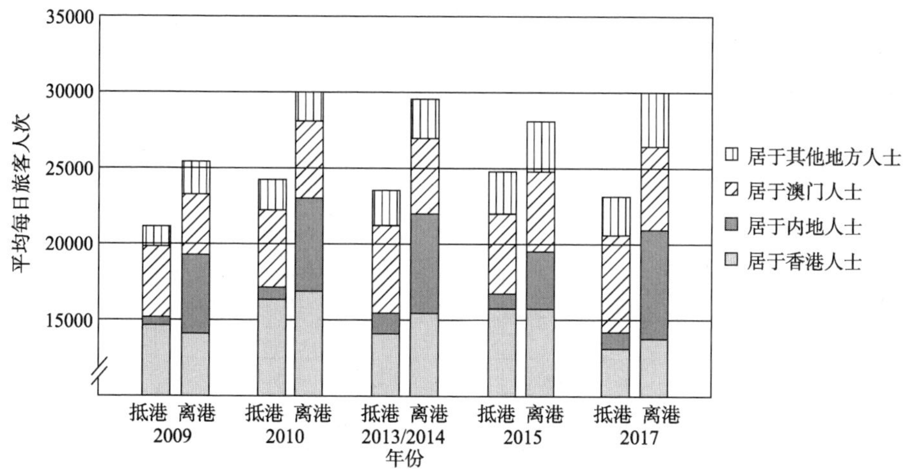

图 8-8 按方向及常居地划分的往来香港及澳门的平均每日旅客人次

8.1.4 粤港澳大湾区各交通方式客运服务现状

如表 8-3 所示，2017 年广东省公路、铁路、水路、民航四大交通方式出行客流规模共计 14.85 亿人，较 2016 年增加 2.97%，旅客周转量共计 4140.29 亿人公里，较 2016 年上升 7.75%。其中，公路客运规模最大，总量达 10.59 亿人，约占广东省总客运规模的 71.3%，较 2016 年上升 3.75%；其次是铁路客运，总量达 2.8 亿人，约占广东省总客运规模的 19.2%，较 2016 年下降 1.7%；民航周转量最大，约占广东省旅客总周转量的 51.39%，较 2017 年上升 8.61%。

2017 年广东省主要交通方式客运量和旅客周转量规模 表 8-3

年份	客运量(万人)					旅客周转量(亿人公里)				
	合计	铁路	公路	水路	民航	合计	铁路	公路	水路	民航
2006	197314	15109	175567	2073	4565	2245.37	347.60	1212.76	12.14	672.87
2007(调整)	206504	12050	186835	2071	5548	2626.71	387.61	1410.72	10.98	817.40

续上表

年份	客运量(万人)					旅客周转量(亿人公里)				
	合计	铁路	公路	水路	民航	合计	铁路	公路	水路	民航
2008(调整)	484161	13739	462997	1593	5832	2551.92	420.12	1276.12	7.54	848.14
2009	428705	13394	406704	1873	6734	2853.30	407.72	1470.06	7.06	968.46
2010	467049	14956	442224	2241	7628	3342.23	456.46	1736.34	8.36	1141.07
2011	522095	17902	493618	2594	7981	3851.84	505.16	2082.68	9.63	1254.37
2012	586299	18528	556510	2725	8535	4372.06	514.88	2470.11	10.01	1377.06
2013(调整)	175109	20459	143406	2247	8997	3538.10	565.91	1462.82	9.18	1500.19
2014	193363	23744	157234	2613	9771	3967.28	670.78	1629.79	10.67	1656.05
2015(调整)	137368	26536	98050	2728	10054	3601.12	747.05	1034.94	10.50	1808.63
2016	144262	28954	102094	2648	10566	3842.58	793.44	1079.80	10.34	1959.00
2017	148549	28476	105919	2733	11420	4140.29	872.08	1129.53	10.85	2127.82

数据来源:根据2018年广东省统计年鉴和网络整理。

1.道路客运发展现状

1)跨境道路客运需求

随着港珠澳大桥的正式通车,乘坐客车往返粤港澳三地变得更加方便快捷。2018年,粤港澳直通客运共完成道路旅客运输量1610.58万人次,客运周转量37.03亿人公里,比2017年分别增长27.27%、18.42%,见表8-4和图8-9。

2017、2018年粤港澳直通客运基本情况对照 表8-4

年份	客运量(万人次)		客运周转量(亿人公里)		出入境车辆
	共计	其中出境	共计	其中出境	(万辆次)
2017年	1265.52	587.44	31.27	12.68	72.47
2018年	1610.58	725.45	37.03	14.87	81.84
2018年较2017年增幅(%)	27.27	23.49	18.42	17.27	12.93

注:出入境客运量和客运周转量统计口径与第1章道路旅客客运量和客运周转量不同。

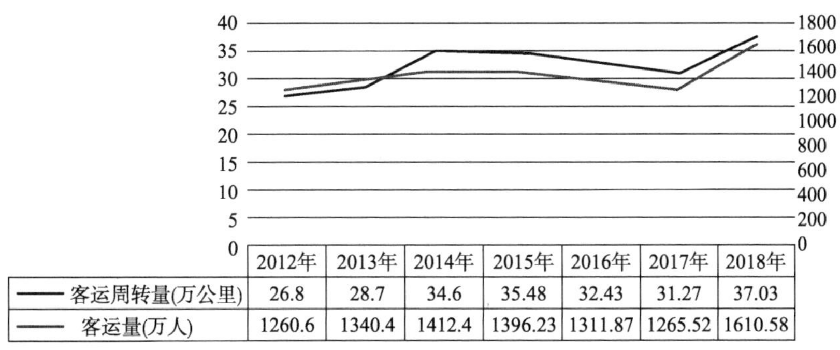

	2012年	2013年	2014年	2015年	2016年	2017年	2018年
客运周转量(万公里)	26.8	28.7	34.6	35.48	32.43	31.27	37.03
客运量(万人)	1260.6	1340.4	1412.4	1396.23	1311.87	1265.52	1610.58

图 8-9　2012—2018 年粤港澳直通客运客运量和客运周转量变化

以港珠澳大桥客运需求为例进行说明。港珠澳大桥的开通进一步刺激了跨境出行需求。

(1)港珠澳大桥跨境出行客流规模

截至 2018 年 11 月 20 日 24 时,港珠澳大桥客运量共约 179 万人,平均每日约 6.4 万人次,最高约 10.3 万人次,如图 8-10 所示。港珠澳大桥上来往于香港和广东省珠海、澳门两个方向的客运需求同样存在一定的差异。从总体上来看,两个方向的客流量大体相当,但是从香港出发到澳门、广东省珠海的客流量却要稍高于澳门、广东省珠海到香港的客流量。这说明客流在一定的时间段内是单方向的,但是从整个时间段来看,流入和流出的需求量是相对均衡的。岭南控股广之旅数据显示,广东省内游客中,来自佛山、珠海、中山、江门、阳江、肇庆等珠江西岸及粤西地区城市的旅客比例在月内大幅拉升,升幅高达 2500%,无须陆路绕行或水路赴港的便利,最大化地激活了珠江西岸及粤西地区居民的赴港游热情。据旅客数据显示,港珠澳大桥自开通以来,港澳游整体数据同比提升高达 60%,其中以香港西部地区为主的单点深度旅游产品增幅最为显著,达到 850%。南湖国旅的数据显示,大桥通车运营一个月来,报名涵盖“港珠澳大桥”的旅游线路游客已经超过 9000 人,人数较大桥通车前一个月增长 5 倍。特别是每逢周末,出发人数均超过 700 人/天,最高峰时更是突破千人。港珠澳大桥与刚开通的广深港高铁形成合力,缩短了粤港澳大湾区内城市群的空间距离和时间距离,促成了“一小时旅游圈”的形成,实现了粤港澳三地旅游资源互动互补优势的倍增。

(2)港珠澳大桥跨境出行方式

大桥通行车辆以客车为主,客车占比 97.58%,货车占比 2.42%。其中,穿梭巴士和小客车占比较大,分别达 44.97%和 30.54%。下面分别分析私家车、运营巴士、穿梭旅游巴士通过港珠澳大桥进出香港的旅客数量变化情况。

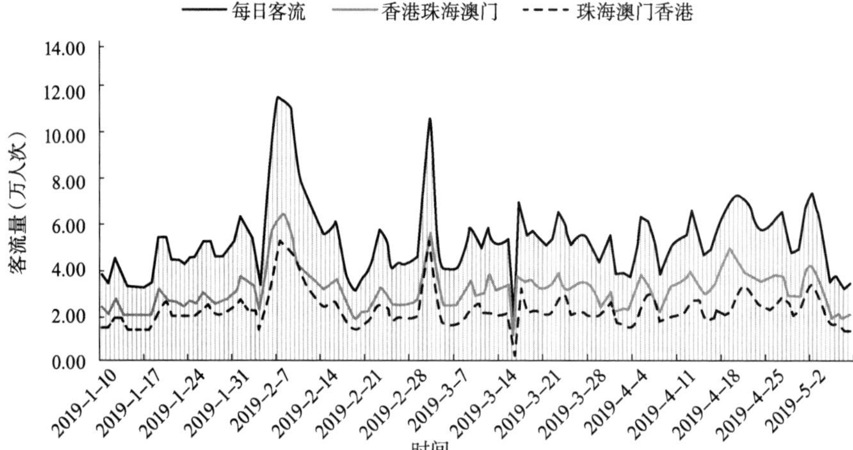

图 8-10　2019 年港珠澳大桥客流趋势

如图 8-11 所示，在私家车出行规模方面，自从港珠澳大桥开通以来，从私家车的通行流量来看，每月都呈现出稳步上升的趋势，并且通过港珠澳大桥进出香港的私家车基本相等。其中，私家车 1 月份车流量是较低的，而 2 月份逐渐回升，原因是春节假期出来旅游、部分外来务工人员回程。

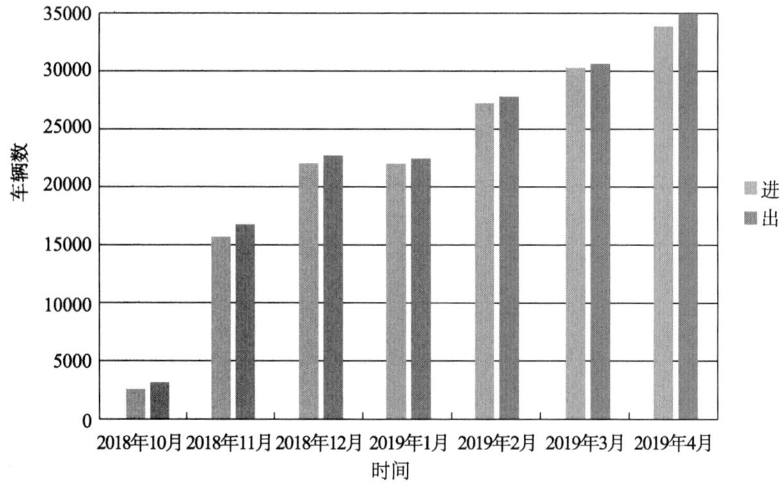

图 8-11　通过港珠澳大桥进出香港的私家车数量

如图 8-12 所示，在旅游巴士出行规模方面，私家车和旅游巴士会出现相反的趋势，主要是因为往来香港与内地的跨境交通基建设施日趋完善，以“个人游”方式访港的内地旅客会越来越多，人们更加愿意自己驾车来往于粤港澳之间。这也在一定程度上说明了基础设施的建设将会极大地引导人们出行行为的选择。

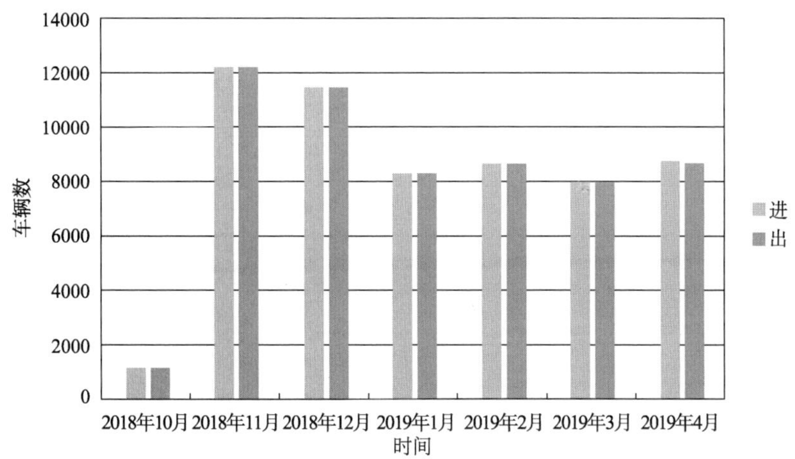

图 8-12 通过港珠澳大桥进出香港的旅游巴士数量

如图 8-13 所示,在穿梭巴士出行规模方面,穿梭巴士是目前港澳口岸之间主要的公共交通工具。穿梭巴士是指往返于珠海口岸、澳门口岸和香港口岸的巴士,分为港珠线和港澳线两条线,24h 运行。正因为其便利的购票方式及全天候的运输服务,才能够让更多的出行者当天往返于港珠澳之间。跨境公共交通从穿梭巴士来看,基本上处于稳定的状态,既没有私家车的稳步上升,也没有旅游巴士的下降,这可能是公司固定的运营车辆数所决定的。

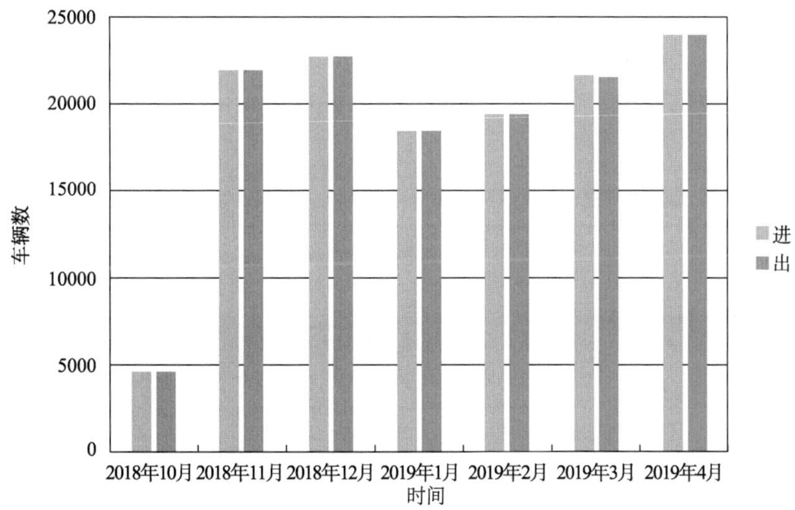

图 8-13 通过港珠澳大桥进出香港的穿梭巴士数量

总体来看,自港珠澳大桥通车以来,大桥每月各种类型车辆的通过数中,私家车增长的速度是最快的,也是通过港珠澳大桥进出香港的主要交通方式。除此之外,穿梭巴士也是主要进出香港的公共交通方式,如图 8-14 所示。

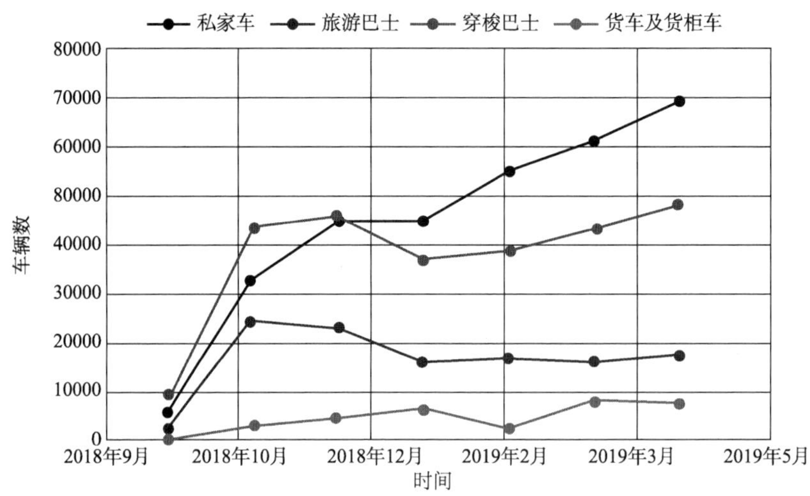

图 8-14　各类型车辆进出香港总数

2)粤港澳大湾区市际道路客运现状

(1)市际道路客运规模

如表 8-5 所示,2017 年、2018 年粤港澳大湾区广东省 9 市各市际客运离站客流人数分别达到 520.66 万、528.89 万,2018 年较 2017 年增长 8.23 万,增幅约 1.58%。其中,在客流规模总量方面,广深市际客运线路客流规模最大,在 2018 年达到 44.83 万人,较 2017 年增长 1.06 万人,其次是广佛际客运线路;在客流方向、客流规模增长幅度方面,莞惠市际客运线路向客流规模增幅最大,2018 年较 2017 年上涨 11.33%,其次是深佛市际客运线路。

粤港澳大湾区各市际客运班线离站客流数据统计(单位:人次)　　表 8-5

班线方向	2017 年	2018 年	班线方向	2017 年	2018 年
广州—深圳	219981	225124	深圳—广州	217775	223191
广州—佛山	208871	215309	佛山—广州	215971	225348
深圳—东莞	189557	191587	东莞—深圳	190247	191248
深圳—惠州	180527	181222	惠州—深圳	179552	179528
广州—东莞	178549	177859	东莞—广州	180524	180124
广州—惠州	105419	109995	惠州—广州	105354	106874

续上表

班线方向	2017 年	2018 年	班线方向	2017 年	2018 年
深圳—佛山	105280	111236	佛山—深圳	109580	115678
广州—江门	99827	99287	江门—广州	102141	102578
广州—珠海	95596	96854	珠海—广州	96554	96237
广州—中山	90268	92154	中山—广州	89887	90228
佛山—肇庆	89217	90124	肇庆—佛山	90548	91004
深圳—珠海	75426	76521	珠海—深圳	74215	74998
佛山—东莞	67594	67985	东莞—佛山	67928	68421
珠海—江门	61278	62137	江门—珠海	60389	61278
深圳—中山	60258	60879	中山—深圳	61287	61589
珠海—佛山	57829	57891	佛山—珠海	55247	56247
佛山—江门	56378	56697	江门—佛山	55369	55321
佛山—中山	53698	53894	中山—佛山	53784	53998
珠海—中山	50124	50189	中山—珠海	51278	51247
惠州—东莞	50123	50998	东莞—惠州	50487	61008
广州—肇庆	49214	50124	肇庆—广州	50147	50547
深圳—江门	47518	47599	江门—深圳	48129	48874
中山—江门	42158	42587	江门—中山	41287	41298
佛山—惠州	40526	40678	惠州—佛山	40245	40528
东莞—中山	39689	40125	中山—东莞	39887	40852
深圳—肇庆	36415	36789	肇庆—深圳	36678	37615
珠海—东莞	34517	34689	东莞—珠海	34598	35124
珠海—惠州	31245	31558	惠州—珠海	30189	30948
东莞—江门	27548	27554	江门—东莞	28057	28791
江门—肇庆	25887	26058	肇庆—江门	25789	26478
惠州—中山	25147	25489	中山—惠州	25852	25897
东莞—肇庆	24558	24968	肇庆—东莞	25069	25278
惠州—肇庆	21589	21987	肇庆—惠州	21697	22098
惠州—江门	20158	20178	江门—惠州	20879	20741
中山—肇庆	19548	19998	肇庆—中山	19874	19958

续上表

班线方向	2017 年	2018 年	班线方向	2017 年	2018 年
珠海—肇庆	13987	14597	肇庆—珠海	14589	14842
总计	2595504	2632920	总计	2611083	2656014

数据来源:《粤港澳大湾区重大节假日出行高峰运输组织模式与方案》。

(2)市际道路客运出行起讫点选择

城际客流的出行规律将有助于城际各交通方式的运力调整,高效匹配出行需求,帮助旅客舒适安全出行。通过问卷调查,统计了粤港澳大湾区出行者城际出行的起讫点选择。如图 8-15 所示,由调查结果可得,在重大节假日期间,从广州和深圳出发的旅客数要远远高于其他城市。出行目的地主要分布于广州、深圳及香港,珠海次之。客流主要呈现出以广州深圳为中心向周围发散的状态,并且在节假日期间,除了深圳和广州,香港和珠海也是粤港澳大湾区内乘客出行选择的主要目的地,如图 8-15所示。从广东省 9 市城际客运的移动规律来看,广东省省内客流方向主要以粤西及粤东为主,粤北方向客流相对较少,而省外的客流方向主要以湖南、广西及江西为主,其他方向客流相对较少。粤港澳大湾区广东省 9 市的客运需求主要集中在广州、深圳、佛山及东莞等核心城市。就粤港澳大湾区内部来说,客运需求主要集中在广州—深圳、广州—佛山、广州—东莞、深圳—东莞及深圳—惠州。

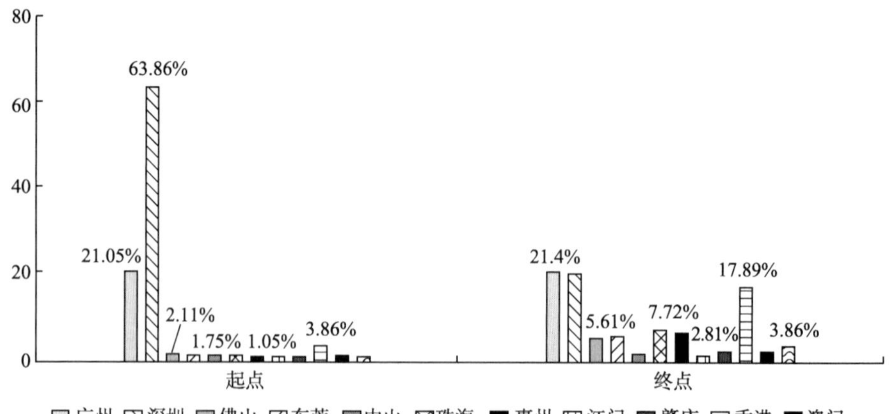

图 8-15　粤港澳大湾区城际出行起讫点选择

2.粤港澳大湾区水路客运规模

2018 年水路客运降幅扩大,完成营业性客运量 1331 万人、旅客周转量 5.2 亿人公里,同比分别下降 3.5%和 7.9%。其中,二季度完成客运量 597 万人,增速从一季度的同比持平转为下降 13.7%；完成旅客周转量 2.5 亿人公里，下降 12.4%，降幅较一季度扩大 9.0 个百分点。降幅扩大的主要原因是港珠澳大桥及香港高铁对赴港澳水上客运航线造成明显分流。

3.粤港澳大湾区铁路客运

对标东京湾区、纽约湾区、旧金山湾区发现，粤港澳大湾区的铁路里程规模不小，但就铁路整体发展水平而言，如路网密度、人均里程，尤其是铁路客运的市场份额远低于这三大湾区。以广深港高铁香港段为例，自 2018 年 9 月通车至今，广深港高铁香港段已接载超过 1400 万人次旅客往来香港和内地城市；根据中国政府网公布的数据，2019 年 6 月，广深港高铁香港段日均乘客超过 5.4 万人次，周末日均乘客量超过 6 万人次，2019 年上半年总乘客量为 990 万人次。

4.粤港澳大湾区城市轨道客运

截至 2018 年底，粤港澳大湾区共有城市轨道交通线路 36 条，运营长度达 1097km，站点设置 617 条；粤港澳大湾区城市轨道交通日均客流量达 2071 万人次、年客流总量达 100.5 亿人次，其中，广东 9 市城市轨道交通日均客流量 1381.77 万人次、年客流总量 75.5 亿人次，香港地铁日均 690 万人次、年客流总量 25 亿人次。

5.粤港澳大湾区民航客运

2016 年粤港澳大湾区城市的旅客运输总量超过 1.85 亿人次，相当于北京和上海的总和，超过著名的伦敦、东京、纽约机场群。粤港澳大湾区航空市场规模领先全球，不仅得益于需求，也由于区内各大机场保持适度竞争，提升了服务效率并降低区域航空成本。粤港澳大湾区航空客运总量在全球湾区领先，但是人均出行次数依然较低，仅为纽约湾区的 1/4，伦敦湾区的 1/5，依然有较大的提升空间，见表 8-6。

2016 年粤港澳大湾区与其他湾区航空出行情况对比 表 8-6

对比特征	粤港澳大湾区	长三角地区	伦敦湾区	纽约湾区	东京湾区	全球
航空出行人次（亿人次）	1.85	1.42	1.32	1.3	1.1	33
人口（亿人）	0.5	0.7	0.0817	0.0836	0.1318	70.57
人均航空出行次数	3.28	2.03	16.16	13.76	8.04	0.47

数据来源：根据中国民航网（www.caacnews.com.cn）公布数据整理获得。

6.粤港澳大湾区网约车客运现状

根据哈啰顺风车发布的《粤港澳大湾区五一出行报告》，东莞、深圳、广州跨城发单量占比 60%，是粤港澳大湾区使用跨城顺风车的主流城市，如图 8-16 所示。

网约车粤港澳大湾区出行排名前50跨城目的地中,有46.5%的跨城目的地为航空、轨道等综合交通枢纽,以及港澳地区出境口岸。粤港澳大湾区跨城订单平均距离115km,平均时长2.08h,超过40%跨城订单实现粤港澳大湾区主要城市间1h通达。超过40%市民前往广州南站、深圳北站、广州白云国际机场、深圳宝安国际机场、广州站接驳出行。6.5%的市民通过顺风车前往珠海拱北口岸、横琴口岸,深圳罗湖口岸、福田口岸等赴港澳及海外周边旅游度假。网约车出行充分融入粤港澳大湾区公共交通运输体系,起到协同多种交通方式,形成优势互补、互惠共赢作用,为市民提供跨城—中转枢纽—目的地的完整"门到门"出行服务。

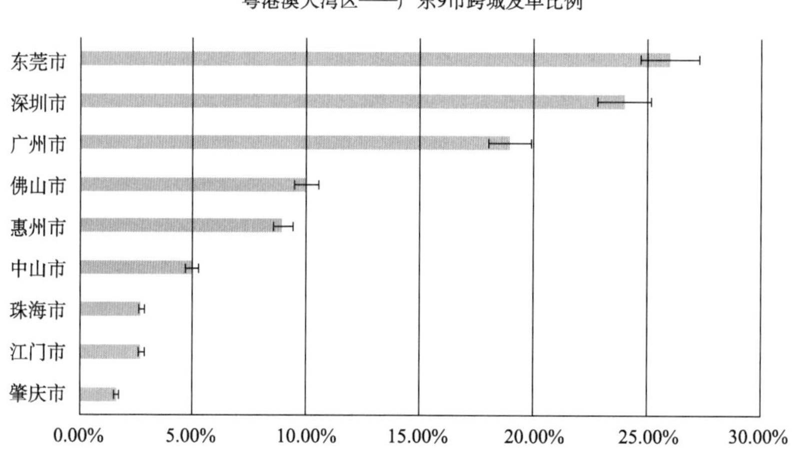

图8-16　哈罗顺风车粤港澳大湾区五一跨城出行发单比例

8.2　粤港澳大湾区 MaaS 出行服务探索与规划

8.2.1　存在问题

(1)粤港澳大湾区各种交通出行票务互相独立,便捷性、灵活性相对不足

各交通方式票务服务应用系统相互独立、互不联通,用户一次联程出行面临多项系统应用下载,多个账号注册登录,多张票卡预订,多次票卡购取,"一项改签,全程调整"等烦琐操作,联程客运缺少统一入口、同一账号、一次支付、一张票卡、一体化票务服务,出行便捷性相对不足;受所处行业领域特点和票务信息化水平影响,道路客运、铁路客运、民航客运等绝大多数交通方式依然采用纸质票证,线下购票/取票行为仍占有较大比重,线下购票难以保证余票充足,定点、定时、排队购票/取票,增加出行耗时,降低出行便捷性、灵活性。

(2)联程客运行程中“前后一公里”问题突出,出行效率受制约

粤港澳大湾区虽然初步形成以高速铁路、城际铁路、高等级公路、航空为主体的城际快速网络,但是这些干线运输的“快”被客运行程中“前后一公里”的“慢”所侵蚀。这里的“慢”源于城市公共交通、站场接驳巴士、共享单车/汽车等支线客运与干线客运衔接不足、运力配置较弱,接驳功能有待提升。此外,制约粤港澳大湾区快速客运功能的有效发挥,阻碍以香港—深圳、广州—佛山、澳门—珠海为核心的1h交通圈建设,影响粤港澳大湾区至周边省会城市陆路实现3h通达,与全球主要城市航空实现12h通达。

(3)粤港澳大湾区联程客运衔接性不足,乘客换乘效率低、出行体验较差

综合交通枢纽站场基本采用平面化布置,空间利用不充分,各交通方式之间换乘站点存在换乘距离远、换乘时间长、路线引导不清晰等问题,联程客运线下硬件基础设施衔接性较差,降低了换乘效率,增加了用户出行时间;另外,各交通方式服务系统因体制机制及标准规范不同、信息化水平差异等原因独立运营、互不相连、互不相通,乘客需同时携带多张甚至多种票证并经历换乘票检、安检,大大降低了乘客的出行体验。

(4)以用户需求为中心的联程客运服务机制尚未建立,乘客需求未充分响应和挖掘

票务信息化水平不足、各交通方式票务数据相互封闭,用户需求未能挖掘,用户偏好未能响应;即使在移动互联网、大数据、云计算、人工智能等现代化信息技术发展和应用的背景下,各交通方式基本上依然采用传统的固定班次、线路、时间和停靠点的运营模式,用户个性化出行需求不能满足,只能被动地接受现有服务。另外,各交通方式运营调度数据、票务支付数据、用户信息数据等未能共享交换、互通融合,支撑大数据技术分析挖掘乘客出行行为特征、主动响应乘客需求偏好的数据基础薄弱也是造成联程客运乘客需求未充分体现的重要原因之一。

(5)联程客运服务可靠性较差,乘客出行计划保障性较弱

受客运线路交通状况、班次运营计划安排、时刻表执行精确水平、信息数据共享交换程度及传递及时性以及其他不确定性因素影响,各交通方式本身运营存在可靠性难以保障问题,如交通运营计划因天气、线路拥堵等原因而调整或取消。在联程客运服务场景下,乘客按照联程客票既定时刻、既定班次、既定地点、既定线路出行,各交通方式客运服务提供商根据乘客出行订单调度运力、安排运营排班计划、制订有效衔接方案,出行行程中任一交通环节出现变化都将会影响乘客既定行程,加上联程客运衔接存在较高难度,乘客将面临出行计划无法保障问题。

(6)联程客运缺乏顶层设计,多运输主体利益机制尚未理顺

由于不同联程客运服务涉及不同的运输企业之间的协作,需要整合数量庞大

的运输资源，目前尚缺乏这方面的顶层设计，仍未形成多运输主体之间的利益协调和分配机制。要实现彼此间无差别的联程运输服务，需要运输主体之间的双边或多边运输合同谈判，牵扯主体数量过多和诉求多样，稳定的联程运输关系难以实现。这也是无法依靠市场行为达成大交通一体化的直接原因。由此导致目前旅客联程运输产品的碎片化、单一化、简单化，企业提升旅客出行体验的产品创新乏力，尤其影响到旅游市场提供产品的丰富性和可选择性。

8.2.2 发展需求

1.促进粤港澳大湾区交通设施互联互通、建立现代化综合交通运输体系的需要

(1)打造粤港澳大湾区特色交通支付产品和服务生态，促进粤港澳大湾区交通电子支付互联互通

以粤港澳交通基础设施互联互通为契机，充分利用广东省全国一卡通省级平台建设基础及广东省区位优势，全面整合粤、港、澳三地互联互通交通电子支付服务资源，深化粤港澳大湾区交通一卡通合作，协同推进“湾区通工程”总体建设布局，打造粤港澳大湾区特色的交通支付产品和服务生态，促进交通电子支付跨区、跨境互联互通；以粤港澳大湾区交通电子支付清分结算平台为抓手，协同推进交通电子支付服务由市内公共交通出行向城际出行、跨境出行延伸，由公共交通客运向道路客运、铁路客运等领域拓展，汇聚融合交通一卡通数据、票务支付数据、出行数据、客运运营数据、用户信息数据等多源异构数据，促进各交通方式数据共享交换，推动粤港澳大湾区交通电子支付跨领域互联互通。

(2)推动粤港澳大湾区交通设施互联互通，促进粤港澳大湾区综合交通一体化

《粤港澳大湾区发展规划纲要》把“加快基础设施互联互通”作为推进粤港澳大湾区建设的一项重要工作，明确提出要加强基础设施建设，畅通对外联系通道，提升内部联通水平，推动形成布局合理、功能完善、衔接顺畅、运作高效的基础设施网络。强化各交通方式服务协同和衔接是实现粤港澳大湾区基础设施互联互通的前提和基础。通过加强各种运输方式的深度协同与有效衔接，促进交通出行服务集约化、生产敏捷化，优化交通资源配置和组织，发挥各自优势，提升综合运输的整体效率和降低交通服务成本，形成高度衔接、无缝换乘的综合交通出行服务体系，促进粤港澳大湾区综合交通一体化。

(3)促进粤港澳大湾区各交通方式票务系统互联互通，实现一票式联程出行

基于道路、铁路、民航等交通方式票务服务系统数据格式和信息化系统接口的标准化，由粤港澳大湾区联程客运服务主体建立粤港澳大湾区联运客运服务平台，汇聚对接各交通方式票务系统，整合客运的运营计划、班次时刻、客票数量、用户订单等数据信息；以平台为枢纽，共享交换票务系统数据，促进粤港澳大湾区各交通

方式票务系统互联互通，统一根据用户订单需求安排运营调度计划，实现各交通方式客运服务协同协调、高效衔接，生成联程票，为平台用户提供运营协同、票务互联、数据共享、信息互通、安检互认、监管联动的一票式联程出行服务。

(4)实现联程客运各环节高效衔接，解决出行“前中后一公里”和换乘不便问题

虽然粤港澳大湾区民航、高铁等高速主干客运方式快速发展，但乘客联程仍存在“出行前中后一公里”和中转换乘不便问题。一方面，受到城市公交、出租系统运力的限制，旅客在早晚出行时往往遇到如何去车站和如何能回家的困扰；另一方面，由于规划建设、利益分配、土地资源等因素，粤港澳大湾区缺乏真正的“零距离换乘”综合客运枢纽，旅客往往需要在有多个火车站、汽车站甚至机场间长距离空间换乘，与此同时，站内换乘指引不清晰、缺少专属换乘通道也是导致换乘效率低下的重要方面。发展一票式联程客运，不仅实现各交通方式票务系统之间“软联通”，而且实现在综合交通枢纽下的各交通方式客运设施“硬联通”，解决“出行后前中一公里”和中转换乘不便问题。

(5)有利于克服体制机制壁垒障碍，共建共享共治安全便捷、畅通高效、绿色智能的粤港澳大湾区现代化综合交通运输体系

受粤港澳三地制度政策差异、各交通方式独立运营机制等因素影响，粤港澳大湾区各交通客运资源组织和协调面临显著的体制机制壁垒。建立粤港澳大湾区MaaS服务平台，坚持需求导向和问题导向，加强统筹协调、试点示范，协同突破联程客运发展存在的痛点、问题和壁垒，打造精准治理、多方协作的粤港澳大湾区客运行业治理模式，构建贴近需求、便捷高效的联程客运服务体系，共建共享共治安全便捷、畅通高效、绿色智能的粤港澳大湾区现代化综合交通运输体系。

2.推动粤港澳大湾区客运供给侧结构性改革、助力交通强国建设的需求

(1)提升客运服务资源协调、组织能力，促进粤港澳大湾区居民联程出行更便捷、更高效

粤港澳大湾区MaaS服务平台汇聚、整合各交通方式客运服务资源，一方面，乘客自主预约、订单式出行，实现客运服务模式由传统定点、定线、定班、定时的“人找车”出行服务模式向以需求为导向、订单式“车找人”服务模式转变，让出行更便捷；另一方面，打破传统以公交、地铁为主的城市公共交通系统，构建常规公交、城市轨道交通、城际轨道交通、国铁、长途客运、网约出租车、网约巴士、共享单车(含电动)等多种交通方式协同运营、高效衔接、无缝换乘的MaaS服务系统，让出行更高效。

(2)契合联程出行场景多元化、定制化的需求，进一步改善粤港澳大湾区居民出行服务体验

随着粤港澳大湾区区域经济发展、人们生活水平提升，居民出行需求、出行偏

好在不断变化，呈现日趋个性化、多元化的特征。联程客运服务以乘客出行需求为中心，从用户的角度出发，主动契合乘客出行前、出行中、出行后需求，提供多式联运组织、行程线路规划等多元化、个性化定制出行服务。在确保联程客运各环节准时、安全的基础上，强调出行服务的按需定制、舒适性、柔性、快速随时响应，提升客运服务质量、效率，改善粤港澳大湾区居民出行服务体验。

(3)创新应用大数据、人工智能等新兴技术，提高粤港澳大湾区联程客运服务智能化水平

粤港澳大湾区 MaaS 服务平台将汇集、整合用户出行数据、票务支付数据、客运运营调度数据等多元数据，应用大数据算法、人工智能技术，分析挖掘各出行方式组合模式、各出行服务场景下用户出行和消费特征、规律，基于预约数据建立响应型联程客运出行专题模型，制订、调整优化联程客运方案和数据应用服务体系，实现客运服务由“基于经验的随机性、人工服务”转为“基于预约、数据和算法的服务”，让粤港澳大湾区客运服务生产组织更智能；粤港澳大湾区 MaaS 服务平台集出行规划、预约订单、票务支付、信息资讯等功能于一体，面向平台用户提供智能化服务。

(4)建立联程客运服务机制、行业标准规范，提升粤港澳大湾区联程服务可靠性与安全性

联程客运出行的可靠性体现在客运服务提供商和用户随时掌握联程客运出行前、出行中、到达后的行程详细情况，确保联程客运服务组织运营与用户出行计划相匹配、相协调。提升联程客运服务可靠性的基础和前提在于建立跨交通方式、跨区域、跨部门、跨层级、跨系统的信息共享交换机制和客运生产运营协同机制；联程客运出行的安全性体现在联程客运服务商有责任和义务保障用户生命健康、个人财物和信息数据安全。为引入相互认同的安检标准和安保协同机制，共同保障客运生产服务安全，建立行业准入机制、行业标准规范是保障粤港澳大湾区联程客运出行安全的重要方面。

(5)优化客运资源配置，提升客运资源综合利用率，促进粤港澳大湾区联程客运出行更绿色、更经济

粤港澳大湾区一票式联程客运强化公交、地铁、城际轨道交通等各类公共交通内在紧密联系以及与共享出行、道路客运、水路客运、民航客运等出行方式高度衔接协同、资源优势互补，尽可能取代私人机动车出行，提升公共交通使用率，让出行更绿色；粤港澳大湾区一票式联程客运汇聚、整合各交通方式客运资源，科学规划出行线路、优化运力资源调度配置、提升客运资源综合利用率，实现联程客运服务规模经济，降低运行服务综合成本、节约资源消耗，提高经济效益，乘客相应承担更少的出行成本，让出行更经济。

3.助推粤港澳三地协同创新发展,建立世界级城市群、国际一流湾区的需要

(1)促进粤港澳跨境出行通关环境优化,增强跨境出行便利性

随着广深港高铁、港珠澳大桥等交通基础设施陆续投入运营,进一步推进轨道交通、道路客运等交通方式实现粤港澳三地互联互通,提升粤港澳口岸通关能力和通关便利化水平。粤港澳大湾区 MaaS 服务提供一票式跨境联程联运服务,市民凭联程票证乘坐跨境列车、跨境巴士、穿梭巴士等可享受跨境直达内地/香港市区/澳门市区,乘客跨境联程出行无须在各口岸重复排队购票乘车,即可实现内地—港澳、港澳—内地的跨境联程一票通行服务,促进粤港澳跨境出行通关环境优化,增强跨境出行便利性。

(2)以交通协同发展带动粤港澳大湾区城市群协同发展

在“一国两制”的特殊环境下,香港、澳门采用与广东省不同的体制。粤港澳三地“两种制度、三个关税区、三种货币”的发展背景决定了粤港澳大湾区需要建立具有自身特色的交通协同发展机制。以粤港澳大湾区 MaaS 服务发展为抓手,在《交通强国建设纲要》指引下,对接、整合粤港澳三地各交通方式客运资源,建立交通基础设施“硬联通”“软联通”机制,强化交通领域发展合作,从而促进客流、商流、物流、资金流、信息流等生产要素跨领域、跨区域、跨境流动,优势充分互补,密切港澳与内地之间的联系,进而带动粤港澳大湾区城市群协同发展。

(3)促进区域竞争力提升,打造国际一流湾区和世界级城市群

粤港澳大湾区是我国目前开放程度最高、经济活力最强的区域,在国家发展大局中具有重要战略地位。发展粤港澳大湾区 MaaS 服务,一方面,有利于依托便捷高效、互联互通的综合交通网络,促进粤港澳三地经济、技术、文化等领域交流交往,深化内地与港澳合作,增进区域发展协同,进一步提升粤港澳大湾区区域竞争力和在国家经济发展、国家对外开放中的支撑引领作用;另一方面,有利于形成粤港澳三地“硬联通、软对接”机制,促进香港、澳门融入国家发展大局,为港澳经济社会发展以及港澳同胞到内地发展提供更多机会,保持港澳长期繁荣与稳定,打造国际一流湾区和世界级城市群。

8.2.3 规划研究

1.规划目标

粤港澳大湾区一站式出行服务平台是在 MaaS 理念指导下,以聚合支付为连接器,将各种交通方式整合在一个统一的服务体系与平台中,实现人与公共出行、生活服务网络的连接,利用大数据技术调配最优资源满足乘客出行需求,推动跨交通方式的数据共享、信息互通、安检互认、设施共用、服务联动,培育交通出行新模式,打造基于共生共享的出行服务链,构建粤港澳大湾区一站式支付+出行+生活服务

生态圈,实现粤港澳大湾区“一站出行”“一票到家”“一卡通行”的“湾区通”服务环境。

2.基本原则

(1)坚持需求引导、以人为本

以为粤港澳大湾区人民提供满意的一体化出行服务为出发点,着力提升各类运输服务模式的运营管理效率和一体化服务水平,加强不同交通运输服务模式在设施衔接、数据共享、运营调度、票务体系、服务监管、信息服务等方面的一体化融合发展。

(2)坚持保持存量、发展增量、共享增量

在不损害现有客运市场主体利益的前提下,保持存量、盘活存量、发展增量、共享增量,即在不改变原有客运利益格局的前提下,通过技术和合作的手段将不同客运资源进行有机整合,优化现有运输资源的结合和衔接模式,提升交通资源的利用效率,不断壮大现有客运服务增量市场,让各参与方的利益得到兼顾和提升,逐步实现客运结构的优化调整,最终实现客运组织模式的创新。

(3)坚持创新引领、适度超前

深刻领会和准确把握党中央国务院对粤港澳大湾区尤其是广东省作为全国改革开放排头兵的发展定位,准确把握高新技术发展趋势,适度超前、勇于创新,全面推进物联网、云计算、大数据、移动互联网、人工智能等新兴技术在 MaaS 出行服务体系中的创新融合应用,推动技术手段升级、商业模式与管理模式创新。

(4)坚持统筹发展、开放协同

统筹湾区内各类交通运输模式,促进各模式的 MaaS 出行服务相关建设的均衡发展,夯实软硬件基础,完善不同交通运输模式、运营服务主体、管理部门之间的业务协同合作与数据交换,进一步促进一票式联程客运服务相关的各类业务的互联互通与协同服务。

(5)政府推动、企业实施,按市场化运作

粤港澳大湾区 MaaS 出行服务建设是一项重大的民生工程,也是政府主管部门落实“以人民为中心”和为人民构建便捷的出行环境所应承担的一项重要责任,其中涉及各种交通运输主体对接及相关利益协调、环节疏通,需要政府主管部门通过政策指引、制度完善及相关服务优化,逐步推动不同交通客运服务运营资源优化整合,为联程客运服务建设提供政策和制度保障。政府通过引导有实力的互联网企业、客运服务企业、票务支付服务企业联合建立粤港澳大湾区联程客运运营服务主体,在政府监管指导下,按照市场化运作方式开展业务运营,确保联程客运的高效服务和可持续性发展。

(6)统一规划,分阶段推进,试点示范

粤港澳大湾区 MaaS 出行服务平台应在广东省交通运输厅的指导下,由第三方服务企业，按照顶层设计框架和规划进行统一建设和运营；对联程客运平台的总体建设采用分阶段实施、逐步完善方式，政府部门出台配套政策支持，鼓励有条件的区域、线路开展联程客运服务先行示范；在取得良好效果和成功的基础上，逐步推广至粤港澳大湾区其他城市，打造粤港澳大湾区建设先进示范工程。

3.框架设计

粤港澳大湾区 MaaS 出行服务体系的建立将涉及各类客运交通运输模式、不同的经营主体、不同的运营模式、不同的管理制度、各自的数据资源体系及信息服务体系，为实现一票式联程客运服务，需以乘客全链出行为中心，以票务体系互联互通为纽带，促进湾区内各种运输模式全业务链条的互联互通，从而需要围绕各类运输服务模式，从感知监测体系、数据资源与信息支撑体系、业务应用体系（协同化运营调度、一票式票务清分、一体化服务监管、一站式联程客运服务）、信息服务体系、运营服务保障体系等方面开展工程建设，完善相应的互联互通机制，构建与之相适应的体制机制、运营模式、组织架构、资金与人才等方面的保障体系。粤港澳大湾区一票式联程客运服务体系的总体框架如图 8-17 所示。

（1）客运服务基础设施层

该层为粤港澳大湾区乘客提供出行服务的各类运输资源，如公共汽电车、轨道交通、出租汽车、公共自行车、长途道路客运、铁路客运、民航客运、水上客运、各类网络客运服务等资源以及与之相应的配套资源，如停车场、充电站桩等。本节所提出的 MaaS 服务体系不是单纯追求增加客运服务基础设施投入，而是在现有客运资源的基础上不断通过优化配置、高效组合，发挥各类运输资源优势，协同提供市内联程、市际联程、省际联程、粤港联程、粤澳联程和港澳联程等多式联程客运服务，提高客运服务效率，实现客运服务范围经济，降低客运服务运营成本。

（2）客运服务感知监测层

该层是为支撑和保障各类运输服务方式更好服务粤港澳大湾区居民联程出行所构建的各类感知监测体系，如票务终端感知、安检设备感知、移动支付终端感知、路网运行状态监测、客流运行状态监测、车辆运行状态、场站运行状态监测、信号及环境监测、运行计划及异动信息等。MaaS 服务最直接的感知监测终端主要是指票务感知终端，包括购票、售票、检票、身份认证等票务相关终端以及其他各类声光电信息服务装置。

（3）客运服务数据资源层

该层为支撑一票式联程客运服务体系所开展的数据资源相关的各类建设工作，主要涉及粤港澳大湾区一票式联程客运服务体系中的标准化数据资源体系。标准化数据资源体系涵盖各类运输模式的一票式联程客运服务公用信息模型（CIM）的各类数据交换 API 接口、数据资源目录体系（基础数据、业务数据、主题数据等）和数据资源管理体系、支撑各业务应用体系的业务驱动型数据聚合分析服务体系等内容。其中公用数据模型交换接口 CIM-API 与业务驱动的数据聚合分析 API 接口开发是本体系的重点建设内容，在此基础上建立数据资源交换共享的相应标准规范与政策制度。

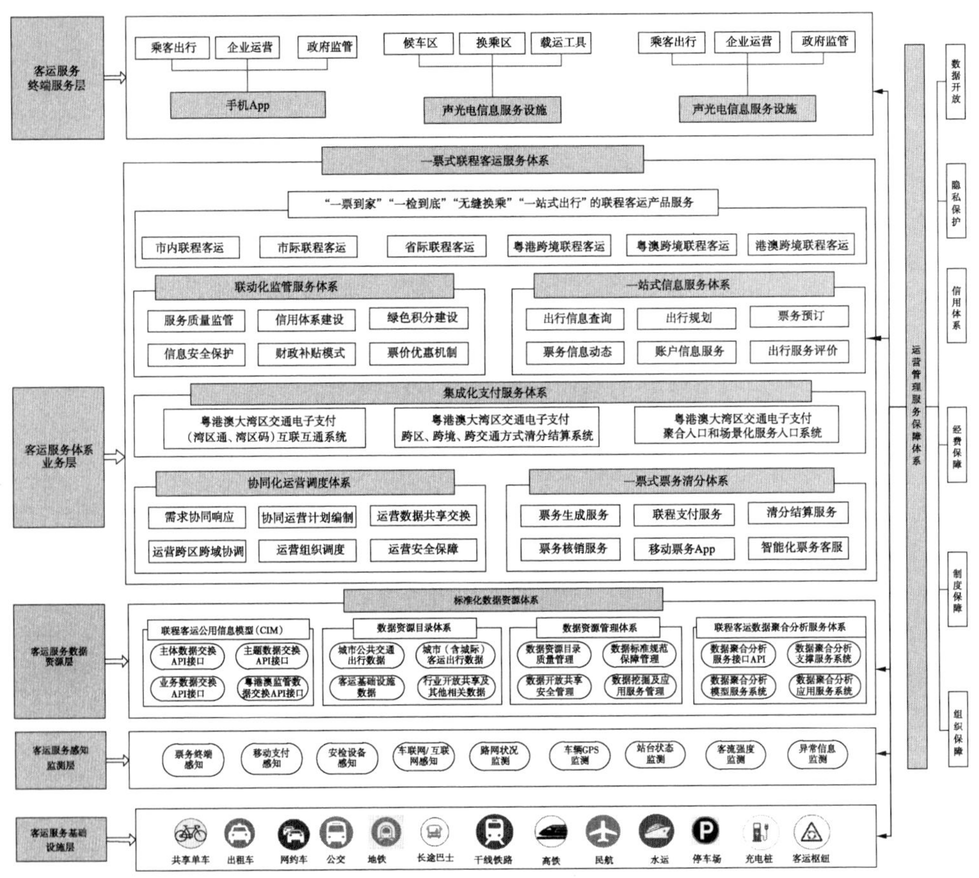

图 8-17　粤港澳大湾区一票式联程客运服务体系的总体框架

（4）客运服务体系业务层

该层是粤港澳大湾区 MaaS 服务体系的核心层，由协同化运营调度体系、一票式票务清分体系、集成化支付体系、联动化监管服务体系、一站式信息服务体系、特色化联程客运产品服务体系六部分构成，提供具有粤港澳大湾区特色的"一票到家""一卡通行""一检到底""无缝换乘"的联程客运产品服务。

（5）客运服务终端应用层

该层是指通过移动终端 App、声光电信息服务设施、客服中心热线等各类渠道终端为粤港澳大湾区出行用户提供出行信息发布、乘车指引、候车换乘提示、业务客诉等多元化应用服务的体系。

8.3 广州市 MaaS 出行服务的创新实践

近年来,数字化技术的快速发展为交通系统的整合升级提供了可靠的技术保障,许多企业已经在尝试利用数字化技术对出行进行改善。国务院印发的《"十三五"现代综合交通运输体系发展规划》(国发〔2017〕11 号)提出,发展"一站式""一单制"运输组织,推动运营管理系统信息化改造,推进智能协同调度;交通运输部、国家发展和改革委、国家旅游局、国家铁路局、中国民用航空局、国家邮政局、中国铁路总公司七部门联合发文《关于加快推进旅客联程运输发展的指导意见》(交运发〔2017〕215 号),要求"完善旅客联乘运输服务设施、优化旅客联程运输市场环境、提升旅客联程运输服务品质、提高旅客联程运输信息化水平、健全旅客联程运输法规标准体系、加强旅客联程运输组织保障工作"。

近几年,广州在互联网出行平台方面推出了如约出行、如约巴士(图 8-18)、如约的士、如约城际、羊城通乘车码等平台进行试点发展本地出行业务。羊城通小程序上线 10 个月内已发展 1200 多万用户,日活跃用户超过 100 万人,已成为广州本地最大的出行服务平台。在此背景下,广州一站式出行服务体系应用试点工程建设更加必要。

图 8-18 广州如约巴士

8.3.1 广州一站式出行服务新理念

随着移动互联网、大数据、云计算等新兴技术的快速发展及大规模应用,对交通组织模式、乘客出行方式、交通支付习惯等都产生了巨大的影响,并逐步改变了传统的出行模式，如滴滴出行、共享单车、刷码刷脸支付等改变了人们传统的出行习惯，并大大提升了出行服务体验，推动了新出行理念的思考。第一，新技术的出现，推动运输服务组织的变革。移动支付、大数据、人工智能、云计算等新技术的广泛应用，为高效便捷的交通出行提供了有效的解决方案，推动了运输服务组织的变革，为一站式联程客运奠定了基础；第二，新业态的出现，促使乘客出行模式发生变化。交通出行新业态的大量涌现（网约、定制、支付等），使得公众对便捷出行的需求和模式发生变化，出行不仅仅是单一的、线性的、被动的决策，而是一个由人、线下、线上和数据共同组成的一体化服务。

广州市经过长期研究和实践应用，逐步形成了一系列新的出行理论和服务理念，以"羊城通"公司在一站式出行服务方面最为典型，其提出了八大新的出行理念，指导着新出行服务平台的建设。

从一卡通 3.0 时代的升级与转型角度出发，涵盖了用户体验、产品创新、模式创新等多维度提升一卡通 3.0 的新业务形态，进一步探索智慧出行支付的转型和发展方向，提出的服务新理念具体包括乘客用户化、用户在线化、交易票证化、票证电商化、用户群组化、线路商圈化、里程积分化等方向，从交通出行到出行服务的升级的转变，推动了交通出行的数据流、资金流、信息流的互联互通，如图 8-19 所示。

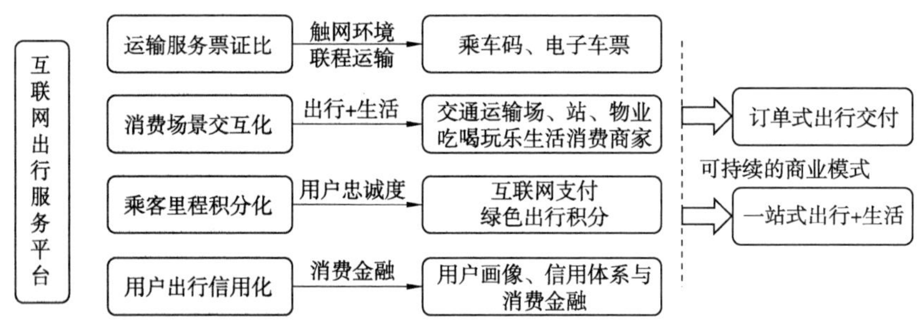

图 8-19 广州一站式出行服务平台新理念

1.乘客用户化，实现用户精确识别

运用移动互联网技术和线上平台，打造多种线上创新应用产品，通过二维码、NFC、生物特征、身份信息等可识别的、可连接的途径将普通乘客转变成可识别的用户，从而构建了一种产品服务、支付行为及用户状态的关联互动数据库，从而实现对用户交易行为的精确识别，这对于识别用户需求，优化支付产品、提升用户体验有重要作用。

2.用户在线化，实现用户实时连接

通过研发多种在线支付产品和服务，引导乘客从线下实体卡支付向线上支付转化,推动乘客角色和服务定位的转变;通过打造的线上交通支付入口,进一步完善交通支付移动互联网服务生态,力求将用户交易行为全部实现在线化,通过交易账户、手机号码或其他身份识别信息将用户与产品及后台进行实时连接,实现交易数据的及时传送和信息的反馈,精确感知用户的交易行为和服务需求。

通过这种在线化的连接,改变了以往一次性刷卡交易模式,用户的支付行为不再是单点和断裂的,而是变成了服务延续性的一种有效激活,最终将每次的支付行为通过数据分析连接起来,可形成属于该用户的支付模式。

3.交易票证化,实现乘客电子车票出行兑现

随着移动支付终端的大量普及,交通支付模式已经发生了很大的变化,不再仅仅局限在实体的IC卡上,由于虚拟交通卡生成简单和应用便捷,越来越得到广泛应用,逐步推动了交通票证化服务的成熟发展。交易的票证化可以进一步简化实体卡的发行流程,降低发行成本,并且结合移动终端各种服务,实现电子票证功能的延伸,如交通电子票证作为支付凭证可以实现乘车功能,也可以将电子票证作为一种服务入口,连接线上各种消费场景,绑定交通保险、停车服务或积分服务等功能,大大拓展了单一的交通票卡的服务内涵,丰富线上支付服务生态。乘客仅需要借助手机App自行生成一张具有支付功能和价格的电子票证,通过扫码、NFC、蓝牙等交互方式即可实现支付功能,完成出行支付服务。

4.票证电商化,实现电子车票的购买、转赠、兑换

交通支付的票证化,有效实现了出行支付功能,解决了便捷支付结算的基本问题,实现了交通支付无卡化的重要一步。作为线上支付的高频入口,结合线上丰富的应用场景,未来交通电子票证不仅局限在支付服务,还将通过支付行为推动票证的电商化发展,实现电子车票从购买、转赠、兑换、退票等一系列的闭环服务,并由此可衍生出多种的增值服务,如票证优惠、票证红包等,从而打造基于交通票证的电商生态圈。

5.用户组群化,实现旅行时间预测、线路信息服务及服务质量点评

通过线上支付产品和服务的应用,可精确地识别和连接用户,通过对用户交易行为数据的分析得到用户画像,根据用户的出行习惯、频次、线路等维度实现用户群组化分类,让用户自动组群,建立公交社群,把公交打造成城市的客厅。将具有相同出行特征的用户归纳为一组。例如,将每天有相同出行线路的用户归类为一组,通过后台分析该线路的班次信息、所经道路的拥堵情况、车辆的服务质量、达到时间等一系列用户关心的信息,然后通过专有的交通账户推动给用户,让用户可以实时掌握出行动态。同时,基于用户群组化的分类可升级打造成公交社区,通过公交社区可为出行用户提供交通信息交流和互动平台,让用户充分参与公交出行服

务管理与评价;通过升级公交社区,结合用户的兴趣和出行需求,不断丰富和延伸社区的服务内容,围绕交通出行打造交通+旅游、交通+生活、交通+智慧城市的服务生态。

6.线路商圈化,实现公交线路与沿线商圈的有机关联

交通支付服务商拥有支付入口和用户流量,公交沿线商户拥有消费场景资源,通过打造交通支付 App 平台,结合支付位置定位技术,将公交线路站点用户与沿线商圈进行关联,实现用户需求和消费场景对接,交通支付平台将用户流量引入沿线商户,实现线路商圈化。这种交通商圈模式既能帮助交通支付运营商实现平台流量变现,同时又可赋能线下商户,更可满足用户的即时消费需求,打造交通+商户的服务生态。

7.里程积分化,实现乘客出行里程积分奖励

为鼓励用户使用支付服务,提升产品用户黏性,将里程积分功能引入支付平台,构建基于智慧支付的积分体系,对通过支付平台服务所产生的交易数据换算换乘里程积分,并通过一定的兑换规则对用户实施多种形式的奖励,奖励形式包括赠送充值券、票证红包、乘坐优惠、礼品换购等。里程积分化同时也在鼓励广大用户选择公共交通出行方式,推动绿色出行战略实施。为增加用户圈的互动功能,提升支付平台社交属性,可推出积分转赠、积分悬赏等交互性更强的服务内容,进一步完善积分体系。

8.行为信用化,建立乘客出行行为信用体系,实现公交服务的共建、共治、共享

为进一步完善智慧出行的服务生态,拓展出行信用服务,通过对用户出行数据的精确分析,构建基于用户出行行为的信用体系。通过信用评价记录,对用户进行分级分类,形成用户画像,可为用户提供相应的金融增值服务。另外,交通支付服务商通过与公交公司开展合作,将用户的行为信用记录无缝导入公交评价服务体系,并建立义务公交安全员,实现公共交通共建、共治、共享的出行环境。

8.3.2 广州一站式出行服务平台建设

1.服务平台架构

广州一站式出行服务平台前端继续保留羊城通出行、如约出行、如约充电各自的品牌。其中,羊城通重点依托交通支付带动出行服务,延展为公共交通数字出行品牌,如约出行重点依托出行服务带动交通支付,延展生活服务。

如约巴士、如约出行、如约城际、如约的士、如约出游整合到新如约出行品牌继续做大做强,相关业务分销到羊城通出行。如约充电独立运营,相关业务分销到如约出行、羊城通出行,如图 8-20 所示。

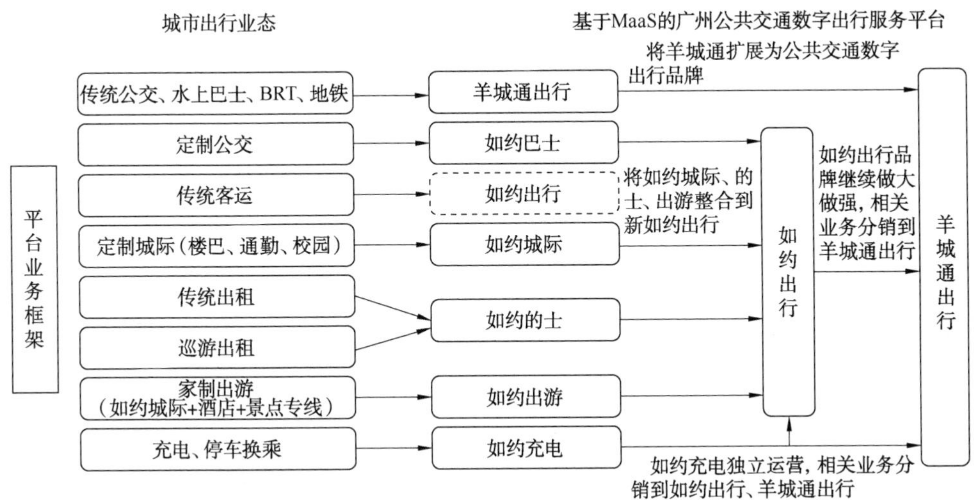

图 8-20　服务平台业务框架示意图

2.平台技术框架

平台的框架形式自下而上分为感知设备层、基础支撑层、数据分析层、业务应用层、用户服务层 5 个层次体系,符合公共交通支付、公众信息服务、生活消费服务的技术要求;技术标准体系、应用创新机制与 5 个层次共同构成出行服务平台,实现业务管理、安全管理、风险控制、系统管理等各功能模块的协同。

就其建设内容而言,可以概括为“1 大中心、3 大平台”,即大数据中心和综合服务平台、云支撑平台、智慧感知平台。3 大平台建设有利于促进建成完善的“大数据中心”,而 1 大中心的完备将极大地提升 3 大平台的建设与应用水平。总体而言,1 大中心与 3 大平台之间,存在相互促进的叠加效应,如图 8-21 所示。

1)智慧感知平台

利用 GPS、App、新一代采集终端等各种检测设备和技术,采集交通支付数据、公交运行数据、居民身份信息数据、移动应用数据等,从而进一步提高对出行行为的数据采集率和动态感知能力。将建立独立的数据同步系统,用户数据的接入、分析、处理和存储。数据存储方式分为关系型数据库存储(Oracle)、内存数据库存储(Redis)、分布式数据存储(HDFS)和文件存储(Files)。

(1)与广州智慧公交云脑平台接口

通过与广州智慧公交云脑平台的接口,获取公交车辆基础信息、站点基础信息、最新的公交线路、站点途经线路等静态信息,同时获取公交车辆实时到站、公交车辆实时运行等公交动态信息,多模式个性化联乘联运线路方案、旅行时间动态预测、出行信息链动态提醒等信息。

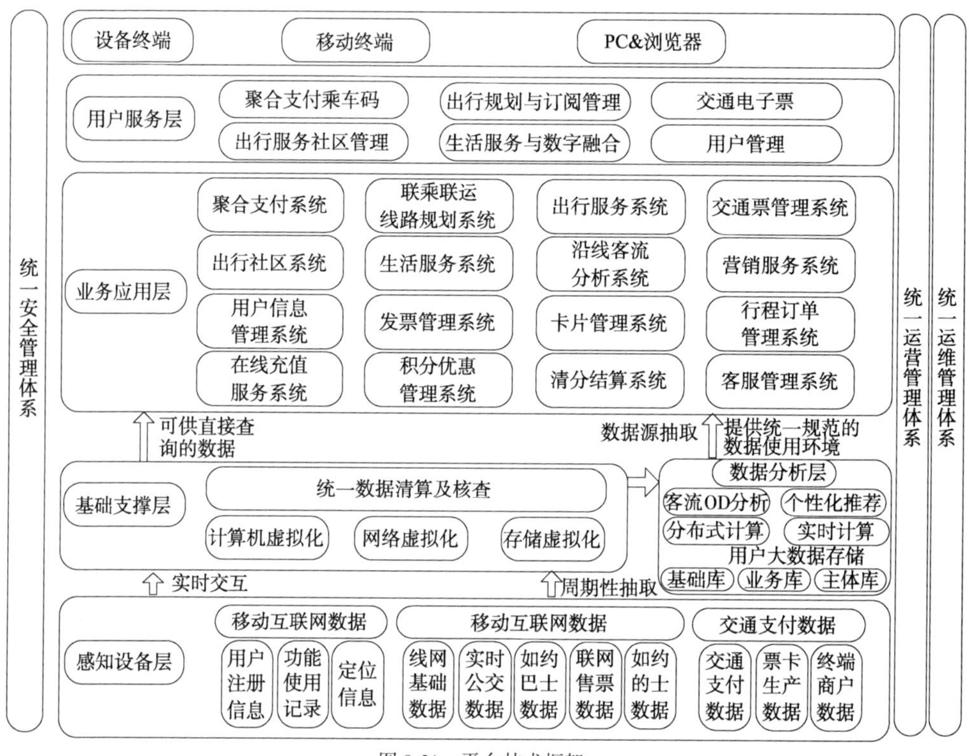

图 8-21　平台技术框架

(2)与如约定制线路社区管理系统接口

通过与如约定制线路社区管理系统的接口,获取线路社区、线路众筹等接口信息。

(3)与如约电子票管理系统接口

通过与如约电子票管理系统的接口,获取如约城际客票/旅游/校园/楼巴/通勤电子票信息,以及如约电子交通票自营平台和第三方合作电子车票分销平台接口。

(4)与如约巴士平台系统接口

通过与如约巴士平台的数据接口,获取如约巴士的线路信息,同时获取购票、退票、订单查询等接口信息。

(5)与如约联网售票平台系统接口

通过与如约联网售票平台系统的接口,获取客运汽车线路发班数据,同时获取购票、锁位、退票、订单查询等接口信息。

(6)与如约的士平台系统接口

通过如约的士平台系统的接口,获取的士、专车实时运行动态信息、载客订单动态信息等。

(7)与如约用户管理系统接口

通过与如约用户管理系统的接口,获取用户信息、订单管理、出行里程积分获取、兑换、客服中心、意见反馈等接口信息。

2)云支撑平台

将物理资源抽象化,构成一个可灵活分割、分配的资源池,以高效稳定支撑业务应用,实现海量信息存储、弹性使用资源、信息实时处理、数据清分结算等能力。

超融合基础架构:传统数据中心架构包括服务器、网络、存储三层,设备众多,配置复杂。超融合基础架构是一种可横向扩展的计算和存储基础设施,实现了计算资源、存储系统和网络资源的高度融合,形成统一的资源池,并提供备份软件、快照技术、重复数据删除、在线数据压缩匀速等特性,是一种具备横向扩展能力的构造块式基础架构。上述资源池的关键功能以软件形式在紧密集成的软件层中的 hypervisor 上运行,从而可通过软件提供先前通过硬件提供的各种服务。超融合基础架构无须外置专用存储(SAN 或 NAS),并支持传统网络存储架构所支持的全部管理程序功能,包括实时虚拟机迁移和高可用性等功能,为应用业务提供足够的支撑,如图 8-22 所示。

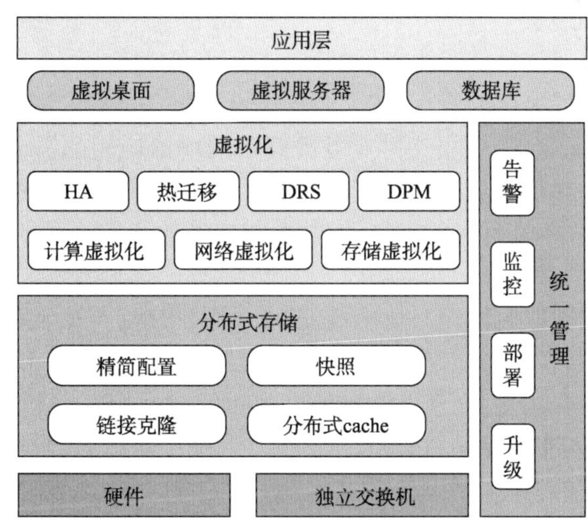

图 8-22 虚拟化架构图

架构图中主要部分的能力具体包括以下内容。

(1)网络

每台物理服务器不少于 2 个 10GE 网口,分别连接到 2 台外置交换机做端口聚合,实现万兆端口的性能增益。

(2)超融合资源池(虚拟化和分布式存储)

一个由高性能的节点或服务器组成的横向扩展型集群,每台设备运行一个标准的管理程序;集群还含有处理器、内存和本地存储器,支持SSD(固态硬盘)和机械硬盘。每个节点都运行虚拟机,如同标准的虚拟主机一样。此外,所有节点的本地存储器均通过超融合基础架构横向扩展型融合存储(SOCS)架构进行虚拟化,成为一个统一的存储库。

(3)数据交换

通过分布式交换机的带宽分配策略,实现在同样的物理交换机和链路上不同业务的网络带宽配额。

(4)集群扩容

建设超融合基础架构后,当平台需要更多的资源时,只需要通过增加节点的方式进行集群扩容即可。每增加一个节点,相应的计算、存储空间和性能可以得到线性的增长,服务器节点可随虚拟机部署量的增加而逐次增加,并且可以无缝地扩展到集群系统中。基于自动部署的技术日渐成熟,增加节点的工作几乎是全自动的,可有效地减少因本平台业务增长和增量业务发展而产生的初次部署成本、运维成本,同时可节省服务器数量。

(5)统一数据清算

以城市公共交通支付应用为发展基础,以互联网增值应用未来需求为导向,并以第三方支付为拓展渠道的需求,建立能支撑出行服务发展的清算系统,满足未来透支业务、电子票证业务、小额支付业务等互联网增值应用的清分结算需求,要求实现数据资源统一规范管理,高效处理联机和脱机交易数据,实现交易数据有效清分,并提供高效、安全、准确的数据统计、数据查询等功能。

(6)交易数据收集

通过数据接口获取原始交易流水数据、电子票证交易数据、信用管理数据。

(7)基础数据校验

验证交易数据合法性、合理性和唯一性的过程,通过数据检查将非法数据、异常数据剔除,以保证清算流程的顺利执行。

(8)流水数据核对

需要通过票卡余额校验、SAM卡流水号检验、票卡流水号检验等方式,进行流水数据核对。

(9)异常数据处理

当交易数据出现异常时,进行数据进一步核查并处理调账数据。

(10)清分处理

对通过基础数据校验的有效数据及时进行清分。

(11)清算数据下发

提供 Web Service 接口和 FTP(文件传输协议)两种下发方式。

(12)清算数据接口

通过制定清分数据接口,可与外部系统进行数据对接和交互。

(13)监控功能

对运行状态进行监控,可以监控数据处理的各个阶段及完成情况。

(14)报表管理

根据交易流水数据生成不同纬度的报表数据,提供给用户直观的统计数据。

(15)电子票证清分

通过获取标准流水格式的电子票证交易数据,根据电子票证清分业务规则对电子票证交易数据进行清分。

3)综合服务平台

提供应用功能,通过用户服务层向市民大众提供 App、小程序等多种方式的服务。

4)大数据中心

对出行大数据进行专业化的分析、计算和处理,构建城市交通运行数据模型和用户模型,实现出行特征挖掘和 OD 客流推导,为平台各类新服务、新应用提供专业知识。

8.3.3 出行平台及系统功能建设

1.统一账户管理系统

建设了统一的账户管理系统,通过羊城通 App 实现用户信息管理、羊城通卡管理、支付管理、羊城通宝、实名认证、人脸识别、客服中心等功能,实现一个账户汇聚出行大数据。同时,整合实现各交通场景下互联网支付通道、集合对账服务、技术对接服务、差错处理服务和运行维护服务等统一管理,降低交通企业接入维护和结算成本,提高互联网支付结算运行效率,建立支付交易运营体系,为用户提供基于支付的一站式出行服务,如图 8-23 所示。

账户管理系统通过虚拟化或标签提取将支付载体转化为支付标签,如可将 IC 卡及 SWP-SIM 卡通过吸卡的方式虚拟化,从而分别转化为 IC 卡标签和 SIM 标签;将基于芯片(SE)的 NFC 支付通过主机卡模拟(Host-based Card Emulation,HCE)技术应用的方式虚拟化,转化为 SE 标签和 HCE 手机标签;将公交乘车码经过标签提取转化为订单式电子车票标签。后台支持 IC 卡、NFC、二维码等多种支付载体并行,所有的支付载体均作为标签关联到统一的后台云支付账户,账户金额在各支付载体间实现互通共享,实现用户只需要在羊城通 App 上注册统一的云支付账户,即可使用以上各方式在终端进行支付。羊城通账户管理界面,如图 8-24 所示。

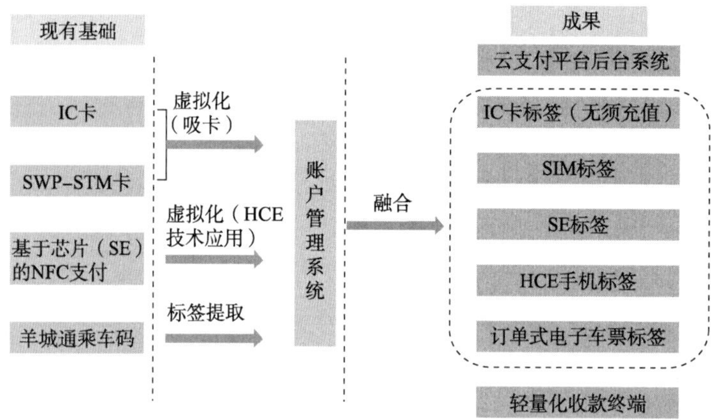

图 8-23　账户管理服务框架

图 8-24　账户管理界面

在后端，平台对云支付账户提供统一的清分结算处理业务，建立了以城市公共交通支付应用为发展基础，以互联网增值应用未来需求为导向，并以第三方支付为拓展渠道的需求，能支撑广州市公共交通数字出行服务平台的清算系统，满足未来透支业务、电子票证业务、小额支付业务等互联网增值应用的清分结算需求，要求实现数据资源统一规范管理，高效处理联机和脱机交易数据，实现交易数据有效清分，并提供高效、安全、准确的数据统计、数据查询等功能。

(1)交易数据收集：通过数据接口获取原始交易流水数据、电子票证交易数据、信用管理数据。

(2)基础数据校验：验证交易数据合法性、合理性和唯一性的过程，通过数据检查将非法数据、异常数据剔除，保证清算流程的顺利执行。

(3)流水数据核对：需要通过票卡余额校验、流水号检验、票卡流水号检验等方式，进行流水数据核对。

(4)异常数据处理：当交易数据出现异常时，进行数据进一步核查并处理调账数据。

(5)清分处理：对通过基础数据校验的有效数据及时进行清分。

(6)清算数据下发：提供 Web Service 接口和 FTP 两种下发方式。

(7)清算数据接口：通过制定清分数据接口，可与外部系统进行数据对接和交互。

(8)监控功能：对运行状态进行监控，可以监控数据处理的各个阶段及完成情况。

(9)报表管理：根据交易流水数据生成不同纬度的报表数据，提供给用户直观的统计数据。

(10)电子票证清分：通过获取标准流水格式的电子票证交易数据，根据电子票证清分业务规则对电子票证交易数据进行清分。

此外，项目实施期内与华为公司达成合作，2018 年联合推出手机吸卡服务，利用华为手机功能将实体的羊城通卡“吸”进手机，如图 8-25、图 8-26 所示。在技术上，通过在华为手机上开通一张虚拟交通卡，并将实体交通卡余额及信息转移到手机虚拟交通卡上，加快推动实体交通 IC 卡向线上统一化、虚拟化的支付账户转移。该功能除了在华为 Pay 上实现外，也整合到羊城通 App 中，支持在手机吸卡时将虚拟卡纳入到用户的统一账户体系中管理。

2.交通出行聚合支付码系统

搭建交通出行聚合支付乘车码系统，整合实现各交通场景下互联网支付通道、集合对账服务、技术对接服务、差错处理服务和运行维护服务等统一管理，降低交通企业接入维护和结算成本，提高支付结算运行效率，建立支付交易运营体系，为用户提供基于支付的一站式出行服务,如图 8-27、图 8-28 所示。

图 8-25　手机吸卡业务宣传图

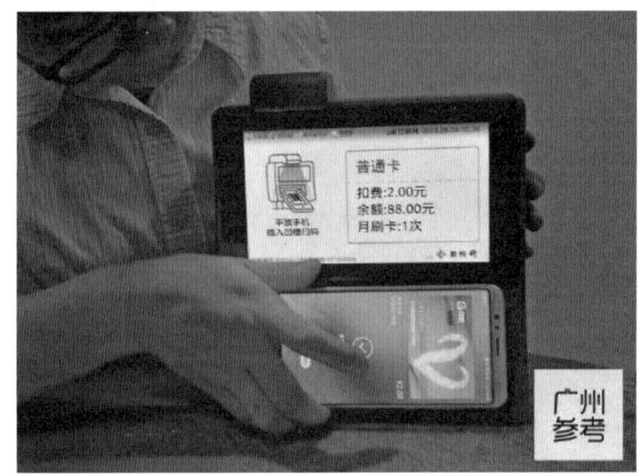

图 8-26　业务推介活动被"广州参考"等媒体报道

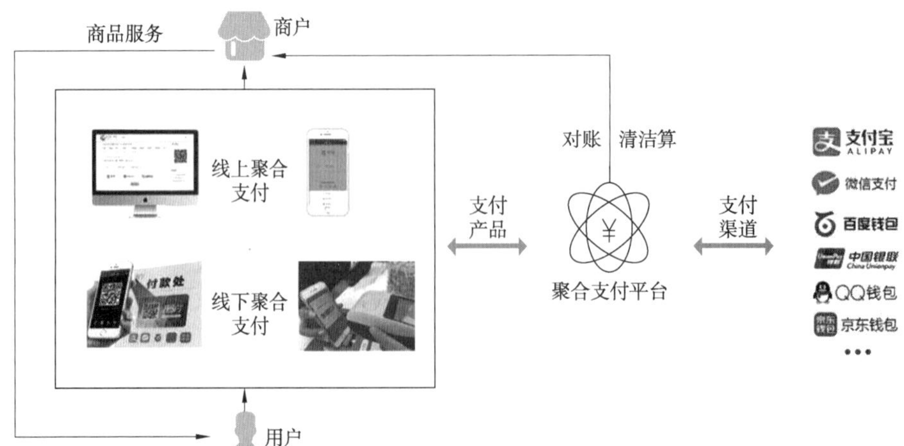

图 8-27　交通出行聚合支付系统

图 8-28 聚合支付扫码

3.行程规划系统

建设了行程规划系统，通过羊城通乘车码小程序的“公交查询”入口，提供基于选择规则（时间、费用、换乘等约束条件）的多交通方式出行方案查询与出行链信息订阅服务，输出交通枢纽（机场、高铁站、客运站）和市内主要场景出行解决方案，提供一站式一体化出行方案规划服务，如图 8-29 所示。

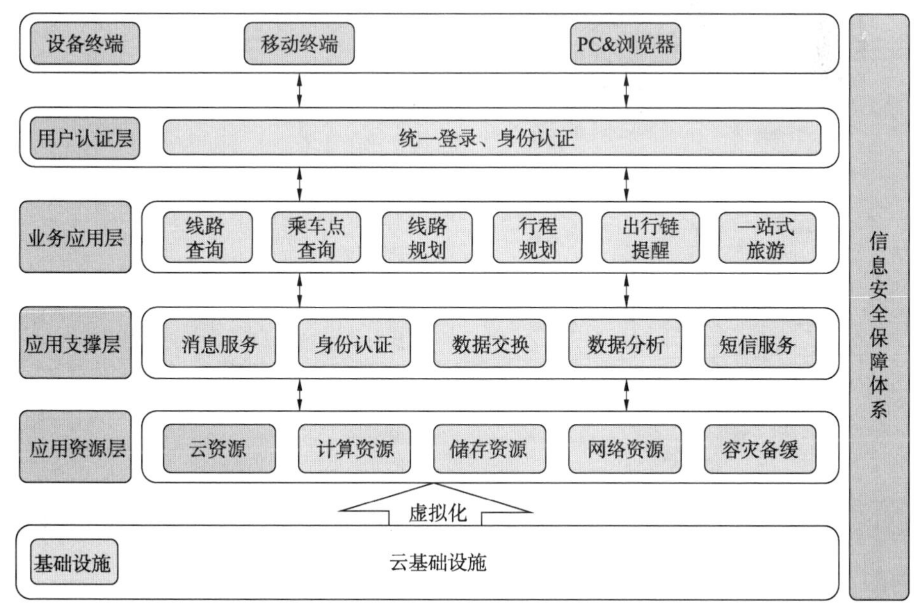

图 8-29 出行方案规划与订阅管理服务框架

行程规划包括线路查询、乘车点查询、线路规划等服务，具体如下。

（1）线路查询：提供基于公共交通出行方案搜索、用户常坐线路查询、站点相关线路查询的功能。用户通过手机就可查询到指定线路上途经站点及当前线路拥堵情况。

(2)乘车点查询:提供基于公共交通换乘站点搜索,如客运站、配客点、机场及高铁换乘点、客轮码头等。用户可查询到途经指定站点的线路信息及各线路车辆到站时间预估。

(3)线路规划:通过整合多种交通工具,基于用户的起始地址、目的地址及用户出行偏好设置(时间最短、费用最少、换乘少、步行少、不坐地铁),通过建立线路规划模型,整合多模式的交通业态,结合实时道路路况信息,结合天气等因素的影响进行大数据综合分析和计算,提供给用户合理化的出行线路方案,并按用户偏好排序,为用户提供一站式联程联运出行和购票方案,如图 8-30、图 8-31 所示。

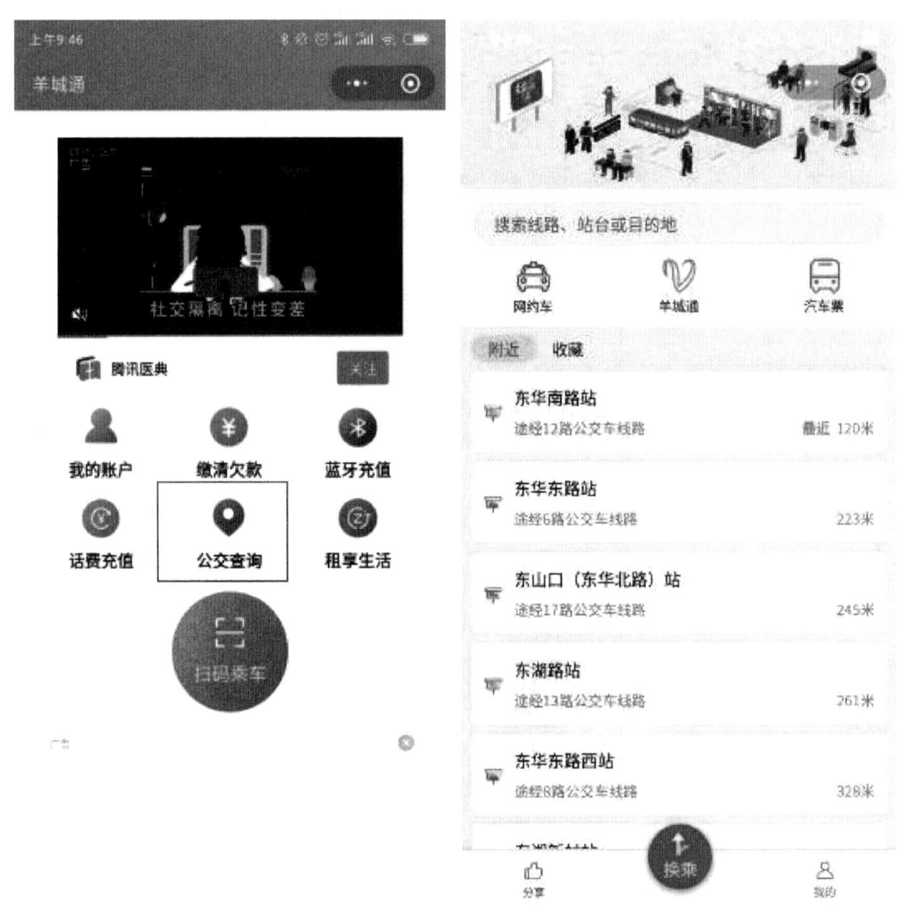

图 8-30　行程规划入口及主界面

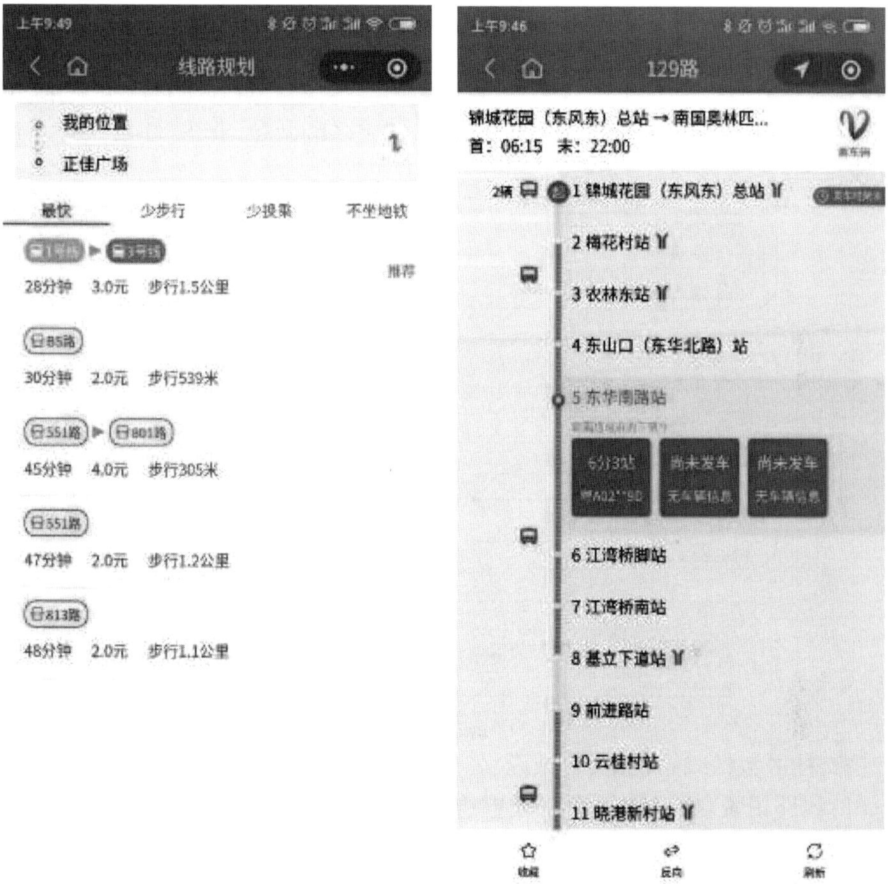

图 8-31　线路规划及线路查询界面

4.出行与生活服务数字融合系统

搭建出行与生活服务数字融合系统,开放平台用户站场客流数据,利用客流集散特性与站场周边生活消费商家进行精准融合,实现出行网络与生活网络的场景嵌入和相互转化,打开以乘车码、电子车票为介质的出行服务交易和流通空间,如图 8-32 所示。

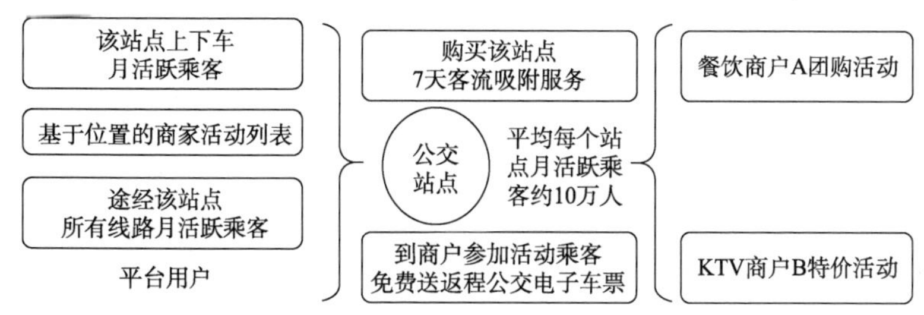

图 8-32　出行与生活服务数字融合系统

5.公交社区服务平台

建设了公交社区服务平台，集成在羊城通 App 中，基于用户线路标签实现常用出行线路自动组群，发布交通路况、线路调整等出行信息，点评出行服务质量，关注失物招领、寻人寻物等友爱出行，实现交通运输服务的共建、共治、共享，塑造“城市移动客厅”出行文化，如图 8-33 所示。

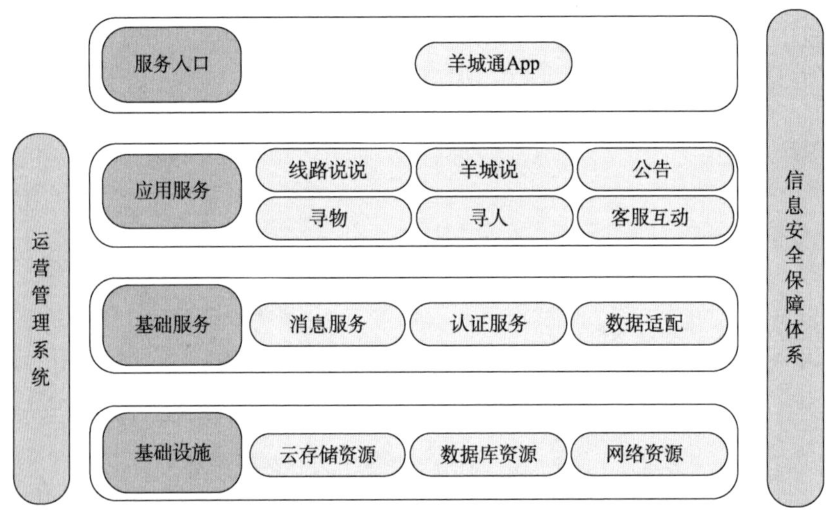

图 8-33　公交社区服务框架

公交社区包括线路说说、羊城说、公告、有爱车厢、线路评价等服务，具体如下。

(1)线路说说：根据热门线路设置线路社区，建立线路论坛，实现实时消息通知和信息共享，同时在社区内进行平台社交营销和商家营销。

(2)羊城说：用户可在羊城说版面，交流出行体验与路线规划建议，如图 8-34 所示。

(3)公告：为用户提供交通事故、交通管制、公共交通的临时变更或停运、铁路航班的变更等相关信息资讯。

(4)有爱车厢：用户可发布失物招领与寻物启事，社区管理员进行审核。

(5)线路评价：针对已经完成的订单，引导用户进行行程总结，提供车辆情况及司乘态度、车内环境、车厢拥挤度的评价及建议，辅助城市出行服务质量的市场化监管，提升公共出行服务质量，如图 8-35 所示。

6.电子车票服务系统

建成了电子车票服务系统，总目标是逐步实现传统公交、定制公交、水上巴士、长途客运、汽车租赁、充电、巡游出租、网约出租等交通方式的电子车票化，建立电子车票运营流通体系，实现电子票购买、赠送、营销、自定义版面等功能，实现公交服务的交易和流通，如图 8-36 所示。目前，电子车票已经实现了在传统公交上的应用，可以通过羊城通 App、美团 App 等互联网应用入口使用。

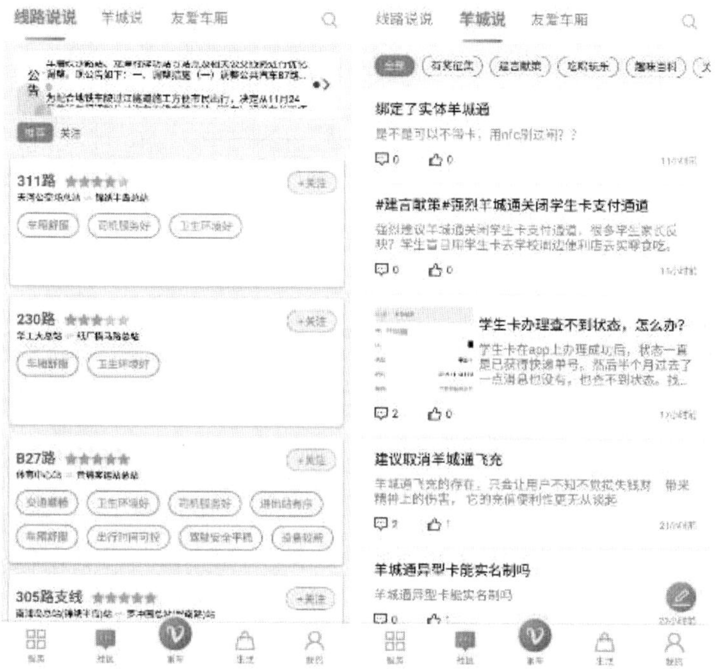

图 8-34　线路说说、羊城说界面

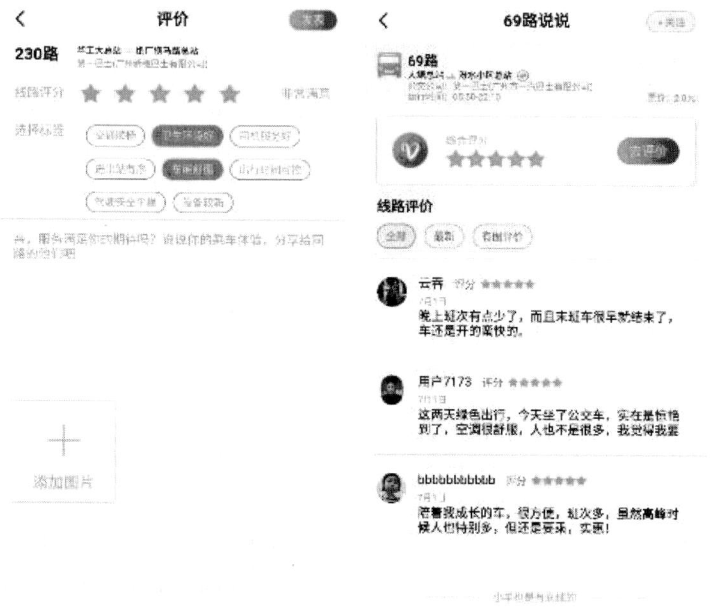

图 8-35　有爱车厢、线路评价界面

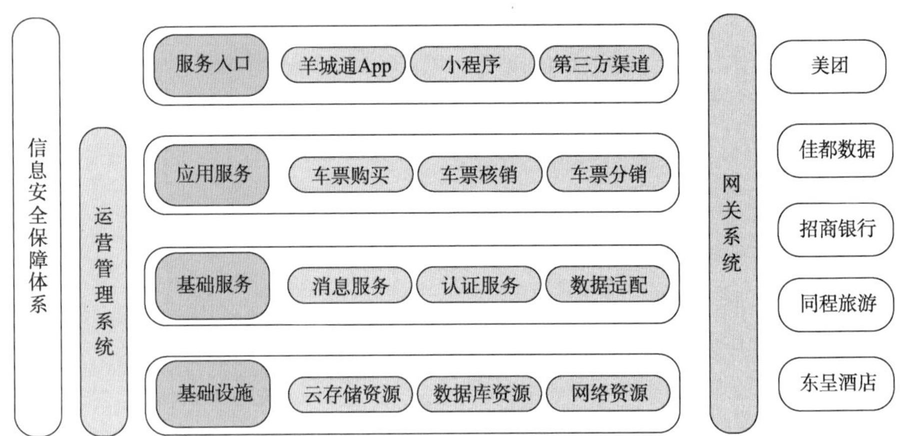

图 8-36　电子车票服务框架

电子车票系统的建设,构建了以电子交通票为载体的交易和流通体系,电子交通票具有一定的社交互动和宣传属性,可根据客户需求进行定制化版面设计和转赠使用,如图 8-37、图 8-38 所示。具体功能如下。

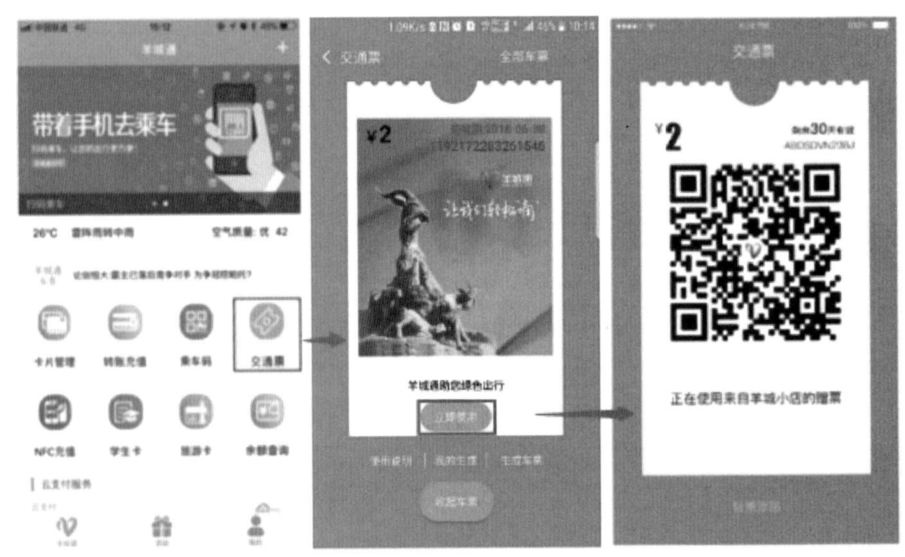

图 8-37　电子车票使用流程

(1)公交乘车票:公交乘车票是一种固定面额的电子乘车抵用券。用户可以购买、赠送、收取和使用。用户收取之后需要在规定时间内使用,过期未使用乘车票作废。用户购买后未赠送的乘车票可以申请退票,退票不设置有效期。用户可以选择多种票面图案,也可以自定义票面图案。

图 8-38 交通票版面设计及定制

(2)车票核销:实现用户车票变为乘车码识别乘车,终端将交易数据上传到后台,后台找到相应车票并将其状态置为“已使用”。

(3)车票分销:建设完整的平台产品分销体系,实现个人之间的产品赠送、接收等管理,以及自动分佣/清分结算等功能。

7.旅游云卡系统

旅游云卡即虚拟化广州城市旅游卡。在技术上,旅游云卡通过整合 NFC 与 HCE 技术,为旅客提供线上和线下开卡、套票优惠等出行+旅游的一站式解决方案。

旅游云卡系统包括云卡前端及旅游云平台后台,系统以 SDK 的形式将旅游云卡“插件”化,可简单方便地嵌套各类安卓第三方 App 应用,如羊城通 App、合作伙伴 App、小程序,具有 NFC 功能的安卓手机等。

旅游云卡系统由 TPP、清算系统、交易接口、账户系统、内外部管理系统、监控系统、卡库管理系统、通卡前置系统组成,如图 8-39 所示。

旅游云卡已经实施上线,整合了公交、地铁、水巴等多种公共交通资源和城市旅游、商业资源,形成吃住行游购娱一体化的全方位旅游服务,如图 8-40~图 8-43 所示。通过羊城通 App 实现的旅游云卡,分为 24 小时卡、48 小时卡、72 小时卡三种,应用覆盖全市 1.4 万台公交、BRT 和水巴,以及广州地铁、广佛地铁线、有轨电车、APM 线等,用户通过“刷手机”即可在有效期内多次搭乘。同时,旅游云卡合作签约商家超过 100 家，覆盖了景点、景区、文化、旅行社、酒店、民宿、餐饮、老字号等核心旅游资源。旅游云卡后台，为旅游赋能，提供电子地图、智能语音、服务推荐等智慧旅游的解决方案，打造“公共交通+互联网+文化旅游”的新模式。

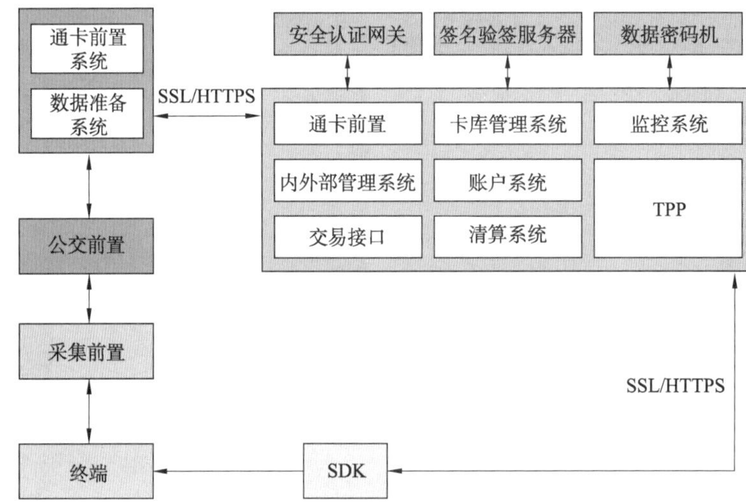

图 8-39　旅游云卡系统总体架构

图 8-40　旅游云卡界面

图 8-41 旅游卡发布会

图 8-42 企事业单位向外商推介旅游卡

图 8-43 外国友人使用旅游卡产品

8.商家服务系统

基于乘车码技术,利用客流集散特性与站场周边生活消费商家进行精准融合,逐步实现出行网络与生活网络的场景嵌入与相互转化。目前,已经将羊城通乘车码能力输出到支付宝 App。支付宝 App 使用羊城通乘车码和账户,作为羊城通乘车码的流量入口,利用支付宝在广州的巨大流量和线上线下商家资源,为广州市民提升出行+生活消费服务,如图 8-44 所示。

同时,项目与多个商户积分平台合作,以积分兑票作为基础服务,逐步将一站式出行服务体系向新零售品牌电商、周边生活服务等领域拓展。目前,项目汇聚了第三方平台积分资源,在羊城通 App 提供“积分通”入口,将闲置积分兑换成电子车票,实现低成本甚至零成本公共交通出行,如图 8-45 所示。

图 8-44　场景内公共交通+生活消费服务

图 8-45　积分兑换电子车票

8.3.4 广州一站式出行服务应用探索

广州一站式出行服务体系完成了主体内容建设,建立了人与公交出行网络、生活消费网络的连接,实现公交乘客用户化、用户在线化、交易票证化、用户组群化、线路商圈化、里程积分化、行为信用化,推动一站式支付+出行+生活新生态。在交通领域完成了公交全覆盖的任务,此外还实现了地铁的全覆盖,实现了与摩拜共享单车的对接,正在对接曹操出行、如祺出行等交通新应用。在生活消费领域,实现了与支付宝、微信、京东、美团等生活消费平台的对接合作。

(1)乘客用户化:基于移动客户端推出多元化的服务,引导乘客通过移动互联网进行身份注册,逐步实现将原来非记名的乘客转化为具备身份特征的记名用户,如图 8-46所示。目前,平台注册用户累计接近 1800 万。

图 8-46 乘客用户化管理界面

(2)用户在线化:通过羊城通 App 客户端等移动互联网入口,提供乘车码、电子车票、旅游云卡等多种线上服务,借助移动互联网实现了与用户的实时连接和随时互动,更清晰掌握用户需求,如图 8-47、图 8-48 所示。目前,平台日活跃使用超过 170 万次。

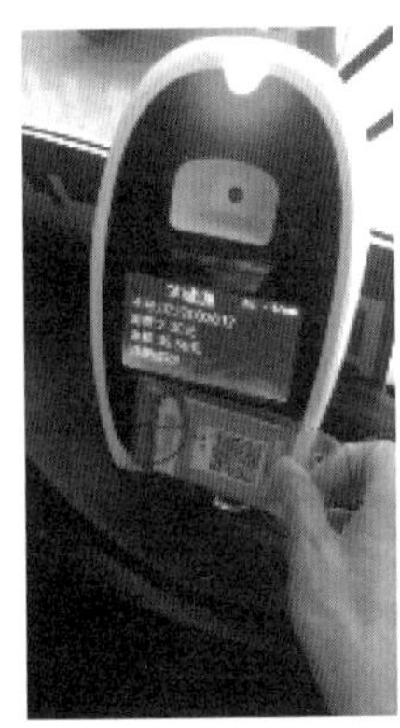

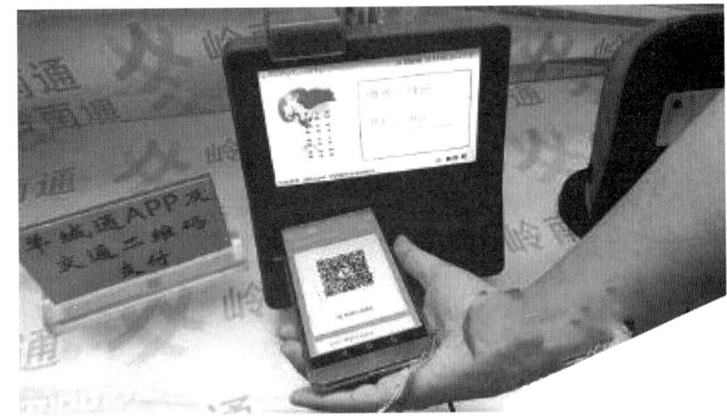

图 8-47　线上服务功能

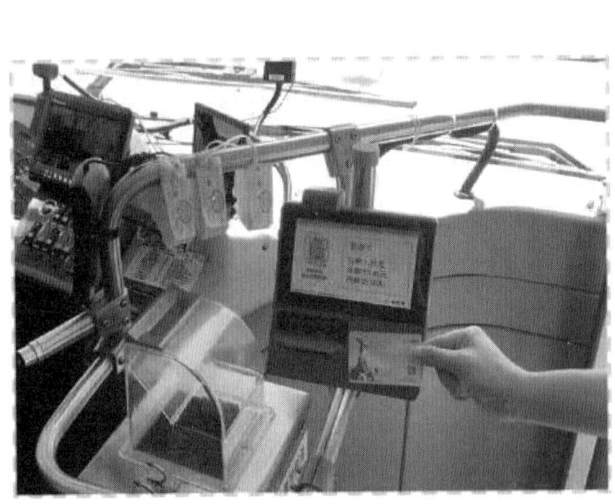

图 8-48　刷卡、刷码检票终端应用

(3)交易票证化:作为在交通支付 3.0 方面的一大探索,本项目率先发行了订单式的出行服务电子票证——羊城通电子车票,以二维码票证的形式,实现了出行电子票证的购买和兑现,已覆盖广州所有公交汽(电)车。目前,累计发行公交乘车码、交通票量超过 2100 万张。

(4)用户组群化:通过出行数据为用户匹配最常乘坐的出行线路,为线路常客自动组群，建立线上公交社区，在社区中实时发布交通路况、线路调整公告，使交通管理部门能直接触达公交用户，公交信息服务更加智能；使每位社区用户可针对驾驶员行车作风、线路服务质量及车内拥挤度等进行评价和意见反馈，让用户做到“我的公交我做主”，促进公交服务质量提高；为社区用户提供一个自助发布失物招领、寻人寻物启事、出行好人好事的线上互动空间，打造“友爱在车厢”的公交文化。目前，通过羊城通 App 用户可以随时参与到公交社区管理中，对经常乘坐的广州市公交线路服务进行评价。

(5)线路商圈化：通过电子车票的赠送营销，将沿线商家服务匹配到线路用户，结合美团的线上线下商家资源，为广州市民提升出行+生活消费服务。目前，平台与支付宝、微信、京东、美团等互联网平台合作推出线上化的出行相关服务产品；与不同行业商户合作，为市民提供生活消费的营销服务。

(6)里程积分化：与商户积分平台合作，以积分兑票作为基础服务，逐步将一站式出行服务体系向新零售品牌电商、周边生活服务等领域拓展，如提供将闲置积分兑换成电子车票等低成本公交出行的服务。目前，平台已与积分平台合作，以积分兑票作为基础服务，将闲置积分兑换成电子车票，实现低成本甚至零成本公共交通出行。

(7)行为信用化：根据乘客出行行为信用，为常用线路设置义务安全员，由出行频次高、出行行为良好、热心公益的市民担任，安全员可对不文明行为进行举报，对可能影响行车安全的危险行为进行预警，推动公交服务共建、共治、共享的良性循环。目前，相关功能整合在羊城通 App 的公交社区板块中。

英文缩略语

序号	缩略语	英 文 全 称	中　　文
1	MaaS	Mobility as a Service	出行即服务
2	ATM	Asynchronous Transfer Mode	异步传输模式
3	ITS	Intelligent Transportation System	智能交通系统
4	DSSS	Direct Sequence Spread Spectrum	直接序列扩频通信
5	DSRC	Dedicated Short Range Communications	专用短程通信技术
6	DRT	Demand Response Transit	需求响应式交通出行
7	AR/VR	Augmented Reality/Virtual Reality	增强现实技术/虚拟现实技术
8	ETC	Electronic Toll Collection	电子不停车收费系统
9	GPS	Global Positioning System	全球定位系统
10	BDS	BeiDou Navigation Satellite System	北斗卫星导航系统
11	GIS	Geographic Information System	地理信息系统
12	RFID	Radio Frequency Identification	射频识别技术
13	TAC	Transaction Authentication Code	交易验证码
14	MOD	Mobility on Demand	按需出行
15	eID	electronic IDentity	公民网络电子身份标识
16	KDD	Knowledge Discovery in Database	数据库知识挖掘
17	SIM	Subscriber Identification Module	用户身份识别卡
18	App	Application	手机应用软件
19	SDK	Software Development Kit	软件开发工具包
20	MST	Magnetic Secure Transmission	磁力安全传输
21	POS	Point of Sales	销售终端
22	O2O	Online to Offline	线上连接线下
23	HCE	Host-based Card Emulation	主机卡模拟
24	NFC	Near Field Communication	近距离无线通信

参考文献

[1] 谢振东,方秋水,徐锋,等.城市公共交通一卡通技术与应用[M].北京:人民交通出版社股份有限公司,2014.

[2] 谢振东,方秋水,常振廷,等.城市公共交通一卡通互联互通的理论与实践[M].北京:人民交通出版社股份有限公司,2014.

[3] 谢振东,李之明,徐锋,等.城市交通一卡通大数据应用[M].北京:人民交通出版社股份有限公司,2015.

[4] 谢振东,方秋水,余红玲,等.面向智慧城市的交通一卡通产业生态构建[M].北京:人民交通出版社股份有限公司,2015.

[5] 谢振东,方秋水,李之明,等.交通一卡通从1.0到2.0的转型与升级[M].北京:人民交通出版社股份有限公司,2017.

[6] 谢振东,余红玲,方秋水,等.日本交通卡发展模式与经验剖析[J].交通与港航,2014,1(3):58-62.

[7] 谢振东,吴金成,李之明,等."互联网+"时代下交通一卡通企业转型升级的思考[C].第十二届中国智能交通年会优秀论文集,北京:电子工业出版社,2017.

[8] 谢振东,吴金成,伍冠桦.基于交通一卡通大数据的停车应用系统研究[J].微型机与应用,2017(5):99-101.

[9] 谢振东,吴金成,伍冠桦,等.创新支付模式下传统交通一卡通的挑战与机遇[J].中国交通信息化,2017(S1):67-69.

[10] 刘强,谢振东,吴金成,等.公共交通一卡通终端升级方案研究与应用[J].交通节能与环保,2017,13(4):24-27.

[11] 谢振东,刘雪琴,吴金成,等.公交IC卡数据客流预测模型研究[J].广东工业大学学报,2018,1(35):16-22.

[12] 方秋水,梁梁,艾璐,等.互联网时代城市交通一卡通客户服务模式创新[J].中国管理信息化,2017,20(19):77-78.

[13] 吴金成,谢振东,伍冠桦,等.基于交通一卡通数据的交通状态分析及动态控制研究[J].广东工业大学学报,2017,34(3):77-82.

[14] 吴金成,余红玲,伍冠桦,等.交通一卡通大数据平台的构建研究[J].金卡工程,2017(5):63-66.

[15] 杨晓丽,余红玲.交通一卡通企业转型发展模式研究[J].中国管理信息化,2017(19):101-102.

[16] 谢振东,吴金成,李之明,等.企业大数据能力的构建与培育研究[J].广东工业大学学报,2017,34(3):110-114.

[17] 陈绍其,梁永娟,梁建硕,等.移动式一卡通微 POS 系统的设计与应用[J].信息技术与信息化,2017(8):20-24.

[18] 吴金成,曾烨,龚惠琴.基于一卡通的社区 O2O 服务平台构建研究[J].金卡工程,2016(8):45-47.

[19] 谢振东,曾烨,龚惠琴.我国公共交通一卡通发展现状、趋势及挑战[J].金卡工程,2015(4):19-21.

[20] 张秀娟.裂变:移动互联网时代下的商业模式变革[M].北京:中华工商联合出版社,2015.

[21] 黄哲铿.技术管理之巅[M].北京:电子工业出版社,2015.

[22] 方秋水,谢振东,常振廷.广东省交通一卡通运行特征分析[J].中国交通信息化,2013(3):129-130.

[23] 佘云峰.岭南通谢振东:信用支付是一卡通账户实名制的方向[EB/OL][2016-07-14].http://www.mpaypass.com.cn/news/201607/14092444.html.

[24] 谢振东,邱思昊,郭媛.2.0 版城市交通一卡通产业生态构建研究[J].中国交通信息化,2016(3):140-142.

[25] 刘向龙,刘好德,李香静,等.中国出行即服务(MaaS)体系框架与发展路径研究[J].交通运输研究,2019,5(3):1-9.

[26] 王阳.我国城市公共交通发展的路径研究[D].南京:南京师范大学,2014.

[27] 交通运输部道路运输司.城市公共交通管理概论[M].北京:人民交通出版社,2010.

[28] 交通运输部道路运输司.世界主要城市公共交通[M].北京:人民交通出版社,2011.

[29] 杨振.城市公共交通系统运行服务水平评价研究[D].北京:北京交通大学,2013.

[30] 张天怡.基于 MaaS 理念的出行服务体系发展概述及展望[C]//中国城市规划学会城市交通规划学术委员会.创新驱动与智慧发展——2018 年中国城市交通规划年会论文集.北京:中国建筑工业出版社,2018.

[31] 刘向龙,刘好德,李香静,等.中国出行即服务(MaaS)体系框架与发展路径研究[J].交通运输研究,2019,5(3):1-9.

[32] 孟梦.组合出行模式下城市交通流分配模型与算法[D].北京:北京交通大学,2013.

[33] 龙昱茜,石京,李瑞敏.MaaS各国案例比较研究与应用前景分析[J].交通工程,2019,19(3):1-10.

[34] 张晓春.深圳公交发展模式思考及MaaS探索[J].交通与港航,2019,6(4):5-11+2.

[35] 邵源.MaaS体系构建及应用思考[C]//中国城市规划学会城市交通规划学术委员会.创新驱动与智慧发展——2018年中国城市交通规划年会论文集.北京:中国建筑工业出版社,2018.

[36] Sarkar J L, Panigrahi C R, Pati B, et al. MAAS: A mobile cloud assisted architecture for handling emergency situations [J]. International Journal of Communication Systems,2019.

[37] Jintao Y, Ruimin L I, University T. Brief Analysis on the Development Stage of MaaS[J].journal of transportation engineering,2019.

[38] 邵滢璐,李昕阳,姚立."出行即服务"系统下的城市空间影响探析[J].城市发展研究,2019(S1).

[39] 胡峰,黄伟.基于"出行即服务"理念的城市公共交通系统变革[J].规划师,2018,34(11):119-125.

[40] 李晔,王密,舒寒玉.出行即服务(MaaS)系统研究综述[J].综合运输,2018(9).

[41] 叶建红,易法彬.出行即服务典型案例发展水平评价[J].交通与运输,2019(5):59-63.

[42] 刘向龙,刘好德,杨新征,等.中国出行即服务(MaaS)发展面临的机遇与挑战[C]// 2018世界交通运输大会,2018.

[43] 张俊峰,孙超,谢武晓.城市级MaaS服务推广与实施路径探索[C]// 2019年中国城市交通规划年会,2019.

[44] 李川鹏,王秀旭.MaaS国外发展经验借鉴——以芬兰Whim应用程序为例[J].中国信息化,2019(10).

[45] 岳锦涛,李瑞敏.MaaS发展阶段简析[J].交通工程,2019(3).

[46] Ho C Q, Hensher D A, Corinne M, et al. Potential uptake and willingness-to-pay for Mobility as a Service (MaaS): A stated choice study [J]. Transportation Research Part A Policy & Practice,2018,117:302-318.

[47] 陈蓓,马万经,汪磊,等.多方式集成共享出行服务模式研究与系统设计[C]//2017年中国城市交通规划年会论文集,2017.

[48] 王阳.我国城市公共交通发展的路径研究[D].南京:南京师范大学,2014.

[49] 杨振.城市公共交通系统运行服务水平评价研究[D].北京:北京交通大学,2013.

[50] 张晓春.深圳公交发展模式思考及 MaaS 探索[J].交通与港航,2019,6(4):5-11+2.

[51] 杨娟.城市公共交通一体化发展研究[D].西安:长安大学,2014.

[52] 明士军.多元化公共交通模式研究[D].成都:西南交通大学,2008.

[53] 徐艳文.丹麦城市公共交通[J].城市公共交通,2020(4):87-88.

[54] 种超.我国公共交通管理问题研究[D].西安:长安大学,2012.

[55] 张汝峰.我国城市公共交通优先发展对策研究[D].济南:山东大学,2010.

[56] 曹晓昂.出行即服务,英特尔布局汽车产业[J].汽车纵横,2017(10):36-37.

[57] 戴朝典.大众汽车集团与 Aurora Innovation 战略合作;移动性即服务(MaaS)车队[J].汽车电器,2018(3):43.

[58] 唐国俊.沿着"一带一路"飞世界[J].国企管理,2017(6):56-59.

[59] 文军,张思峰,李涛柱.移动互联网技术发展现状及趋势综述[J].通信技术,2014(9):977-984.

[60] 张新钰,高洪波,赵建辉,等.基于深度学习的自动驾驶技术综述[J].清华大学学报(自然科学版),2018,58(4):438-444.

[61] 陈宇鹏.基于深度学习的自动驾驶单目视觉目标识别技术研究[D].长春:吉林大学,2019.

[62] 袁金丽.基于深度学习的交通标志识别算法研究[J].现代电子技术,2019(22):164-168,173.

[63] 王玉刚,杨然,王玉龙,等.基于生物识别技术的智慧支付体系研究[J].金融纵横,2020(2):21-31.

[64] 王君.电子商务网络支付安全体系研究[D].贵阳:贵州大学,2007.

[65] 卢希.智慧支付分会构建出行领域支付应用社会组织生态[J].中国建设信息化,2018,072(17):69.

[66] 李旭茹,徐晓宇,岳亚伟.5G 技术综述[J].山西电子技术,2017(2):91-93.

[67] 黄显强.物联网形势下的 5G 技术研究[J].网络安全技术与应用,2017(4).

[68] 冯登国,张敏,李昊.大数据安全与隐私保护[J].计算机学报,2014(1):246-258.

[69] 孟小峰,慈祥.大数据管理:概念、技术与挑战[J].计算机研究与发展,2013,50(1):146-169.

[70] 李晓斌.交通出行信息服务平台及其关键技术应用研究[D].广州:华南理工

大学,2010.

[71] 惠英,赵杰,樊晓超.基于出行服务链的社区公交线路模式与效应分析[J].武汉理工大学学报(交通科学与工程版),2012,36(4):675-679.

[72] 梁振文.公路交通出行信息服务现状及发展趋势[J].数字化用户,2018,24(24):177.

[73] 王刚,杜勇.智能交通保城市出行通畅:“智”行千里“路”无忧——解密北京市公众出行交通信息服务系统[J].软件世界,2006(5):52-54.

[74] 王霖.杭州市居民参与休闲运动程度、满意度及绿色出行意愿之研究——以杭州市租用公共自行车服务系统为例[J].商丘师范学院学报,2016,32(6):73-78.

[75] 杭州市公共交通集团有限公司.杭州公交集团推出“春运暖巴”系列服务保障乘客出行[J].城市公共交通,2019,249(3):49-49.

[76] 李永威.广州“城中村”微循环公交服务优化研究[D].广州:华南理工大学,2016.

[77] 彭鑫佼.“全国公交出行宣传周”及“公交都市推进会”在广州举行[J].广东交通,2016(5).

[78] 赵剑通.广州快速公交系统运营评价体系研究[D].兰州:兰州大学,2012.

[79] 萨乐迪.创新型出行:在上海建立共享出行服务[D].上海:同济大学 2014.

[80] 惠英,赵杰,樊晓超.基于出行服务链的社区公交线路模式与效应分析[J].武汉理工大学学报(交通科学与工程版),2012,36(4):675-679.

[81] 周洋岑,郭轩,姚梓阳.从规划到定制:城市多样化出行的新方式——对北京定制公交的解读[C].城乡治理与规划改革——中国城市规划年会.

[82] 杨敬锋,张南峰,杨骥,等.基于公交站群的定制公交出行需求热力图分析模型[C]// 卫星导航定位与北斗系统应用 2016——星参北斗 位联世界.

[83] Sarkar J L, Panigrahi C R, Pati B, et al. MaaS: A mobile cloud assisted architecture for handling emergency situations[J]. International Journal of Communication Systems, 2019.

[84] 陈刚.基于 MaaS 的城轨互联互通及展望[J].城市轨道交通,2019(3):39-42.

[85] 余华琼,陈刚.智慧出行 MaaS 大数据云平台体系架构和实践[J].城市道桥与防洪,2020(2):209-212.

[86] 陈刚,余华琼.交通出行统一帐号的电子支付 MaaS 运营探索[J].城市道桥与防洪,2020,251(3):26-27+240-243.

[87] Alonso-González, María J, Hoogendoorn-Lanser S, Van Oort N, et al. Drivers and

barriers in adopting Mobility as a Service(MaaS)-A latent class cluster analysis of attitudes[J].Transportation Research Part A:Policy and Practice,2020,132.

[88] 王天实,陆化普.MaaS 出行选择偏好研究综述[J].道路交通与安全,2019,19(3):16-21.

[89] 姜洋.智能共享出行,未来城市交通的新形态[J].中国周刊,2019.

[90] 陈蓓,马万经,汪磊,等.多方式集成共享出行服务模式研究与系统设计[C]//2017 年中国城市交通规划年会,2017.

[91] 刘征驰,邹智力.共享经济市场演进逻辑:结构、效率与驱动力——基于共享出行市场的理论与案例研究[J].华东经济管理,2019,33(3):172-178.

[92] 郭戈,许阳光,徐涛,等.网联共享车路协同智能交通系统综述[J].控制与决策,2019.

[93] 喻雅琼,陈钊正.智慧交通之智慧出行研究[J].中国交通信息化,2017(6).

[94] 刘源.智慧出行:基于位置的个性化交通信息服务[J].上海信息化,2012(8):56-60.

[95] 李晓耕.智能驾驶时代的智慧出行[J].智能网联汽车,2019(1):52-52.

[96] 胡康迁.浅析 5G 技术在智慧出行领域的应用[J].数字技术与应用,2018,36(12):41-42+44.

[97] 郑赟.自动驾驶下的未来交通出行格局[J].上海汽车,2018,339(11):5-7.

[98] 钟建坤.计算机大数据技术在智慧出行的应用与实践[J].信息与电脑(理论版),2019,422(4):172-173.

[99] 焦淑海.面向智慧出行的轨迹数据语义增强方法研究[D].重庆:重庆大学,2018.

[100] 柴彦威.基于 GPS 的时空间行为研究与城市智慧出行管理[C]// 中国地理学会 2013 年(华北地区)学术年会,2013.

[101] 佚名.利用“互联网+”构建智慧出行生态[J].中国物流与采购,2019.

[102] 佚名.城市居民时空行为分析关键技术与智慧出行服务应用示范[J].建设科技,2016(3):25-27.

[103] Domokos Esztergár-Kiss,Tamás Kerényi.Creation of mobility packages based on the MaaS concept[J].Travel Behaviour and Society,2019.

[104] Hensher D A.Future bus transport contracts under a mobility as a service(MaaS) regime in the digital age: Are they likely to change? [J]. Transportation Research Part A Policy and Practice,2017,98(APR.):86-96.

[105] 唐珊,沈天宇,杨帆州.基于 MaaS 概念的出行体验设计研究[J].工业设计,

2020(8):120-121.

[106] 郭君霞,韩雪松,崔秀琦.地铁 AFC 支付方式现状及移动支付安全性探讨[J].科技创新与应用,2017(31):10-11,13.

[107] 王玉刚,杨然,王玉龙,等.基于生物识别技术的智慧支付体系研究[J].金融纵横,2020(2):21-31.

[108] 罗致佳.智慧公交场景下"全支付"整合付费一体机开发与设计[D].徐州:中国矿业大学,2019.

[109] 梁皓茹.出行即服务在汽车产业的专利申请状况分析——以丰田 e-Palette 电动车为例[J].中国发明与专利,2020,17(9):56-62.

[110] 王晔,曲林迟.智能驾驶产业链现状与发展[J].微型电脑应用,2020,36(8):19-22.

[111] 李建利,董路熙.基于 MaaS 的多模式交通智能出行研究进展[J].山西警察学院学报,2020,28(3):55-60.

[112] 王晶."出行即服务"发展经验借鉴研究[J].商讯,2020(12):167+169.

[113] 交通运输部运输服务司.交通强国建设中的运输服务发展[J].中国公路,2020(4):44-49.

[114] 徐昊.刍议共享经济时代的铁路出行服务平台[J].铁道经济研究,2020(1):45-47.

[115] 程乾,姜霖.基于体验价值的轨道交通出行体验评价体系构建[J].设计,2020,33(1):143-145.

[116] 单杏花,朱建军,朱颖婷,等.综合交通下的旅客多式联运智能出行研究[J].铁路计算机应用,2019,28(12):1-4+9.

[117] 关积珍.移动互联背景下的智能交通创新发展[J].互联网经济,2019(12):96-99.

[118] 徐亚华.构建未来国内出行服务体系的几点思考[J].汽车纵横,2019(12):18-19.

[119] 雷方舒,温慧敏,齐智,等.城市交通大脑的内涵与顶层设计[J].交通工程,2019,19(6):47-52.

[120] 孙会峰.智能网联创新未来出行模式[J].机器人产业,2019(6):63-66.

[121] 董悦瑜.探索地铁票务安全与多元支付发展融合[J].科技风,2019(12):243-244.

[122] 李亚.基于"互联网+"的城市轨道交通票务管理探究[J].中国集体经济,2020(24):61-62.

[123] 王静,张源,高胜庆,等.两网融合背景下市域(郊)铁路票制票价及清分研究[J].综合运输,2020,42(6):28-35.

[124] 赵婉妤,史天运,沈海燕,等.城际铁路与城市轨道交通售检票互联互通模式研究[J].铁道运输与经济,2020,42(3):12-17.

[125] 毕晓萤.不同阶段的轨道交通定价模型研究[J].交通科技与经济,2020,22(1):22-27+32.

[126] 赵金博,陈铭.北京市交通问题分析及治理研究——城市交通体系优化与社区集中化[J].管理观察,2018(28):52-53.

[127] 方秋水,王振,李之明,等.交通一卡通行业服务指数体系构建与应用[J].综合运输,2020,42(3):49-56+80.

[128] 张鹏,余乐,陈园园.城市轨道交通 AFC 系统移动支付互联互通探讨[J].电子技术与软件工程,2019(18):4-5.

[129] 尚治宇,杨京桦.城市一卡通创新应用及标准化探索[J].信息技术与标准化,2019(8):47-51.

[130] 王健.可持续城市出行规划与巴士技术发展趋势(下)[J].汽车与配件,2020(8):45-47.

[131] 于展.考虑乘客出行体验的需求响应式公交规划[J].交通科技与经济,2020,22(2):32-37.

[132] 卓健.从技术型交通规划到政策型交通规划——法国巴黎大区交通出行规划(PDUIF)的启示[J].城市交通,2019,17(4):17-26+34.

[133] 张学龙.多式联运出行方案规划系统的设计与实现[D].大连:大连理工大学,2019.

[134] 陈玉臻.基于“互联网+”的交通运输经济发展探究[J].经济管理文摘,2020(18):39-40.

[135] 刘鑫,段幼春,樊贵军.“互联网+”背景下推动交通新业态发展战略研究[J].科技经济市场,2020(1):92-93.

[136] 刘金伟,任玥,施小海.普通国省干线公路公众出行信息服务系统的建设探讨[J].无线互联科技,2020,17(10):55-56+64.

[137] 胡静,张广浩,冀金科,等.高速公路公众出行信息服务需求研究[J].综合运输,2020,42(1):26-30+94.

[138] 轩诗垚,王占刚.个人出行信息管理系统的设计与实现[J].机电信息,2019(30):101-103.

[139] 谢振东,张绪升,苏浩伟,等.基于大数据的广州一站式出行服务平台构建研

究[J].现代信息科技,2019,3(7):154-156.

[140] 刘欣萌.浅析民用航空和一站式出行平台协同发展——以“滴滴出行”为例[J].交通财会,2017(5):70-74.

[141] 张俊潇.城市智能决策为出行保驾护航[N].中国城乡金融报,2020-09-25(B03).

[142] 郑利荣.AI视频大数据助力智慧交通安全出行[J].中国安防,2020(8):62-64.

[143] 张黄慧.大数据技术在智能交通中的应用[J].电子技术与软件工程,2020(1):131-132.

[144] 庄筠,王成芳,顾嘉欣,等.粤港澳大湾区格局下广佛同城交通发展的再审视——基于GIS和大数据分析视角[J].南方建筑,2019(6):59-66.

[145] 史宇倩,温永杰,屈凯.城市智能交通发展现状和展望[J].科学技术创新,2020(1):104-105.

[146] 郭明多,杨艳芳,魏彬.综合交通运输大数据应用现状及应用体系构建设想[J].综合运输,2019,41(12):19-24.

[147] 杨艳芳,曹剑东,魏彬.大数据视角下的智慧交通:应用实践与发展建议[J].交通建设与管理,2019(4):90-91.

[148] 管娜娜,田苗.基于大数据的综合交通规划创新应用实践[J].智能城市,2019,5(15):14-17.

[149] 张峥嵘.粤港澳大湾区轨道交通的城际清分及数据中心建设[J].城市轨道交通研究,2020,23(8):113-116.

[150] 贾善铭,王亚丽,位晓琳.粤港澳大湾区多极增长格局下广州交通发展对策的思考[J].城市观察,2019(1):19-26.

[151] 覃成林,柴庆元.交通网络建设与粤港澳大湾区一体化发展[J].中国软科学,2018(7):71-79.

[152] 孔维宏.粤港澳大湾区城市群陆路交通一体化的问题与对策[J].城市观察,2018(2):50-61.

[153] 梁诗,金祎,胡琳,等.粤港澳大湾区背景下的粤港跨境客运交通出行特征与影响因素分析[J].科技创新与应用,2019(20):59-60.

[154] 易晓鹏,杨志勇,吴文德.图像处理及物联网技术在智能交通系统中的探索及应用[J].计算机产品与流通,2020(11):52.

[155] 付保川,徐小舒,赵升,等.区块链技术及其应用综述[J].苏州科技大学学报(自然科学版),2020,37(3):1-7+14.

[156] 陈勇.城市轨道交通站外智能导向综合应用与研究[J].智能城市,2020,6(17):109-110.

[157] 原二普,柯昌波,付军明,等.基于对接航空货运枢纽角度的综合交通规划研究——以黄石对接湖北国际物流核心枢纽为例[J].综合运输,2020,42(8):121-126.

[158] 于宵.综合客运交通枢纽交通信息服务需求分析[J].交通与运输,2020,33(S1):209-212.

[159] 李艳红,冯建明,姜彩良.我国客运123出行交通圈发展水平综合评价及对策[J].综合运输,2020,42(6):1-7.

[160] 徐飞.世界交通运输的发展趋势与挑战[J].人民论坛·学术前沿,2020(7):78-84.

[161] 欧国立.建立可持续交通运输体系的意义与路径[J].可持续发展经济导刊,2020(4):30-32.

[162] 顾佳磊.国际主要城市未来综合交通发展战略综述及启示[J].交通运输部管理干部学院学报,2020,30(1):37-40.

[163] 宫薇薇,任永强,席江月,等.关于现代综合交通运输治理体系建设的思考[J].中国物流与采购,2020(6):66-67.